空间碎片造成损害责任制度研究

苏惠芳 著

中国社会科学出版社

图书在版编目（CIP）数据

空间碎片造成损害责任制度研究 / 苏惠芳著. —北京：中国社会科学出版社，2019.9
ISBN 978-7-5203-4825-6

Ⅰ.①空… Ⅱ.①苏… Ⅲ.①太空垃圾－垃圾处理－法律责任－研究 Ⅳ.①D996.9

中国版本图书馆 CIP 数据核字（2019）第 171450 号

出 版 人	赵剑英	
责任编辑	许　琳	
责任校对	鲁　明	
责任印制	郝美娜	

出　　版	中国社会科学出版社	
社　　址	北京市鼓楼西大街甲 158 号	
邮　　编	100720	
网　　址	http://www.csspw.cn	
发 行 部	010-84083685	
门 市 部	010-84029450	
经　　销	新华书店及其他书店	

印　　刷	北京君升印刷有限公司	
装　　订	廊坊市广阳区广增装订厂	
版　　次	2019 年 9 月第 1 版	
印　　次	2019 年 9 月第 1 次印刷	

开　　本	710×1000　1/16	
印　　张	14	
字　　数	219 千字	
定　　价	79.00 元	

凡购买中国社会科学出版社图书，如有质量问题请与本社营销中心联系调换
电话：010－84083683
版权所有　侵权必究

目 录

引 言 / 001

第一章 空间碎片基本问题概述 / 007

第一节 空间碎片的界定 / 008
  一 空间碎片的概念和特点 / 008
  二 空间碎片的来源 / 014
  三 空间碎片和空间物体间的关系 / 016

第二节 空间碎片问题的危害性分析 / 022
  一 空间碎片带来的主要危害 / 022
  二 目前国际社会制定新协议的困难 / 025

第三节 现行规制空间碎片造成损害责任的国际制度 / 028
  一 联合国条约以及其他规范性文件 / 028
  二 国际习惯法及一般法律原则 / 037
  三 解决规范空间碎片致损责任的国际制度冲突问题 / 040
  四 相关国家实践及国际司法裁决 / 047

第四节 空间碎片权利归属主体的确认 / 048
  一 国际外空条约的相关规定 / 048
  二 抛弃空间碎片所有权后致损责任主体的法理分析 / 051

第二章 现行空间碎片造成损害责任制度及不足 / 055

第一节 空间碎片造成损害责任的相关法律制度 / 057
  一 空间碎片造成人身和财产损害责任的相关法律制度 / 058
  二 空间碎片造成空间环境损害责任制度 / 077

第二节 与空间碎片致损相关的国际法的不足 / 088
  一 《登记公约》在辨认空间碎片归属上的缺陷 / 088
  二 《登记公约》的适用随意性较强 / 090
  三 未规定归属不明的空间碎片所致损害的赔偿问题 / 093
  四 空间碎片造成损害的责任主体单一 / 095
  五 空间碎片造成损害责任的过失认定标准不具有操作性 / 098
  六 空间碎片造成外空环境损害责任缺乏具体的规定 / 099

第三章　空间碎片造成损害责任问题的解决 / 103

第一节　明确国际赔偿责任与国际不法责任的区别 / 106
一　国际法上责任的基本内容 / 107
二　外空责任归责原则应与国际责任相区别 / 115
三　完善外空责任实现的途径 / 121

第二节　完善现行国际外空条约相关规定 / 122
一　《登记公约》相关条款的完善 / 122
二　《责任公约》相关规定的完善 / 131

第三节　加强国际磋商 / 140
一　加强国际组织的组织和协调作用 / 140
二　进行双边或多边协商 / 144

第四章　建立有关空间碎片造成损害责任新赔偿机制 / 147

第一节　建立对无法辨别归属的空间碎片造成损害的责任赔偿机制 / 149
一　对无法辨别归属的空间碎片致损责任的定性分析 / 149
二　保险制度与市场份额制度相结合的责任赔偿机制 / 151

第二节　建立空间碎片造成外空环境损害的责任赔偿机制 / 158
一　空间碎片造成外空环境损害责任的定性分析 / 158
二　明确责任主体与求偿主体 / 162
三　建立在轨物体税收制度 / 165

第三节　建立外空预警机制 / 167

第五章　中国有关空间碎片引起损害责任的法律和政策 / 169

第一节　中国有关空间碎片问题的现状 / 170
一　空间碎片问题给我国航天事业带来了巨大挑战 / 170
二　我国有关空间碎片的空间立法 / 172
三　我国制定空间碎片造成损害责任制度的必要性 / 175

第二节　建立空间碎片造成损害的责任制度 / 179
一　提高法律位阶 / 179
二　空间碎片造成损害责任制度的国内法具体规定 / 180
三　相关的配套制度完善 / 191

结　语 / 195

参考文献 / 198

引 言

自1957年第一颗人造卫星成功发射以来，人类与外层空间的关系越来越密切、复杂化。在现代国际社会中航天活动带来的好处更是无处不在、类型多样，诸如电信、广播媒体、地球遥感、气象、导航和安全等许多空间应用对人类地球上的日常生活发挥着直接、重要和有益的影响。显而易见，未来人类与外太空的关系将会更紧密和广泛。

但是，太空的利用在某种程度上又是有限的。外空活动致使大量人造物体运行于地球轨道上。其中绝大多数物体已经失去其功能，被称作"空间碎片"。目前，可以被监测的人造空间物体中，94%都是空间碎片，[1]并且这一比率每年都在增加。轨道上大部分碎片有足够的动力损毁在其轨道中的任何东西。除非碎片在太空轨道中被控制或移除，否则随着遭受碎片损害的概率增大，在轨道上的任何卫星或航天器的使用寿命和功效将大大缩减，这必将阻碍未来人类对太空的利用。国际社会早已认识到空间碎片造成其他航天器和地球表面损害的潜在危害。[2]并且在当今空间安全面临的重大威胁中，空间碎片也已被列于首位。[3]

20世纪末以来，随着外空活动的商业化进程加速，私人实体积极地参与到外空活动中来，尤其在卫星的制造、发射、遥感等领域。发展中国家也逐步注重获取航天新技术，利用外空资源意识得到了提升。因此，在国际社会中出现了大量提供商业发射、卫星租赁等外空活动商业化的运作模式。这使得外空活动领域出现了全球资源配置，可能一次发射活动涉及多

---

[1] 国际宇航员协会：《空间碎片减缓报告》，2006年，第4页。

[2] A Report of the International Interdisciplinary Congress on Space Debris, "Towards Long-term Sustainability of Space Activities: Overcoming the Challenges of Space Debris" (A/AC.105/C.1/2011/CRP.14), January 2011, p.23.

[3] 《国际政府间组织和非政府组织与空间法有关的活动情况》（A/AC.105/C.2/103），和平利用外层空间委员会法律小组委员会第五十二届会议，2013年2月1日，第8页。

个国家，而且也使得不具备外空高科技的国家能够从国际市场获取外空资源。同时卫星发射后因缺乏商业上的成功而被遗弃在轨道上这种情形也正变得较为常见。① 在这种情况下，确定和追究因外空活动造成的损害责任就更为复杂。

太空轨道属于全人类，也是各国重要的发展资源。目前，已有13个国家具有独立的发射能力，60多个国家运营着自己的卫星，在全世界有超过70个空间机构。外空中有1200多个卫星正在运行，并且这些国家正在大力开发的成千上万的新卫星（尤其是小型通讯卫星）在不久的将来也会被发射进入外空。虽然许多空间活动者使用各种措施来减少空间碎片的形成，但这却不足以控制今后空间碎片数量的增加，其原因是，地球轨道上报废碎片的数量已经十分庞大，即便没有任何新的物体被放置在轨道上，他们之间也会不断发生碰撞性解体。每次灾难性碰撞都可能会产生数以千计的新碎片。外空是人类共同拥有的资产，任何一个国家都有权使用它，因此如何规范各国在外空的行为，确保各国在外空的权益，尤其是在国际空间立法进程停滞不前的情况下，在国际合作的基础上实现外空的可持续发展，是摆在国际社会面前的新问题。

国际外空法律制度主要由五个著名的联合国外空条约组成，其中最新的外空法条约也是1979年通过的。这些国际空间法律制度反映了20世纪六七十年代的国际关系，也反映了那个时代航天国家在外空利用问题上的观点、态度、利益以及权利关系。虽然这些年来通过软法对其进行了补充，但所涉及的内容仍然很有限。由非政府实体组成的新的空间活动的参与者，正在迅速成为未来太空活动的主力，而在制定现行国际空间法制度时鲜有非政府实体参与外空活动。并且国际外空条约也没有专门解决空间碎片问题。与治理碎片的污染相反，空间条约更多的是以环境监管为代价鼓励和促进各国利用、探索外层空间，确保了轨道空间作为公共财产资源使用，从而任何有进入外空间技术能力的国家或私人实体有权可以使用、污染它。因此，联合国空间条约能否充分应对新的空间活动的规模和指引外空活动成为当前国际空间法最棘手的问题之一。

---

① 《法律小组委员会第四十二届会议的工作报告》(A/AC.105/805)，和平利用外层空间委员会第四十六届会议，第9页。

基于目前空间碎片致损的威胁及其带来的真实损害,现在是时候国际社会处理空间碎片问题。国家至少需要做以下三件事情:(1)尽量减少空间碎片的产生;(2)努力消除在外空环境中的自己产生的空间碎片;(3)空间碎片损害威胁的预警通知。然而这三件事情若要很好地实现必须与法律责任相联系才能得到保障。此外,还有必要对有关法律术语做进一步的解释,如"过错赔偿责任"、"适当谨慎"等。并且要解决这个问题还需要采用有约束力的国际协议形式。目前,空间碎片已经作为联合国外空委法律小组委员会议程上讨论的一个"独立项目",但它应该不仅仅是告知国家为减少空间碎片采取国内措施的责任,还应明确、健全追究空间碎片致损国际责任制度。

20世纪80年代起,在国际上国际法学家们就开始积极从事空间碎片造成损害责任制度问题研究。从早期注重空间碎片定义和法律适用渊源的研究到在空间碎片造成损害责任赔偿机制问题上提出了市场份额、保险制度后,就再没有理论上的突破。

我国国内学者自21世纪初才逐步关注空间碎片法律问题的研究,并且从事专门研究的相关人员少,所以目前的研究面虽广但不够具体深入。而且早期大部分学者都集中在探讨有关空间碎片的定义、危害性以及调整空间碎片问题的法律渊源、法律原则这些宏观的内容。缺乏无法辨别归属的空间碎片的救济制度和空间碎片造成环境污染的救济制度等具体内容的构建和设计,而这也是空间碎片造成损害制度发挥作用的关键所在。近几年学者们逐渐转为具体问题的研究。如高国柱教授以空间碎片造成的损害情形为标准分为碰撞损害和环境污染损害两类进行研究。[1] 李滨教授从法律适用的角度把空间碎片的致损责任分为:纯粹国际法上的空间碎片损害责任、纯粹国内法上的空间碎片损害责任、国际法与国内法竞合型的空间碎片损害责任进行研究。[2] 王国语教授依据国际外空条约对空间碎片管辖权

---

[1] 高国柱:《空间碎片的若干法律问题研究》,《河北法学》2006年6月第5期,第110—111页。

[2] 李滨:《空间碎片损害法律责任的类型划分》,《北京航空航天大学学报》(社会科学版)2010年9月,第23—33页。

的确定、存在的问题，以及空间碎片主动清除的法律依据进行了分析，[①]并且分析了空间碎片国际机制政策化、法律化和制度化的发展趋势，以及我国空间碎片国内机制建设的思路等等。李寿平先生《空间碎片造成空间环境污染的国际责任》一文中对空间碎片造成环境损害的责任构成要件、责任性质、责任主体及责任实现等问题进行了阐述；高立忠教授在《空间碎片引发的环境法律问题及解决》中提出在空间碎片造成环境污染的治理上建立强制磋商机制、完善赔偿机制和加强国际合作。此外，在贺其治先生以及赵海峰先生、尹玉海先生等的著作中对空间碎片造成损害的责任构成要件、责任性质、责任主体等问题进行了一定的阐述。

总体来说，我国以及国外学者在空间碎片致损责任的研究上大部分主要集中在主张空间物体包含了空间碎片的内容，因此适用现行的联合国五大国际外空条约进行调整，即使主张空间物体与空间碎片不具有任何包含关系的学者，也会主张参照五大国际外空条约。然而联合国通过外空条约和原则的黄金阶段已经过去，制定更加精确的法律规则的政治时机现在还不成熟。因此在这方面参照软法也许更具意义。如今空间碎片数目令人吃惊，其存在会带来很严重的后果，待条件成熟并不排除制定新的公约的可能性。

在该课题的研究中，笔者选取的素材大部分来自联合国大会以及和平利用外层空间委员会有关外空活动的报告、决议以及专题概要。此外，还包括国际法院的案例，机构间空间碎片协调委员会、国际法协会等国际组织的文件以及航天大国美国、法国等有关空间碎片的规范性文件等。这些原始素材都是在联合国网站及相关国际组织、国家网站上直接获取的。运用上述素材，笔者从国际法视角，围绕空间碎片的定义、特点，分析空间碎片与空间物体的关系入手，运用归纳、比较、分析等方法对空间碎片致损责任的性质、构成、国家承担的国际法权利与义务等问题展开了讨论。由于在外空领域出现的"软法"兴盛的现象，在除了依据联合国外空条约之外，还会涉及联合国决议、宣言以及其他国际法渊源，试图发现在这一领域国际社会的走向。基于法律制度的设立、运用必须与社会物质条件和

---

① 王国语：《空间碎片管辖权及主动清除的法律依据》，《北京理工大学学报》（社会科学版）2014 年 12 月，第 103—109 页。

社会生活相符合才能起到其应有的作用，因此笔者对于空间碎片致损责任的研究，将以空间碎片造成的损害类型为基础，结合国际法的特点分为碰撞损害责任和环境损害责任来展开。并在分析我国以及主要航天国家的国家空间法律政策基础上，构建我国的空间碎片致损责任制度。在一些情况下，用于解决空间碎片致损责任由于当事方选择法院或适用法律的不同可能会涉及行政法律或刑事法律等，我们在本书中将不会讨论这些内容，而主要是以国际法为基础进行讨论空间碎片致损的责任问题，以及我国如何和国际接轨。

CHAPTER 01
第一章

空间碎片
基本问题概述

第一节　空间碎片的界定

一　空间碎片的概念和特点

（一）空间碎片的概念

在规范外空活动的相关国际法中，既未界定空间碎片概念，也未对其外延进行描述。一般情况下，所谓空间碎片（有时也被称为轨道碎片）是用来描述在太空行星轨道中或在行星之间的轨道上，人为丢弃的或意外产生的任何人造物件的一个概括性的术语。由于空间碎片带来的损害及威胁不断增加，从事航天活动的国家也逐渐认识到有效地解决空间碎片问题关涉全人类的利益，并且需要国际社会的合作。因此，联合国作为国际协调中心关注到了这个问题，只是最初将空间碎片称为空间残块。在1988年第44届联合国大会通过的和平利用外层空间的国际合作决议中，就提到"会员国必须对与空间残块碰撞的问题和空间残块的其他方面问题给予较多注意，并要求各国继续对这个问题进行研究。"[①] 此后的联合国和平利用外层空间委员会（以下简称"外空委"）会议无不涉及空间碎片问题。对空间碎片内涵的界定，联合国以及相关的国际组织更多的是从科学技术的角度着手，不过现在外空委也开始呼吁关注有关空间碎片的法律问题。在1993年第48届联合国大会48/39号决议中提出了将"空间碎片"作为一个新议程项目列入外空委科学技术小组委员会（以下简称科技小组）会议中。据此，自1994年第31届科技小组会议开始空间碎片就被列为独立项目进行讨论。

---

① 《和平利用外层空间的国际合作》（A/RES/44/46），联合国大会第44届会议通过的决议，第131页。

紧接着在第 32 届会议上对空间碎片进行了初步界定，强调其具有'人造性'以及'非功能性'的特征。此后有关空间碎片的定义基本上是以此为基础进行的修改。1999 年的第 36 届会议上通过了《关于空间碎片的技术报告》。就在该报告序言部分对空间碎片做了较完整的界定，"是指位于地球轨道或再入大气层不能发挥功能而且没有理由指望其能够发挥或继续发挥其原定功能或经核准或可能核准的任何其他功能的所有人造物体，包括其碎片和部件，且不论是否能够查明其拥有者"。[①] 但是在随后报告的表述中也说明了此定义并不代表国际社会已经达成了共识。

另外，1993 年美国、欧空局、俄罗斯和日本共同创建了机构间空间碎片协调委员会（以下简称 IADC）[②]，它是一个协调国家空间机构之间有关空间碎片活动的国际政府论坛，目前由 13 个航空航天政府机构组成。旨在促进这些机构之间有关空间碎片的研究活动的交流和合作，并审查合作的进展程度以及确定碎片减缓方案。并且，IADC 也为联合国外空委解决空间碎片问题提供了思路。2002 年 4 月 IADC 发布了《空间碎片减缓指南》，其中对空间碎片亦进行了较明确的界定，是"指在地球轨道上或重返大气层的非功能性的所有人造物体，包括其残块和组件"。"虽然该指南不具有法律约束力，但表明国际社会对于空间碎片的定义在 21 世纪初基本上达成一致。"[③] 在此基础上，科技小组的空间碎片工作组在 2006 年完成了《空间碎片减缓指南修订草案》并提交给外空委。次年外空委便审议通过了《空间碎片减缓准则》。基本承继了 IADC 对空间碎片的界定，"空间碎片是位于地球轨道上或再入大气层的非功能性人造物体，包括其碎片和零件。"[④] 在 2007 年，科技小组就有 63 个成员国批准减缓准则作为自愿的高层次缓

---

① A/AC.105/720, introduction, 6, p.1.
② IADC 是 1993 年美国、欧空局、俄罗斯和日本共同创建的，目前由 13 个政府间航空航天机构组成的，旨在对与外层空间的人造和自然的空间碎片相关的活动进行交流和合作的国际政府间机构。其成员包括：ASI（意大利空间局），CNES（西班牙国家空间中心），CNSA（中国国家航天局），CSA（加拿大空间局），DLR（德国宇航中心），ESA（欧洲空间局），ISRO（印度空间研究组织），JAXA（日本宇宙航空研究开发机构），KARI（韩国航空航天研究院），NASA（美国国家航空航天局），ROSCOSMOS（俄罗斯联邦航天局），SSAU（乌克兰国家航天局），UKSpace（英国宇航局）http://www.iadc-online.org/index.cgi [2015-5-16 访问].
③ 李寿平：《国外与空间碎片有关的国际空间法热点问题研究述评》，《中国航天》2009 年第 3 期，第 20 页。
④ 《和平利用外层空间委员会空间碎片减缓准则》（A/62/20）。

解措施。

并且 2013 年 IADC 在《IADC 使用的主要术语》文件中再次确认了与上述内容一致的空间碎片的定义。[1]虽然上述文件仍然不具有法律强制力，但不容置疑的是它们体现了国际社会在空间碎片内涵的界定上基本达成了共识。

在 1994 年国际法协会的空间法委员会通过的《防止空间碎片造成环境损害的布宜诺斯艾利斯国际文书》（以下简称《布宜诺斯艾利斯国际文书》）第 1 条中亦对空间碎片进行了界定，该定义的制定过程中，委员会主席咨询了很多专家。在其后的 2012 年国际法协会索菲亚会议上科学家们也认为文书中的定义是合适的，符合目前的国际背景。因此后续的报告中有关空间碎片的界定也是与其一致的，即指在外层空间中的人造物体，不包括工作中的或任何可以使用的卫星，并且这种状态在现有条件下，即使在可预见的未来也不会有变化。[2]这一定义被认为是体现了空间碎片的科学和技术的研究结果。之所以未再对空间碎片的定义进行修改，是因为在一般情况下 1994 年对空间碎片的界定足以涵盖目前绝大多数问题。

主要航天国家对空间碎片的界定上保持了与国际组织一致的认识。如在美国《NASA 减少空间碎片的程序要求》中对空间碎片也进行了界定，轨道碎片是指被人类放置在外空中并仍残留在轨道上的不再具有任何功效的任何物体。[3]2014 年 3 月 28 日在欧空局（ESA）签署的《空间碎片减缓政策机构项目》（*Space Debris Mitigation Policy for Agency Projects*）附件二中对空间碎片的界定也是采纳了与 IADC 一致的定义。

从以上的定义可以看出，对于如何界定空间碎片的研究主要集中在科学技术领域，而在法律领域的研究则几乎没有。虽然从法律意义上对空间碎片试图下一个可行的定义是困难的，但对空间碎片的界定无一不围绕着

---

[1] the Inter-Agency Space Debris Coordination Committee (IADC): "Key Definitions of the Inter-Agency Space Debris Coordination Committee (IADC)", April 2013.

[2] INTERNATIONAL LAW ASSOCIATION, "LEGAL ASPECTS OF THE PRIVATISATION AND COMMERCIALISATION OF SPACE ACTIVITIES" FIFTH AND FINAL REPORT SOFIA CONFERENCE SPACE LAW, 2012, p.16.

[3] NASA Procedural Requirements for Limiting Orbital Debris (NPR 8715.6A – AppendixA) p.22, (http://orbitaldebris.jsc.nasa.gov/library/NPR_8715_006A.pdf).

它是一个丧失功能性，已不再受控，无用的或废弃的空间物体或其部分，并且如果没有根本情事变化，这种状态在可预见的将来会一直持续下去。

（二）空间碎片的特点

从对空间碎片界定的发展来看，其主要有以下特点：第一，空间碎片是人类发射到外层空间的物体。根据空间碎片来源不同分为两类：一是来源于小行星爆炸、碰撞等产生的流星体。它们是外空物质结构的组成部分，自发地经过地球轨道。由于这类碎片的产生不为人类所能控制，因此，其具体数量无法预计。"根据1995年观察的数据显示，在地球表面的2000公里的范围内大约200公斤流星体聚集着。"[①] 这些物体运行速度为每秒20公里。二是人类在自觉的外空活动中产生的碎片或者说太空垃圾。这些物体是人类向外空发射的卫星、火箭体等空间物体由于碰撞、裂解、寿命终结等原因造成的碎片，它们会长期停留在地球轨道上。直到最后在大气摩擦和地球重力之下，大多数碎片在重返地球的过程中被燃烧掉，少数较大的碎片则陨落在地球上。根据碎片本身质量以及所在轨道的不同，很可能这个过程长达上百年甚至更长时间。因此，随着人类外空活动的频繁，发射的空间物体也越来越多，空间碎片的数量会持续增长。"1989年就预测到，在地球表面的2000公里的范围内大约200万公斤的人造空间碎片聚集着。"[②] 它们的飞行速度几乎达到每秒10公里，因此，碎片间的碰撞也是极易发生，这对外空中以及地面上的人身、财产、环境安全造成很大的危害。因此人类外空活动中产生的空间碎片才属于国际空间法调整的客体。

第二，空间碎片是持续的丧失了功能性的物体。空间碎片是外层空间中不能继续工作，也不能发挥其他效用的，并且不能继续被人操控的物体。具体来说，空间碎片不但包括航天器和其发射体等裂解、爆炸产生的碎片，那些已经超过使用寿命，不具有预定功能，即使其个别零部件还能工作，但是已不具有执行其预定使命的性能。也就是说因为失效的航天器是不能为人所控制的，虽然外形完整，但与碎裂物没有实质区别，同样会给外空

[①] Steven A. Mirmina, "Reducing The Proliferation Of Orbital Debris: Alternatives To A Legally Binding Instrument" *American Journal of International Law*, July 2005, p.649.

[②] Steven A. Mirmina, "Reducing The Proliferation Of Orbital Debris: Alternatives To A Legally Binding Instrument" *American Journal of International Law*, July 2005, p.649.

中正常运行的其他航天器造成危害，影响未来航天器正常发射、运行。目前，相关的国际组织通常认为碎片是所有的燃料已用尽且无法再被操控的空间物体。并且，空间碎片这种非功能性的状态必须具有持续性的，若只是暂时的，能够被修复的，这类物体虽不具有功能性但也不属于我们所探讨的空间碎片，而有可能是空间物体。

第三，空间碎片具有严重危害性。现如今世界各国之所以关注空间碎片问题，主要原因就是空间碎片的不断增长，严重地威胁着人类外空、地球活动的安全，事实上已经产生了一些损害性后果。空间碎片造成的直接危害表现为空间碎片高速碰撞航天器，致使它丧失效能、任务失败，特别是威胁着航天员生命安全。从长远来看，造成外空环境的损害，严重干扰航天器的顺利发射和运行。此外，空间碎片还有可能穿越大气层，重返地球，尤其是具有辐射性的碎片的返回，不仅造成人类财产和生命的损失、也给地球环境带来巨大的损害。虽然此类损害发生的几率不大，但是也时有发生。

第四，空间碎片的存在具有区域的特定性。一般情况下，空间碎片在特定的区域存在，即除了数量非常巨大的位于地球轨道上空间碎片之外，还包括重返地球表面的空间碎片。并且地球轨道上的空间碎片的分布也具有规律性。根据欧洲航天局和忧思科学家联盟（Union of Concerned Scientists）2014 年的数据显示，在低地球轨道（LEO）有 600 颗有效卫星以及大约 1.7 万个大于 10 厘米的可追踪碎片；在中地球轨道（MEO）有 115 颗有效卫星以及大约 1000 个可追踪碎片；在地球静止轨道（GEO）有 450 颗有效卫星以及约 1000 个可追踪碎片。当然，这一范围也不是固定不变的，它会随着人类外空探索活动范围扩大而不断增大。

第五，空间碎片的数量不断激增也是其特点之一。在现有的科技条件下，空间碎片的生成和累积是不能避免的。空间碎片数量不断增加又会增大它们碰撞的几率。这就会使得空间碎片的数量呈几何级增长。

从 1957—2017 年编目的空间碎片的增长状况图[①]中可以看出：空间碎片的数量比功能性航天器的增长要快得多，尽管空间碎片的总量随着其自然衰变或国家采取减缓措施在短期内增长幅度降低了，但由于反卫星试验，

---

① NASA Orbital Debris Program Office, "Orbital Debris Quarterly" April 2016, p. 14, (http://orbitaldebris.jsc.nasa.gov/newsletter/pdfs/ODQNv20i1-2.pdf).

空间碎片的数量成倍增长。

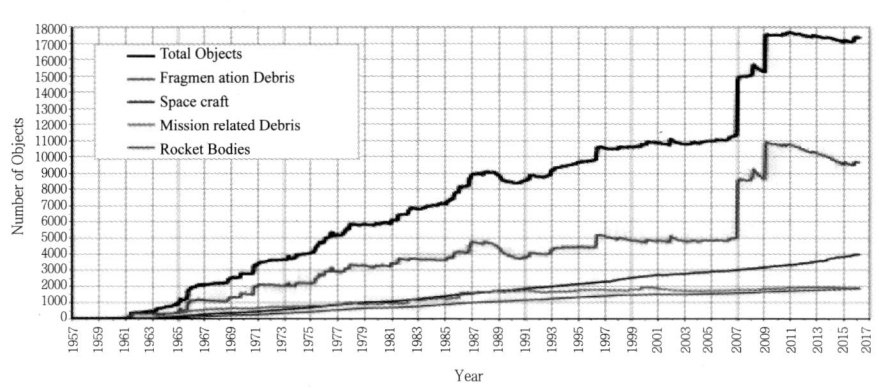

1957—2017 年地球轨道上各类物体的数量[①]

最后，清理空间碎片的工作难度高。目前，可以实现空间碎片清理一般方式有：一是凭借自然力清理，是一种消极的清理方式。空间碎片重返地表时在地球重力与大气摩擦力的双重作用下燃烧自毁。该方法虽然经济，但是需要几十年甚至上百年时间。二是通过人力清理，是一种积极的清理方式。即采取现代高科技进行清理，通常采用的方式包括捕获碎片或是把碎片推至不用的更高级的轨道或是对碎片进行引爆处理。该方法虽然大大缩短了清理时间，但是费用极高，特别是引爆处理还易增大外空中碎片密度的后患。

基于上述内容，目前国际社会在着手解决空间碎片问题时主要从两方面考虑：一是注重制定、实施预防和减缓空间碎片的规范，但由于这些规范还不具有法律拘束力，并且航天国家基于眼前利益的驱使，实际发挥的作用有限；二是重视空间碎片造成损害赔偿责任制度研究，虽然空间碎片造成的损害日益增多，但是在实践中，基于航天大国自身利益的考量，并不支持制定或明确有关空间碎片致损责任的规范。实际上空间碎片损害赔

[①] 在编目的在轨各类空间物体的数量：该图显示了在地球轨道上的所有的由美国空间监测网络编目的物体的概要。咖色为轨道上各类物体总数，紫色为"碎裂碎片"数量包括卫星解体的碎片和碎片的异常事件产生的碎片，蓝色为航天器数量，而桔色为"飞行任务有关的碎片"数量包括所有物体执行任务计划任务所分离、释放的碎片，绿色为火箭体数量。图片来源：NASA. Orbital Debris Quarterly News.Volume20.Issues1&2April2016.p.14.

偿责任制度的有效建立、实施有利于促进空间碎片减缓措施的执行和完善，这两方面是相互促进的。

二 空间碎片的来源

根据美国 NASA 的空间碎片编目，① "大约 60% 空间碎片是来自航天器和火箭的分解和分裂产生的。"② 通常情况下，这类碎片是因为发射的火箭体中残余的燃料以及其他物质引起爆炸造成的。其次，还由于外空中运行的空间物体和其他有效的空间物体以及空间碎片相互碰撞生成的。并且，在外空活动过程中也会产生一些空间碎片。比如螺栓、镜头盖这类可能从运行的空间物体脱离的物体。这些为实施航天任务而遗留在外空的在轨碎片以及火箭体占可监测的空间碎片总数的将近五分之一，丧失功效的卫星也占几乎一样的比例。③ 此外，还存在故意摧毁卫星的事例，虽然此类事件目前发生的极少，但是也是导致空间碎片产生的原因。

在《空间碎片减缓准则》中罗列了空间碎片具体来源："(a) 意外解体和有意自毁产生长期存在的碎片，以及 (b) 运载火箭轨道级和航天器运行过程中有意分离的碎片，而且还预计了碰撞产生的残块也将是空间碎片的生成的重要来源。"④ 总之，空间碎片是"包括所有报废的卫星和空间物体以及其碎片、所有的空间物体和轨道中的空间物体意外或故意释放出来的物质。"⑤

在《布宜诺斯艾利斯国际文书》第 1 条（3）中也明确了空间碎片主要来源于：①常规空间活动，包括用尽的火箭级和空间推进装置以及常规军

---

① 目前，世界上只有美国和俄罗斯联邦拥有全球性的太空雷达和望远镜网络以及卫星目录，但是，俄罗斯没有公布这个目录数据。美国军方目前维护着最公开和完整的目录，但它不一定准确或详尽无遗，美国雷达就没有覆盖亚洲大部分地区，然而这一地区俄罗斯有很好的低地轨道雷达覆盖。

② Towards Long-term Sustainability of Space Activities: Overcoming the Challenges of Space Debris (A/AC.105/C.1/2011/CRP.14) p.12 (http://www.oosa. unvienna.org/oosa/en/COPUOS/stsc/2011/ docs.html).

③ Towards Long-term Sustainability of Space Activities: Overcoming the Challenges of Space Debris (A/AC.105/C.1/2011/CRP.14) p.12 (http://www.oosa. unvienna.org/oosa/en/COPUOS/stsc/2011/ docs.html).

④ 附件《和平利用外层空间委员会空间碎片减缓准则》1 (A/62/20)。

⑤ Marco Pedrazzi、赵海峰著：《国际空间法教程》，黑龙江人民出版社 2006 年版，第 72 页。

事演习中发射的重武器；②有计划的或意外的轨道爆炸和卫星破裂；③碰撞产生的碎片；④颗粒或其他形式的排放污染，例如由固体火箭排放的；⑤废弃的卫星。①

对空间碎片来源问题的这一认识也体现在航天大国的法律文件中。如在美国《NASA限制空间碎片程序要求》中列举了空间碎片的来源包括：能源耗尽的航天器、运载火箭级及其部件，还包括材料，垃圾，碎块和其他有意或无意丢弃或生成的其他物体。②

通过考察航天国家监测空间碎片的实践活动，以及这些国家和国际组织的法律文件中对空间碎片来源的认识，可以总结出：空间碎片的主要来源：

（1）已经到了使用寿命的并仍旧在轨的卫星；

（2）发射卫星进入轨道的推进器；

（3）操作性碎片，即为执行一定的任务故意释放的碎片。包括在发射阶段为了保护仪器安全的防护套、入轨正常运营前的太阳能电池或天线等装备系统以及脱落的机械装置；

（4）两个在轨物体的碰撞或者空间物体的故意或意外的爆炸都会造成空间碎片产生；

（5）被用作轨道转换的固体推进发动机剩余的推进燃料，特别是在转换轨道和地球同步静止轨道之间，推进的瞬间释放的小的铝颗粒物质；

（6）由于在极其恶劣的外空环境，空间物体的材质老化，这也造成了大量的空间碎片的产生，如隔热膜剥落、油漆面脱落等。

因此，可以得出一个结论，空间碎片因空间物体发生分离、爆炸、碰撞、寿命终结等等原因而产生，即空间碎片从物理形态上是空间物体的构成部分或全部。

然而就空间碎片本身来说，它不是法律所直接调整的物。因为法律关系客体——物是指"人们能够支配和利用的物质实体和自然力。"③换句

---

① INTERNATIONAL LAW ASSOCIATION, "LEGAL ASPECTS OF THE PRIVATISATION AND COMMERCIALISATION OF SPACE ACTIVITIES" FIFTH AND FINAL REPORT SOFIA CONFERENCE (2012) SPACE LAW p.16.

② "NASA Procedural Requirements for Limiting Orbital Debris" NPR 8715.6A - AppendixA, p.22 (http://orbitaldebris.jsc.nasa.gov/library/NPR_8715_006A.pdf).

③ 张俊浩著：《民法学原理》，中国政法大学出版社2000年版，第367页。

话说，法律上的物必须是事实上、法律上能供主体占有、使用、收益和处分的物。而从空间碎片特征、来源看，空间碎片是难以为人类所支配并且是没有效用的物体，不能满足主体的物质利益和精神需求，供主体使用，其显然不能作为法律关系客体——物。那么空间碎片就不需要法律来规制，其所造成的损害就不予赔偿了吗？根据上文的分析，从物理上来说，空间碎片外延包含了发射空间物体的装置设备以及空间物体的部分或整体，因此我们寻找这一问题的答案还应从空间碎片与空间物体的关系来进一步分析。毋庸置疑的是空间物体是属于法律所调整的物。

三 空间碎片和空间物体间的关系

到目前为止，国际外空法还未曾清晰地界定空间碎片，但有关于空间物体的规定。这是确定解决空间碎片问题的国际法渊源的一个非常重要的因素。一旦空间物体和空间碎片之间是一种包含关系，就可以适用调整空间物体的相关国际条约来解决相应的空间碎片问题。

（一）空间物体的界定

虽然在现行的国际空间条约中尚未对空间物体内涵做出明确的界定，但是列举了其外延。1963年12月13日联合国大会正式通过了《各国探索和利用外层空间活动的法律原则宣言》（以下简称《法律原则宣言》），其中第7原则规定"凡登记把物体射入外层空间的国家，对该物体及所载人员在外层空间期间，仍保持管理及控制权。射入外层空间的物体及其组成部分的所有权，不因其通过外层空间或返回地球，而受影响。这些物体或组成部分若在登记国国境以外被发现，应送还登记国。但在送还之前，根据要求，登记国应提出证明资料。"在第8原则中规定"向外层空间发射物体的国家或向外层空间发射物体的发起国家，以及被利用其国土或设施向外层空间发射物体的国家，对所发射的物体或组成部分在地球、天空或外层空间造成外国，或外国的自然人或法人损害时，应负有国际上的责任。"以上两个原则通过行使权利客体的规定表明了空间物体为："物体或它的组成部分"。并且在1967年生效的《关于各国探索和利用包括月球和其它天体在内外层空间活动的原则条约》（以下简称《外空条约》）中，在涉及登记、管辖与控制时表述为"发射进入到外空的物体"，而在确定其所有权或者赔偿责任时，表述为"发射的物体及其组成部分"。在之后的《空间物体所造成损害的国际责任公约》（以下简称《责任公约》）将空间物体进一步表述为"空间物体的组成部分、物体的运载工具和运载工具的部件"[①]。并且1976年生效的《关于登记射入外层空间物体的公约》（以下简称《登记公约》）第1条（2）b对空间物体的规定与《责任公约》基本一致。《登记公约》第2条似乎表明一个进入或越出地球轨道的物体才是空间物体。实际上，这一规定并非旨在界定空间物体是什么，而只是确定哪些物体是需要登记的。

从以上公约对空间物体外延的表述可以看出，随着航天事业的发展，空间物体的范围在不断扩大，不但包括发射进入外空的完整的航天器，也囊括了组成它的每一部分和部件。具体来说，人造卫星、火箭体、太阳能电池板块、镜头盖、喷嘴等这些绝对属于空间物体的范畴，而小块聚酯薄膜、油漆斑点、钠钾共晶合金液滴也可以被认为是空间物体。

我国高国柱学者认为，"空间物体是指人类以和平探索和利用外层空间（包括月球和其他天体）为目的，由某一发射国或若干发射国发射进入或跃出地球轨道并可能具备返航能力的为某一（些）国家、地区、国际组织或私人所有或控制，具有相对稳定的轨道特征和技术参数，并因其空间位置和执行任务而受制于国际空间法和各国国内法中有关登记、管理和责任规定的人造物体（包括其组成部分、零部件及运载工具）。这一定义明确了空间物体的内涵，并将空间碎片排除出了空间物体的范围。"[②]但笔者认为上述对空间物体内涵的界定，实质上主要是从具有功能性以及可以被控制方面与空间碎片相区别。但是在物质形态上，并不能将二者相区分。

（二）空间物体与空间碎片的关系

根据上文可以把空间碎片看作是一个丧失功能性，已不再受控，无用的或废弃的空间物体或其部分，并且如果没有根本情事变化，这种状态在可预见的将来会一直持续下去。基于这样的界定，实际上，空间碎片就是一特定类型的空间物体，是一个无效的空间物体或空间物体的一部分。但

[①] 《责任公约》第1条（d）。
[②] 高国柱：《从国际法视角看空间资产的安全问题》，《北京航空航天大学学报》（社会科学版）2011年第6期，第41页。

也并不否认空间物体并非都是空间碎片。

按照国际外空条约中有关空间物体的内容，实质上也表明了在空间碎片和空间物体之间紧密联系。一是，在国际外空条约中规定了空间物体除了包含"物体"（object）之意，还包含物体的"组成部分"（component parts）。法律规范本身要具有简洁、明确的价值。这两个术语之所以被并列起来用于解释空间物体，这可以说明条约调整的范围应包括空间物体发生故障、分离等情况。二是，仅仅因为空间物体及其组成部分丧失了功能性，就不能再被称为空间物体，国家依据外空条约享有的权利就丧失了，这既不符合逻辑，也不合情理。比如在《责任公约》中的发射就包含了失败的发射。那么，条约中的空间物体也应该包含了失效空间物体的含义。因此，丧失了功能性的航天器和其部件在法律上能够被解释为"物体"或者"组成部分"，据此可以推断出，空间碎片理应属于《外空条约》的调整范围。举例来说，如果当无法通过无线电联络并丧失对一个空间物体的控制情况下，它应该被直接确定为"空间碎片"吗，这样的界定会产生什么法律后果？恐怕在这种情况下，很难准确地区分二者。

在《外空条约》中规定了，"凡登记把实体射入外层空间的缔约国对留置于外层空间或天体的该实体及其所载人员，应仍保持管辖及控制权。射入外层空间的实体，包括降落于或建造于天体的实体，及其组成部分的所有权，不因实体等出现于外层空间或天体，或返回地球，而受影响。……"[①]这一定程度地说明空间物体权属、责任不受其使用期限的限制。此外，应该指出的是，目前适用于空间物体的外空条约规定似乎没有对空间物体的性质和大小、是否可控制等作出任何限制。如在《责任公约》第1条（d）规定中，也未把功能性作为判断"空间物体"的标准。并且发射国负担的责任范围同样也不以具有功能状态为限，也就是说并没有排除非功能性物体。又如在《登记公约》规定的"每一登记国应在切实可行的最大限度内，尽速将其前曾提送情报的原在地球轨道内但现已不复在地球轨道内的外空物体通知联合国秘书长。"空间物体不因其不在轨道内而被排除在空间物体的范围，这进一步证实了该条约适用于空间碎片。正如目前所公认的，

---

① 《关于各国探索和利用包括月球和其它天体在内外层空间活动的原则条约》第8条。

发射国对超过使用期限的空间物体仍旧负责。

根据1980年1月27日生效的《维也纳条约法公约》（以下简称《条约法公约》）规定的："条约应依其用语按其上下文并参照条约之目的及宗旨所具有之通常意义，善意解释。"①对于具有普遍性的公约以及以创立国际制度为目的的条约进行解释时，应更注重于条约的目的和宗旨，而不应被约文、条款的字面意思所束缚。"……对于"解释规则"解释者宜善意地予以运用，以使条约发生依其目的应有的合理效果，借以伸张国际正义，促进国际合作，维持国际和平。"②《责任公约》的缔约目的就是"制定关于外空物体所造成损害之责任之有效国际规则与程序，以特别确保依本公约规定迅速给付遭受空间物体损害的受害人充分及公允之赔偿。"③因此，在空间碎片导致的损害越来越严重的情况下，确认条约中所规定的空间物体的外延涵盖了空间碎片，有利于适用国际外空法对遭受空间碎片损害的受害者给以赔偿，这是与《责任公约》的宗旨、目的相一致的，更何况，在上文的分析中也可以明确空间碎片在物理上本身就是空间物体。

此外，《条约法公约》中明确阐述了"条约的准备工作及缔约的情况作为条约解释的补充资料。"④20世纪60年代是航天技术突飞猛进的十年，当时美国、前苏联两国是进行外空活动的主要国家，而他们所关心的是本国在外空的权威以及军事利益，⑤没有意识到外空轨道资源的有限性。于是，在1959年联合国成立了和平利用外层空间委员会以解决在外层空间活动中所产生的特有的法律问题。外空委的主要目标是促进和平利用外层空间，鼓励合作并建立相应的法律制度体系。因此，在《外空条约》、《责任公约》等联合国关于外空条约的缔结过程中，缔约方没有明确规定空间物体是否应包含空间碎片，实际上根据当时对外空利用的状况以及人们对外空资源的认识也不可能做出这样的表述。

实际上，在《责任公约》缔约过程中，缔约国对于空间物体的认定主要是从哪些工具设备归属于空间物体范畴为出发点的，并非考虑在它们使

---

① 《维也纳条约法公约》第31条第1款。
② 李浩培著：《条约法概论》，法律出版社2003年版，第361页。
③ 《责任公约》序言。
④ 《维也纳条约法公约》第32条。
⑤ D.W.Shepherd,"Outer Space and Military Space Doctrine", *2L.&Tech. J.*1995（28）p.1-10.

用期内的法律效果。就是在各缔约国对公约其他内容无法达成一致的时候，也是共同认为空间物体至少应该包含所有可能引起责任的物体。从缔约各国的该立法意图来看，空间物体的外延包含了空间碎片是其应有之义。如果将空间碎片排除在空间物体的定义之外，将会限制了公约的效力范围，那么外空条约只会涵盖目前在轨道的 5% 的工作航天器，95% 的碎片排除在其之外。因此，空间碎片应当属于空间物体的范围之内，这也有利于在缺乏专门规范空间碎片造成损害的国际责任制度时，可以适用空间物体的相关国际条约。

在国际实践中，一些国际组织和航天大国也是认可空间物体外延包括了空间碎片。截至 2016 年 4 月 1 日，联合国外层空间事务司（以下简称外空司）根据联大第 1721B（XVI）决议，已发布了 428 份文件登记近 6000 个空间物体，其中包括功能性和非功能性的。美国经常登记的空间物体类别包括"从事气象或通讯等空间技术实际应用和使用的航天器"以及"用完的助推器及操纵推进器、隔热罩及其他不起作用的物体"。[①] 在 1999 年 9 月 4 日至 5 日发射的 MuKungHwa-3 号卫星，卫星由大韩民国登记[②]，而第三级推进器阿丽亚娜-4 火箭由法国登记[③]。我国向联合国提交发射的空间物体的登记信息也包括了有关运载火箭等空间碎片的基本情况。

1977 年 9 月 18 日前苏联向外空发射的人造卫星"Kosmos954"号因故障失控，最终该卫星碎片散落在加拿大领土上并造成了损害。在加拿大向前苏联进行索赔时，其主要国际法依据便是《责任公约》，尽管最后前苏联支付赔偿的依据是否是公约不得而知，但是《责任公约》无疑确保了索赔的正当性。因此，Kosmos954 的案件已经暗含了空间碎片可以被认为是"空间物体"。加拿大政府提出损害赔偿要求，以及前苏联随后支付赔偿，表明双方都认为卫星的组成部分是"空间物体"，因此前苏联依法享有所有

---

① ST/SG/SER.E/379、ST/SG/SER.E/385. [R/OL]（http://www.un.org/zh/documents/view_doc.asp?symbol=ST/SG/SER.E/379, http://www.un.org/zh/documents/view_doc.asp?symbol=ST/SG/SER.E/385）.

② ST/SG/SER.E/362[DB/OL]（http://www.un.org/zh/documents/view_doc.asp?symbol=ST/SG/SER.E/362）.

③ ST/SG/SER.E/374[DB/OL]（http://www.un.org/zh/documents/view_doc.asp?symbol=ST/SG/SER.E/374）.

权和承担相应的责任。尽管空间碎片的法律地位仍然是学者们争议的问题。这一实例有力地表明，国家仍然为生成的空间碎片承担责任，即当空间物体成为碎片的时候。

从以上条约解释和国际实践角度，空间物体应该包含空间碎片，即空间碎片是一个空间物体或空间物体的组成部分，因此，用于规范有关空间物体问题的国际外空法律规范可以用来规范有关空间碎片致损问题。但是，当前的国际空间法尚不能充分涵盖"空间碎片"这一术语的含义。在《外空条约》和随后的诸如《责任公约》和《登记公约》等外空条约的条款，还不是明确的足以解决复杂的空间碎片问题。[1] 其原因是，空间物体并不一定都是空间碎片，二者之间仍然存在以下的差别：一方面，空间物体是一个中性的概念，包括具有正常功能性物体与丧失功能性物体，但是空间碎片仅指丧失功能性物体。另一方面是，发射国一般对发射成功的外空物体才进行登记，对空间碎片通常只进行监控，并且在国际上也没有登记的国际义务。三是，空间物体数量、归属容易被确定、识别，而空间碎片，尤其是直径小于 2cm 的碎片数量巨大并且无法被识别其归属。因此，适用于空间物体的国际外空法并不能解决所有的空间碎片问题，不管怎样界定空间碎片，在具体适用的时候都应根据不同情形谨慎分析。

空间碎片和空间物体之间既有联系又存在区别，体现在外空条约和空间碎片适用关系上，得出的结果是，若空间碎片能够被空间物体所涵盖的，其造成损害的责任问题便可以直接适用《责任公约》、《登记公约》等外空条约来确定，比如发射国的认定、赔偿委员会的组成、索赔时效等。但是若空间碎片不能被空间物体所包含的，其造成的损害责任则需要参照并在国际法原则基础上制定新的具体的规定。

---

[1] Joseph S. Imburgia, "SPACE DEBRIS AND ITS THREAT TO NATIONAL SECURITY: A PROPOSAL FOR A BINDING INTERNATIONAL AGREEMENT TO CLEAN UP THE JUNK" *Vanderbilt Journal of Transnational Law*, May, 2011, pp.616-617.

第二节 空间碎片问题的危害性分析

一 空间碎片带来的主要危害

（一）空间物体在轨道碰撞风险增大

空间碎片数量急剧增加严重威胁着地球轨道上正常运行的卫星等航天器，增大了空间物体碰撞事故的发生，并且在21世纪此类事件发生频率越来越大。2009年2月11日，美国铱星公司的一颗商业卫星Iridium 33与一颗俄罗斯已经报废的军用卫星Cosmos 2251发生碰撞，致使前者完全报废。该碰撞还生成了约2000块直径至少10厘米的大碎片和数千块小碎片，这些碎片对其他66颗铱星也造成了严重威胁。更严重的是其中许多碎片会留在轨道上数十年或更长的时间，并给在低地球轨道（LEO）运行的其他物体带来极大的碰撞风险。这也是在轨道上的两颗完整卫星之间的首次碰撞。但不是引起国际社会对空间碎片严重关注的唯一实例。2014年10月27日欧空局为了避开靠近的碎片，对国际空间站（ISS）执行了一次轨道校正操作，这些碎片就是在2009年铱星33号和宇宙2251的碰撞中产生的。根据美国太空监视网络（SSN）数据显示，宇宙2251碎片被发现距国际空间站约4千米的范围内穿过。即使其中的小碎片直径平均也有约8厘米。[1] 实际上，从1998年以来，对空间站实施的避免空间碎片碰撞损害的操作共有21次，仅在2014年就进行5次操作。[2] 这表明空间碎片碰撞致损风险不断增长的现实。2015年2月3日，国防气象卫星计划（DMSP）的一个航天器被称为"USA109"（国际卫星标识1995-015A，美国战略司令部（USSTRATCOM）空间监测网络（SSN）目录编号为23533），发生了裂解，

---

[1] "International Space Station Performs Fourth and Fifth Debris Avoidance Maneuvers of 2014"（http://orbitaldebris.jsc.nasa.gov/newsletter/pdfs/ODQNv19i1.pdf）.

[2] INTERNATIONAL LAW ASSOCIATION: "LEGAL ASPECTS OF THE PRIVATISATION AND COMMERCIALISATION OF SPACE ACTIVITIES", FIFTH AND FINAL REPORT SOFIA CONFERENCE SPACE LAW, 2012, p.15.

其结果是生成一个新的碎片云。截至 2015 年 3 月 12 日共有 67 块碎片已由 SSN 正式编号，此外还跟踪到更多的碎片，从而会使得该裂解碎片目录总数远远超过 100 块。碎片散落的范围广，在原轨道上、下方延伸了 300 多公里。且许多碎片仍将在轨道上存在几十年。[1]

人类的外空活动大多集中在近地轨道、中轨道和地球同步轨道，因此这些区域也是空间碎片的密集区。截至 2016 年 4 月 6 日的 SSN 数据显示有 13344 个 10 厘米以上大小的物体翱翔于太空中，此外还有数千万的 1 厘米和更小的空间碎片颗粒。目前在轨时间最久的空间碎片是来自美国在 20 世纪中期发射的"先锋"号卫星。在 21 世纪初"NASA 的科学家就提出，即使不再向外空发射航天器，可以预期到 2055 年，因碰撞所导致的新碎片也将远远多于落回地表和烧毁掉的碎片总数。"[2] 这些碎片不停地碰撞，大大增加了航天器任务失败的风险。

空间碎片碰撞的强大破坏力主要来自于它的速度。伴随着空间站以及卫星轨道周围高速运行的碎片，均可对外空中的人类和财产构成严重威胁。它们在太空中碰撞速度高达 10-15 公里／秒。一个 10 厘米长的碎片的动力相当于一个满载的以 80-100 公里／小时的速度飞奔的卡玛斯卡车。[3] "一片直径为 1 毫米至 1 厘米的空间碎片若击中一个正在运行的卫星的要害部位的话，便可使整个卫星丧失功能性。"[4] 即使是直径小至微米的小空间碎片，虽然体积、重量都小，但是存在的数量大，空间密度高，在与航天器频繁的撞击过程中，使得航天器及其部件的性能被严重影响，甚至改变，如微小空间碎片的频繁撞击使得光学镜头光滑的表面变成"磨沙"面，而无法成像。

而稍大的空间碎片的撞击会在航天器表面造成撞击坑，从而毁损航天器表面材料，使得太阳能电池供电线路短路。若再次撞击就会进入航天器

---

[1] "Recent Breakup of a DMSP Satellite", *Orbital Debris Quarterly News*, Volume 19, Issue 2 April 2015, p.1.

[2] 太空垃圾频繁肇事 各国探讨清扫方法，2011 年 10 月 21 日，(http://www.cnsa.gov.cn/n1081/n7529/n7950/404907.html)。

[3] "ISS to be raised to higher orbit to avoid collision with debris", *ITAR-TASS Daily*, Moskva, Russia, January 13, 2012, (http://dlib.eastview.com/browse/doc/26466854)。

[4] 童国梁：《空间碎片问题的现状和未来》，《现代物理知识》2008 年第 2 期，第 37 页。

的内部，造成航天器的内部损害。大的空间碎片高速撞击航天器，会造成航天器的破裂、爆炸，甚至可以改变航天器的轨道。[①] 在外空环境下，空间碎片还可因超高速撞击而气化为等离子体云，粘附在航天器表面，也可能进入航天器的内部，引起航天器故障。如果一名正在进行太空行走的航天员被一个小到螺帽的碎片击中，可立即送命。空间碎片对定位卫星的撞击还可以导致它不能精确地定位。虽然我们可以在卫星上安装防护罩来避免空间碎片的碰撞，然而这不但增加外空活动成本，还增加了卫星的操控难度。根据现在的科技，即使安装了防护罩实际上也只能防御小碎片的伤害。

（二）空间碎片在地球表面引起的危害性

空间碎片引起的严重危害还包括在返回地球表面后带来的损害、威胁。虽然绝大部分的空间碎片在重返地表时与大气相摩擦而烧毁，但还有少数碎片坠落到地表。"平均每天有一块大于10厘米的编目中的空间碎片重返地球大气层，平均每周有一块大于1米的编目中的空间碎片重返地球大气层，许多这些空间碎片穿过大气层陨落在地球表面并且对地球表面造成了影响。"[②] 2001年俄罗斯"和平"号空间站在返回地球大气层时，有1500块碎片掉落地面。巨大的碎片还造成了音爆。2011年9月24日，美国已经丧失功能性的"高层大气研究卫星"（UARS）在穿越大气层时燃烧未尽的26块碎片坠落于南半球的广阔海洋。

"英国南安普顿大学空间碎片专家休·刘易斯曾说，近两年中可能出现报废卫星'扎堆回家'的高潮，未来来自太空的人造碎片将会更频繁地坠落地球，太空垃圾'肇事'可能成为家常便饭。"[③] 这种空间碎片频繁地重返地球给人类的生命、财产和环境安全带来了严重的危害，尤其让人担忧的是带有放射性的碎片坠落地面造成的损害的扩散性更强和破坏性更深远。"冷战时期的卫星通常都带有放射性部件，空间中大约有1500公

[①] 袁庆智、孙越强、王世金：《天基微小空间碎片探测研究》，《空间科学学报》2005年第3期，第212、217页。

[②] Towards Long-term Sustainability of Space Activities: Overcoming the Challenges of Space Debris（A/AC.105/C.1/2011/CRP.14）p.21(http://www.oosa.unvienna.org/oosa/en/COPUOS/stsc/2011/docs.html）.

[③] 太空垃圾频肇事 各国探讨清扫方法，2011年10月21日，(http://www.cnsa.gov.cn/n1081/n7529/n7950/404907.html）。

斥有辐射的轨道碎片。"① 若此类碎片返回地球给人类的健康、财产和环境带来的损害是无法估计的。"1978年1月24日前苏联核动力卫星'宇宙954'发生故障解体，卫星上30千克浓缩铀和反应堆陨落在加拿大，污染了124000平方公里的地区，清除费用将近13000多万加元"②。"截止到1998年还有可追踪到的29个这样的反应堆在轨道上运行。"③ 基于空间碎片重新进入大气层问题的严重性，一直以来它都是外空委科技小组会员国关注的议题，在2010年2月召开的第47届联合国大会会议上再次重申了该问题。在2015年6月10日至19日的外空委第58届会议上会员国也一致认为，各国尤其是航天国家应更多地关注空间物体包括携载核动力源的空间物体与空间碎片碰撞的问题，以及空间碎片的其他方面，包括空间碎片再入大气层的问题。

空间碎片除了本身引起危害之外，也可能被当作军事武器使用。一国可以通过故意生成新的或者利用已有的空间碎片实施干扰、毁损其他国家外空活动以及财产安全，甚至造成人员伤亡。这都是与和平利用、探索外空原则相违背的，不符合外空法的基本原则。

二 目前国际社会制定新协议的困难

面临空间碎片带来的损害以及巨大威胁，各国已经制定和实施减缓空间碎片的政策、法律等规范。"IADC的空间碎片减缓准则表明了目前我们在可负担和可采用的技术条件下，对外层空间仍然可以进行的最大化的使用。"④ 一些国家已经在按照外空委《空间碎片减缓准则》和（或）IADC《空间碎片减缓准则》实施空间碎片减缓措施，还有一些国家已经根据这些准则制定了本国的空间碎片减缓标准。其他一些国家正在将IADC《空间碎片减缓准则》和《欧洲空间碎片减缓行为守则》用作本国空间活动监管框架的参照基准。到目前国家在空间碎片问题上取得的主要成就是

---

① Michael W. Taylor, "Trashing The Solar System One Planet At A Time: Earth's Orbital Debris Problem", *Georgetown International Environmental Law Review*, Fall 2007, p.23.
② Canadian Claim, para. 24, p.908.
③ 都亨著：《空间碎片》，中国宇航出版社2007年版，第17页。
④ Michael W. Taylor, "Trashing The Solar System One Planet At A Time: Earth's Orbital Debris Problem", *Georgetown International Environmental Law Review*, Fall 2007, p.56.

主要的航天大国都依据国际性的空间碎片减缓准则制定了国内的空间碎片减缓政策规范。这样，对空间碎片问题的焦点关注已经从保护环境的角度出发大谈责任义务转变为更"注重实效"。这一转变表明在解决空间碎片致损问题涉及的利益冲突上，国际社会更倾向事前的预防措施，而不是事后惩罚性的措施。外空委承继了 IADC 有关空间碎片减缓的规制，进一步表明的不仅是从事外空活动的国家拥有解决空间碎片致损问题的强烈愿望，也表明在责任制度方面很难达成一致。但是在空间碎片致损问题的预防上仍然有很多需要做的事情。如外空委《空间碎片减缓准则》不具有法律强制力，完全靠各国的自觉、自愿实施，从而预防空间碎片致损的效果是有限的，这一点我们将在下文中详细阐述。

空间碎片致损责任方面缺乏专门的国际规范。那么制定一个什么样的国际规范能为大多数国家所接受并有效实施。换句话说，就是确立一个什么样的能够为大多数国家接受的责任制度有利于更好地救济受害者，并促进航天国家尽力减少空间碎片。制定一个能为绝大多数国家赞成并加入的涉及空间碎片损害责任的国际规范至少需要考虑以下几个因素。一是，国家间的权利、义务应当平等。个别国家享有实质性利益，其他国家却承担全部义务，这种不平等条约在现代是不能被大多数国家认可的。二是，在制定责任制度时不应规定具体的技术指标、规则。因为条约修订的速度远远落后于科技发展速度。并且法律一旦制定出来，也不能朝令夕改。三是，制定的新规范内容、形式能被有关国家自愿接受，这尤为重要。之所以一些从事外空活动的国家不愿加入新条约，就是因为担心妨害自己在外空的既得利益。因此，在制定有关空间碎片致损责任条约的时候，可以学习空间碎片减缓准则的制定方式，先通过制定不具有法律强制力的"软法"，为各国的实践提供参考，然后慢慢过渡成为国际习惯或是强制性的条约。由于以上三个条件还不具备，因此，还没有形成缔结解决空间碎片致损责任新条约的基础。

也许有人提出可以由外空委来推动新协议的制定，因为从事外空活动的国家几乎都是外空委的会员国，所以其通过的新协议能够代表这些国家的意志。然而，外空委制定协议过程十分漫长、艰辛，首先在筹备研究阶段就可能花费若干年的时间，其次谈判磋商阶段的利益博弈更是艰难，最后还需要委员会全体委员一致同意才能通过。一个新协议的通过几乎总要耗费至少十年的时间。此外，会员国基于其政治原因，有时会干扰外空委有价值提案的通过，如只要提案是由政治对手提出的，不论其内容是什么一概否决。事实上，外空委早已关注到了空间碎片致损问题的严重性，也已把它列为一个独立的议程项目。然而，空间碎片致损问题是一个不断积累的过程，涉及到对已经生成的绝大多数空间碎片应该由其产生国负责的问题，因此在确定空间碎片的外延以及责任问题上，一些成员国存在严重分歧，从而外空委在该问题上一直没有达成具有拘束力的协议。

尤其，美国对现存空间法的改革存在消极的态度。不可否认的是，美国在促进新协议的缔结和生效上的影响作用是不容忽视的。虽然我们不愿接受这个事实。由于美国是外空中的空间碎片的主要制造国之一，所以它一直不赞成对现行外空法进行改革。进而在它的空间政策中表明了"美国将反对新的法律制度的发展或其他试图禁止或限制美国进入或使用外空的限制性规定。"[1] 因此，美国担心新的外空条约的达成会妨碍自己在外空的既得利益，所以不促成新条约的缔结。

综上，笔者认为解决空间碎片致损责任问题的方式应以现有国际法为基础，明确责任的确定标准，而在具体案件中如何进行证明则赋予国家一定的自由裁量权来确定。只要不是大幅度的修改现存空间法，美国等存在不同意见的国家也不易反驳，这在国际上也便于推行。此外，随着外空的商业化程度的提高，在某种程度上，私人实体也和国家一样认为外空条约中使用的术语越模糊越好，以此避免他们在外空活动中生成的空间碎片造成损害时引起潜在责任。[2] 实际上这种担心是多余的，因为所有国家，不论其是否实施空间活动以及航天能力的强弱，均有可能遭受来自空间碎片的损害。他们既可能是责任者也可能是受害者。所以都具有保护其利益不受侵害的需求。

---

[1] Office of Science and Technology Policy, Executive Office of the President, "U.S. National Space Policy", 2006, (http://www.ostp.gov/html/US%20National%C20Space%20Policy.pdf).

[2] Joseph S. Imburgia, "SPACE DEBRIS AND ITS THREAT TO NATIONAL SECURITY: A PROPOSAL FOR A BINDING INTERNATIONAL AGREEMENT TO CLEAN UP THE JUNK". *Vanderbilt Journal of Transnational Law*.May, 2011.pp.617-618.

第三节　现行规制空间碎片造成损害责任的国际制度

如前文所述,"空间碎片"(也称为"轨道碎片")这类术语大多出现在航天科技的学术文献中,到目前为止国际外空法几乎没有正式的对其进行界定。尽管在人类太空事业可预见的未来,法律调整的不确定性仍将存在,但是空间碎片造成的损害,其所属国是否需要对该损害承担责任以及如何承担,这并不是完全没有国际规范调整的。

为了发现现存国际法如何确定空间碎片造成损害的责任,就需要对有关的规范内容以及所能发挥的作用进行逐一的细致的审视。特别是要考虑在有关国际法中,从事外空活动的国家是否负担预防、减少空间碎片产生的义务,以及如何确定空间碎片造成损害责任和责任实现的途径。

一　联合国条约以及其他规范性文件

(一)联合国条约

自1957年前苏联成功发射第一颗卫星之后,人们便逐渐认识到规范外空活动的必要性。此后,联合国为推动外空条约的制定和通过做了很多工作,这为规范外空活动,保障各国在外空的利益发挥了积极的作用。在1958年召开的联合国大会上通过了第1348号决议,其中表明外层空间只能为人类共同利益而和平使用,并在联合国下设立和平利用外层空间特设委员会。1959年12月根据联合国大会第1472号决议该委员会改成常设机构即和平利用外层空间委员会(the United Nations Committee on the Peaceful Uses of Outer Space 简称外空委 COPUOS),截至2015年5月28日外空委有77个成员国,[①]是联合国最大的委员会之一。其主要任务包括了研究和讨论

[①] 截至2013年11月1日和平利用外层空间委员会拥有74个成员国,(http://www.oosa.unvienna.org/oosa/en/COPUOS/copuos.html)。

外空活动中出现的法律问题。它设有两个委员会，即法律小组委员会（the Legal Subcommittee，简称法律小组 LSC）和科学和技术小组委员会（The Scientific and Technical Subcommittee 简称科技小组 STSC），前者的主要职责是拟定规范外空活动的法律性文件以及提交联合国相关部门审议通过；后者负责讨论外空活动中有关科技方面的问题。小组委员会是由那些相关领域的专家组成的。外空委的决定通常是由成员国达成一致共识的基础上形成的。并且一直以来多边外空协议也是通过外空委进行商议形成，最后由联合国大会通过。

根据国际外空协议的发展历史可以简要地将外空法渊源划分为三个阶段。第一阶段是20世纪六七十年代，这一时期的外空法渊源的特点是它们主要是制定具有法律约束力的外空条约。1966年12月19日联合国大会第2222（XXI）号决议中通过《外空条约》，并在次年10月10日生效。该条约是规范空间活动的宪章性文件，为以后建立和完善外空法体系给与原则性的指导，在空间法的发展中具有重要的历史意义。[①] 它是第一个专门规范外空活动的特别法，规定了外空活动根本原则，如国家对其从事的外空活动负国际责任等。尤其第6、7条中国际责任的规定，被认为是国家对其所属的空间碎片负国际责任的原则性依据。

《外空条约》的这些原则精心设计的目的是为没有具体法律规则调整的领域提供规范，如果有相应法律的，则适用该法律。就其本质而言，仅仅通过审查这些原则性规范的文本本身无法体现其目的和宗旨。因此随后的国家行为对条约的解释和适用起到了一定的作用。基于此，以后的规制外空活动的条约、协定都没有脱离《外空条约》的基本原则框架，反而把这些原则性规定进行了细化，进一步强化了外空规范的可操作性。具体包括以下条约、协定：

1968年11月3日生效的《营救宇宙航行员、送还宇宙航行员和归还发射到外层空间的物体的协定》（简称《营救协定》）。《营救协定》"是从人道主义的角度出发，对《外空条约》第5条和第8条有关援救宇航员以及送还宇航员和空间物体义务的进一步的具体化"。

---

① 赵云著：《外空商业化和外空法的新发展》，知识产权出版社2008年版，第9页。

1972年9月1日生效的《责任公约》。该公约细化了《外空条约》中第7条规定的国际赔偿责任的内容，缔结目的在于"为了确立空间物体所造成损害的责任的有效国际规则与程序，特别要保证对这种损害的受害人按本公约规定迅速给予充分公正的赔偿"。实质上，《责任公约》通过区分损害发生的地方和遭受损害的客体类型的不同，适用了两种不同的归责原则。《责任公约》并不仅仅是"为了设定国际公法的原则，更重要的是，它是私法原则国际法成文化的成果。"①这是国际法上少有的规制国家责任的较为详细的条约，并且也"是国家根据"公平和善良"担赔偿责任的唯一的条约实践"。②

在1976年9月15日生效的《登记公约》。该公约补充了《外空条约》中第8条规定的内容，设立了发射国应向联合国秘书长提交射入外空的国内登记物体情况的登记制度，确立发射国和空间物体之间的联系。公约目的在于为条约各方提供辨别空间物体的额外方法和程序。此种强制性要求登记发射到外空中的物体制度，会特别有利于辨别空间物体的身份，确定其归属，从而有利于其他国际外空条约的实施和发展。

在1984年7月11日生效的《关于各国在月球和其他天体上活动的协定》（以下简称《月球协定》）。该协定依然是遵循《外空条约》原则基础上制定的。月球协定的核心是确保所有国家公平的共享开发、利用月球资源利益的一项国际制度。该制度亦被称为"人类共同继承遗产"，是借鉴了《联合国海洋法公约》中类似的规定。然而，这样的规定可能会给未来的国家从事外空活动带来潜在的负担，因此一直存在争议，事实上也未发挥过大的实际意义。到目前为止，也只有15个国家批准该协定，而且其中没有一个主要的航天大国。

以上5项国际条约形成了调整国家外空活动的基本法律框架，是外空法重要的法律渊源。截至2016年1月1日，联合国五项外层空间条约的现状如下：(a)《外空条约》拥有104个缔约国，另有25个签署国；(b)《营救协定》拥有94个缔约国，另有24个签署国；有2个国际政府间组织声明接受该《协定》所规定的权利和义务；(c)《责任公约》有92个缔约国，

---

① G.Zhukov&Y.Kolosov, *International Space Law*, 1984, p.101.
② 伍亚荣著：《国际环境保护领域内的国家责任及其实现》，法律出版社2011年版，第58页。

另有 21 个签署国；有 3 个国际政府间组织声明接受该《公约》所规定的权利和义务；(d)《登记公约》有 62 个缔约国，另有 4 个签署国；有 3 个国际政府间组织声明接受《公约》所规定的权利和义务；(e)《月球协定》有 16 个缔约国，另有 4 个签署国。①

目前，国际社会已经公认了空间碎片会造成其他航天器和地球表面的潜在危害。虽然现有的国际条约没有界定空间碎片的法律概念，但这些国际条约是应适用于调整有关空间碎片致损责任问题的。基于外层空间所具有的国际性，任何一个或几个国家是无法解决空间碎片致损问题的，这最终要求国际的协调，而最有效的形式就是依据相关国际协议。按照国际外空法的规定，国家对其在外层空间从事的国家活动负有国际责任，而且发射国对其发射的空间物体导致的损害负有损害赔偿责任。因此，基于空间碎片是外空活动不可避免的副产品，以及根据前述的空间碎片与空间物体的紧密关系，有关国家应对其空间碎片造成的损害承担相应的国际上的责任。笔者将在第二章对该内容进一步探究。

（二）联合国通过的原则、决议以及其他文件

在上述五大国际外空条约基础上，联合国大会相继通过了与外空活动相关的一些法律文件。这正是国际外空法发展的第二阶段，主要是从 20 世纪 80 年代至 90 年代，其标志是利用不具约束力的协议，制定内容更具体的外空法规范。因此它们也成为调整空间碎片引起损害责任的国际法渊源。

实际上，联合国大会早在 1959 年 12 月 13 日就通过决议，明确了外空是属于人类共同利益，各国基于和平目的的探索、利用外空，并提出确保这一目的的实现，应在共同研究基础上，制定一套监督体制。随后，联合国大会在 1963 年 12 月 13 日通过了《关于各国探索和利用外层空间活动的法律原则宣言》，在"宣言中的许多原则为联合国绝大多数成员国所接受并成为国际习惯法的一部分"，② 该宣言为后来的外空立法规划了蓝图。如其中的第 5 原则提出"各国对本国（不管是政府部门或非政府部门）在外层空间的活动，以及对保证本国的活动遵守本宣言所规定的原则，均负有

---

① 《法律小组委员会第五十五届会议报告》（A/AC.105/1113），2016 年 6 月 8 日至 17 日和平利用外层空间委员会第五十九届会议，第 10 页。

② 赵云著：《外空商业化和外空法的新发展》，知识产权出版社 2008 年版，第 7 页。

国际责任"。第 7 原则提出了"登记国对其射入外层空间的物体及所载人员享有管辖、控制和对该物体及其组成部分的所有权不受影响";在第 8 原则中提出了"发射国造成外国,或外国的自然人或法人损害时,应负有国际上的责任"。

在 1992 年 12 月 14 日联合国大会通过了《关于在外层空间使用核动力源的原则》(以下简称《核动力源原则》),1996 年 12 月 13 日通过了《关于开展探索和利用外层空间的国际合作促进所有国家的福利和利益并特别要考虑到发展中国家的需要的宣言》;属于这一类的还有 1996 年国际合作宣言,其中详细阐述了外空条约第 1 条的 "province of all mankind" 原则。总的来说,这些协议被称为联合国外空原则或"原则"。

国际外空法发展的第三个阶段,涵盖了 21 世纪初,也表现为外空委协商达成的不具约束力的协议,但实质内容更多的侧重于技术方面。在此期间,联合国大会通过了几项决议重新诠释早期外空条约的具体规定,其中包括:2004 年 12 月 10 日通过的第 59/115 号决议《适用"发射国"概念》;2007 年 12 月 17 日通过的第 62/101 号决议《关于加强国家和国际政府间组织登记空间物体的做法的建议》,第 62/101 号决议是在空间物体登记国家"最佳做法"的基础上制定的,旨在增强国家对登记公约的遵守以及统一提供的信息类型和建议其他类型的登记信息,自 2007 年该决议的通过,各国在登记实践中已经采取了一些改进措施;2013 年 12 月 11 日通过第 68/74 号决议《就有关和平探索和利用外层空间的国家立法提出的建议》;以及大会审议通过外空利用中有关空间碎片和核动力源的技术准则。

另外,在 1989 年经合组织环境委员会通过了《跨国污染的责任和赔偿》,在 1992 年联合国环境与发展大会通过了《里约环境与发展宣言》,在 2002 年外空委通过了《审查"发射国"概念》的秘书处报告;在国际法委员会召开的第 53 届会议上通过了关于国家对国际不法行为的责任的条款(即"国家责任条款")。在 1978 年,由国际法委员会最先将"国际法不加禁止的行为所产生的损害性后果的国际责任"作为独立专题列在工作方案中,由于各国在该问题上无法达成一致,于是联合国国际法委员会将该专题分为"预防"和"损失承担"。在 2001 年、2006 年,国际法委员会分别通过了关于"预防危险活动的跨界损害"草案,以及"危险活动所致跨界损害的损失分配原则"草案。

目前，联合国外空委通过下设的法律小组（LSC）和科技小组（STSC）来解决有关空间碎片问题。法律小组现在进行的一个议程项目，即有关空间碎片减缓措施的一般信息交换的国家机制。科技小组起草了技术报告和联合国空间碎片减缓准则。其有一个空间碎片的常设议程项目，该议程中也包括了关于外层空间活动长期可持续性的工作计划。在 2010 年科技小组会议上达成了共识，各成员国尤其是航天国家，应该更加注意空间物体碰撞的问题，并且邀请会员国和空间机构再次提供关于空间碎片的研究报告。这一要求在有关外层空间和平利用的国际合作的联合国大会决议中经常被提出。目前对空间物体碰撞的报道和共享有关信息达成了一致，而对于建立新的监管框架和／或条约的看法仍然存在分歧。①

以上一系列规范外空活动的联合国法律文件，虽然是建议性的，不具有法律约束力，然而从某种意义上来说，它们体现了国际社会在调整外空活动方面协商一致的成果，当这些规则在实践中被更多的国家确信为法律去遵守，最终将会发展成为具有法律拘束力的国际习惯法，所以这类规范性文件也是空间碎片造成损害责任的国际法渊源。即使是提议制定新的外空协议的国家目前也倾向于采用不具约束力的行为规范。并且大多数国家提议新的行为规范应提供一套外空"交通规则"，涉及的领域包括轨道碎片减缓，航天活动的通知和空间态势感知（Space situational awareness）。②基于各成员国的信息交流，法律小组也在"关于不具法律约束力的联合国外层空间文书的一般信息交流"的议程项目中指出，空间活动方面现有的不具法律约束力的联合国文书是对联合国各项外层空间条约的补充和支持，发挥了重要作用，它们仍是处理外层空间活动增加和多样化所构成的新挑

---

① "Towards Long-term Sustainability of Space Activities: Overcoming the Challenges of Space Debris" A Report of the International Interdisciplinary Congress on Space Debris (A/AC.105/C.1/2011/CRP.14) January 2011, p.29.

② Space situational awareness (SSA) 是指对影响卫星和航天器操控的某些因素的监控。这些因素包括卫星的位置，足够大的空间碎片的追踪、定位和空间气象。由于 SSA 系统需要在全球安装大量的无线电设备和天文望远镜，因此需要加强国际合作和数据共享。Secure World Foundation, Space Situational Awareness Fact Sheet 1 (2010), available at （http://swfound.org/media/1800/ssa%20fact%20sheet.pdf）。

战的有效手段,也仍是确保安全而可持续地利用外层空间的一个基础。[①]

(三)空间碎片减缓准则

目前为止,联合国专门制定的调整有关空间碎片问题的规范就是《联合国和平利用外层空间委员会空间碎片减缓准则》[②](简称《空间碎片减缓准则》)。该准则旨在限制外空环境中空间碎片的产生。

《空间碎片减缓准则》是在多年仔细研究航天器采用的技术基础上发展而来的。空间碎片首次作为一个问题提出是在20世纪七八十年代,被美国国家安全委员会研究和记录,在80年代末人们普遍接受了空间碎片给外空以及地球带来的危害。由于国际社会对有关空间碎片问题的关注,联合国大会试图通过1993年决议正式解决这一问题。该决议实质上标志着现代有关空间碎片的国际讨论正式开始。在决议中,大会特别指出,"空间碎片"是"关涉所有国家的问题"并要求科技小组委员会向外空委做出有关空间碎片问题的正式议案。此外,大会要求科技小组委员会把"空间碎片问题"作为优先考虑事项。"并认为,"各成员国加大对空间碎片的重视问题是十分重要的。"[③]因此,科技小组从1994年已经开始涉及空间碎片的有关问题,包括空间碎片缓减问题的讨论。科技小组在2002年2月25日至3月3日的会议上提出了IADC活动报告。2005年以来,出席外空委的国家开始对《空间碎片减缓指南》进行完善。

在2007年第50届外空委会议上核准了这些准则,因此外空委空间碎片减缓准则反映了主要的航天国家和非空间活动国家的共识。这是有关减缓空间碎片的首次国际协商一致的文书,是为所有航天国家提供关于如何减缓空间碎片的指导意见的一个重要步骤。随后在联合国大会的第62/217号决议中采纳了这些准则。法律小组在2009年的会议上将其加入"国家关于空间碎片减缓措施的信息交流"的新议程。

《空间碎片减缓准则》是以IADC《空间碎片减缓指南》的技术内容

---

① 《法律小组委员会第五十四届会议报告》(A/AC.105/1090),和平利用外层空间委员会第五十八届会议,2015年6月10日至19日,维也纳,第23页。

② 已获和平利用外层空间委员会第五十届会议核准,载于A/62/20号文件附件。

③ Joseph S. Imburgia, "SPACE DEBRIS AND ITS THREAT TO NATIONAL SECURITY: A PROPOSAL FOR A BINDING INTERNATIONAL AGREEMENT TO CLEAN UP THE JUNK", *Vanderbilt Journal of Transnational Law*, May, 2011, p.621.

和基本定义为基础形成的更高层次的文件。该准则包含了七项指导方针，为国家制定有关空间碎片减缓的法律、政策等规范性文件提出了一般性建议。外空委准则只是适用于航天任务的规划和新设计的航天器和轨道阶段的操作，如果可能的话，才适用于现有航天器。该准则的适用不具有追溯力，是规范操作活动的，并不涉及监管问题。这可以包括发射器以及航天器的制造商；但是，对于发射器的要求与航天器的是不同的。

在对航天器的设计和生产的认证过程中执行空间碎片减缓准则，使得这些航天器在准则规范内操作发挥了实质性的影响。准则并不禁止某一类型的空间活动。该准则提出了"如何才能防止外空活动中有害副产品的产生或至少使其最小化的指导原则。"①

在准则1中规定了尽力限制在空间活动常规操作中释放碎片。空间活动的设计应防止空间碎片的产生。如果这是不可行的，至少产生的空间碎片数量应是最小化的。空间碎片减缓准则不是被专门设计作为一个解决空间碎片问题的综合性方案。它既不能稳定空间碎片环境，也不能在赔偿责任和保险方面提供指导。准则3还规定了尽力避免碰撞。由于监管准则的缺乏，虽然促使一些运营商建立了自己的数据交换中心。但是准则中没有关于对空间环境数据共享的要求。安全保障方面的考虑，在准则4中尤为明显，这意味着力求避免空间物体故意毁坏，但是并不禁止反卫星试验。

在这里我们要注意的是空间碎片减缓准则从其本质和来源上来说是技术性的。根据国际法他们并没有法律约束力。这就意味着国家及其公民没有法律义务去遵守它。而且在实施时也可以选择其中的某个准则或某个准则中的某部分内容，这也被认为是合理的。

这是因为：首先，"准则"（Guideline）这个词的采用就明确了它不具有法律强制效力。其次，准则未经法律小组审议通过，这也说明它在性质及内容方面更主要是技术性的，而不是纯粹的法律文件。再次，准则建立了减缓空间碎片的基本指导原则，并表达了解决和缓解这个问题的政治态度。也就是说，准则规定是一种政策，建议各国实施，并且各国可以自

---

① "Towards Long-term Sustainability of Space Activities: Overcoming the Challenges of Space Debris" A Report of the International Interdisciplinary Congress on Space Debris (A/AC.105/C.1/2011/CRP.14) January 2011, p.28.

愿采取措施实施准则。一些国家已经通过和采用空间碎片减缓准则制定了国内政策、法规、行业指令、标准等，并适用于对商业、民事和/或军事空间活动参与者的规范。最后，外空委一致认为，减缓空间碎片的准则的批准采用自愿性，将有利于促进在外空活动中可接受的活动的相互理解，因此，有利于增强与外空有关的事务稳定性和减少发生摩擦和冲突的可能性。

尽管这与在实践中更好地发挥准则的作用存在一定的矛盾，但促进准则在国际社会中被广泛的接受也是其创立的目的。这也是为什么空间碎片减缓准则还未正式通过前就具有一定的影响力了。因此，该准则构成了整个减缓空间碎片文书层次结构的一部分，展示了其内在价值。该层次结构还包括IADC指南，欧洲准则[1]和国家实施措施，所有这些都比空间碎片减缓准则更为详尽。当涉及准则的执行时，区分不同的准则，明确具体实施哪一准则非常重要。例如，尽管一个国家可能说它在执行联合国外空委准则，实际上可能是在实施自己的准则（或ESA或IADC的指南），事实上，执行外空委空间碎片减缓准则是作为最低标准的。

还有就是联合国外空委空间碎片减缓准则和那些最初由IADC制定的指南，他们之间的作用有着明显的区别。IADC的职责范围是协调研究以实现一致，尤其由美国和俄罗斯持有的空间碎片编目是非常不同的形式，IADC的工作是将这些不同的标准结合起来。这也导致联合国外空委准则经历了漫长的过程才被通过，为了达成一致，妥协是必要的。两组准则的有效性在于它们以技术为后盾。联合国外空委准则旨在提供比IADC版本更详细的总体方案，但持续性的审查仍然是必要的，以便新的研究成果的纳入，因此IADC需向联合国外空委提交年度报告。联合国外空委准则应制定新的政策和法规的最显著的特点是可以更容易地在国家层面实施。不论联合国外空委准则在国际层面是否达到了具有约束力的状态，通过所有航天国家具有强制性的国内立法可以实现联合国外空委准则的既定目标。根据每个国家空间活动的水平和类型的不同，联合国外空委准则、IADC指南纳入国内政策和/或监管程序中，其建立的空间碎片减缓国内机制或结构也会存在不同。

---

[1] 空间碎片欧洲减缓准则由ASI，BNSC，CNES和DLR组成的空间碎片欧洲网络中心（the European Network of Centres on Space Debris）颁布并签署。

尽管外空委或 IADC 的空间碎片减缓规范不具法律强制约束力，可以说是"软法"，然而由于这些规范内容符合国家利用外空的可持续利益的需求，因此国家必将会善意地履行。

二 国际习惯法及一般法律原则

（一）国际习惯法

上文回顾了可以适用于解决空间碎片问题的有限的国际条约，接下来我们看看是否有涉及空间碎片的国际习惯法。国际习惯法是具有法律拘束力的国际法渊源之一，在传统的国际法中，仅位于国际条约之后。因此，国际法院在司法活动中必须首先适用对当事国具有法律拘束力的国际条约，若在适用时出现疑问的，就需要参考国际习惯来对这些条约进行解释。

一般说来，习惯是法律的原始渊源，就国际法来说，它是较古老的渊源。一般来说，"各国所经常采取的某国际行为，一旦被认为是一个法律义务或法律权利，那么，从这种行为所可能抽引出来的规则就是习惯国际法的规则。"[①]

在国际习惯法的形成中，国家实践是第一要素。目前，很多国家和国际组织都在制定、实施空间碎片减缓的规范、措施，而且采取这一做法的国家及国际组织也越来越多，似乎我们能够得到一个结论，即实施减少空间碎片的措施业已成为了从事外空活动国家一贯的做法。在 2007 年 12 月 22 日联合国大会决议《和平利用外层空间的国际合作》中明确"同意减少空间碎片自愿准则反映数个国家和国际组织采用的现有做法，并请会员国通过相关国家机制实施这些准则。"[②] 这表明了联合国也逐渐把 IADC《空间碎片减缓指南》当作一项实践而不仅仅是一种自愿性质的倡议了。各国积极采纳 IADC《空间碎片减缓指南》并进行国内立法，是国际社会开始承认空间碎片减缓必要性的一个重要信号。这表明了清理宇宙飞船和运载火箭的生成的碎片已经逐渐成为实践。但是，有学者提出"国家在外空弃

---

① ［英］劳特派特修订：《奥本海国际法》（上卷 第一分册），王铁崖、陈体强译，商务印书馆 1989 年版，第 19 页。

② 劳特派特联合国大会：《和平利用外层空间的国际合作》（A/RES/62/217）联合国大会第 62 届会议议程项目 31，2008 年 1 月 10 日，第 6 页。

置卫星和减缓空间碎片的实践只有几十年的时间，还不足以形成国家的一贯做法。"[1] 当然国际习惯法的形成需要一定的时间，在以往一项国际习惯法的形成少则数十年多则百年以上。但是在国际法中对国际习惯法形成时间的长短并没有固定要求，尤其在航天高科技日新月异发展以及国际合作的推动下，国际习惯法的形成所花费的时间大为减少。这样由于国际社会中越来越多的国家采取一致的行动，使得一些原则、规则和制度被普遍承认成为国际习惯法规则，这样的国际习惯法规则被称为"即时"国际习惯法。因此，这种以时间短为理由来否认空间碎片减缓准则未成为一项国际法习惯的主张是不充分的。于是，有学者提出"空间碎片减缓已经成为国际空间活动中的一项国际习惯法规范。"[2] 那么这种主张是否正确呢？

事实上，国家反复并且一致的实践形成的是国家惯例，而一项国际习惯法的形成，还必需具备法律确信这一要素，即各国认为按照该惯例规范自己的行为是必须履行的法律义务，否则将承担不利的法律后果。"即时"国际习惯法的形成，主要就是源于这种法律确信的建立。在《空间碎片减缓准则》中就明确了其不具有法律拘束力。各国虽然认同并制定有关空间碎片减缓规则，但是在确定其效力上也主要是指导性的，不具有法律拘束力。尽管如此，众多的碎片减缓工作表明了国际社会的一致意识，那些空间大国和有实力的私人实体也在力争保护轨道环境，但空间碎片减缓准则仍旧是一项建议。[3] 如《欧洲行为准则》借鉴了 IADC《空间碎片减缓指南》，并提出了一些更具体的方案。但它同 IADC 的《空间碎片减缓指南》一样也不具有法律约束力。国际实践也证实国家尚未形成"关于空间碎片减缓"的一致的做法，如美国故意摧毁其卫星，生成了上千块空间碎片，而且即使有，各国这样做，也不是因为觉得有义务遵循这一惯例。[4]

---

[1] Michael W.Taylor, "TRASHING THE SOLAR SYSTEM ONE PLANET AT A TIME: EARTH'S ORBITAL DEBRIS PROBLEM" *Georgetown International Environmental Law Review*, Fall 2007, p.30.

[2] 李寿平：《试论空间碎片减缓国家机制的构建》，《北京航空航天大学学报》（社会科学版）2008年第4期，第36页。

[3] Martha Mejia - Kaiser：《空间碎片减缓领域的尚未具有约束力的规章和实践》载李寿平《2010 中国空间法年刊》，世界知识出版社 2011 年版，第 49—50 页。

[4] Joseph S. Imburgia, "SPACE DEBRIS AND ITS THREAT TO NATIONAL SECURITY: A PROPOSAL FOR A BINDING INTERNATIONAL AGREEMENT TO CLEAN UP THE JUNK". *Vanderbilt Journal of Transnational Law*.May, 2011, p.626.

虽然现在这些有关空间碎片减缓法典或法案仅仅是作为一种指导性的建议，还没有法律约束力，但是它们却反映了空间碎片减缓的重要作用。通过这些方式，空间碎片减缓将一步一步成为有约束力的国际法，因此，到目前为止，可以推断空间碎片减缓还没有成为一项具有法律拘束力的国际习惯法。

尽管尚未形成解决空间碎片致损相关问题的具体国际习惯法。但是依据《外空条约》的规定"各缔约国在进行探索和利用外层空间（包括月球和其他天体）的各种活动方面，应遵守国际法和联合国宪章……。"[①]这为一般国际法调整国家外空活动提供了法律依据。因而，一般国际习惯法也可以适用于调整有关空间碎片造成损害问题。空间碎片造成的外空环境以及地表环境的损害也可以适用国际环境法中相关的习惯法规制进行调整，例如防止环境损害，跨国环境责任等。另外，根据1972年《联合国人类环境会议宣言》的21项原则"各国……有责任确保在管辖权或控制范围内开展的活动不会对其他国家的环境或超过国家管辖范围外的区域环境造成损害。"[②]1992年联合国《里约环境与发展宣言》原则2也强调了这一原则。这为国际环境保护提供了规范性依据。尽管从形式上该宣言是建议性的，但是从实质内容上该原则已发展成为一项国际习惯法。而且在《外空条约》中也再次确认了该原则。最后，预防原则在减少空间碎片的规则的形成中发挥着重要的作用。一些学者称，"预防原则体现了国际习惯法。"[③]并且在《里约环境与发展宣言》中也把预防原则规定为各国应履行的一般性义务，即"为了保护环境，预防方法应当根据各国的能力广泛地适用于各国。有严重的或不可逆的损害威胁时，缺乏充分的科学确定性不应当作为推迟采取成本效益措施以防止环境退化的原因。"[④]而国家在进行外空活动的过程中为避免新的空间碎片的产生而采取的一系列空间碎片减缓的

---

① 《外空条约》第3条。

② U.N.Conference on the Human Environment, Report of the United Nations Conference on the Human Environment（A/Conf.48/14/Rev.1），1972, p.5.

③ Michael W.Taylor, "TRASHING THE SOLAR SYSTEM ONE PLANET AT A TIME: EARTH'S ORBITAL DEBRIS PROBLEM" *Georgetown International Environmental Law Review*, Fall 2007, p.33.

④ Report of the United Nations Conference on Enviroment and Development（A/CONF.15/26/Rev.1），联合国环境与发展会议，1992, princ.15.

措施，可以被认为是该原则适用的结果。

（二）一般法律原则

一般法律原则作为国际法渊源是在《国际法院规约》第 38 条第 1 款中规定的，当应予适用的国际条约和国际习惯没有规定，应适用文明国家所公认的一般法律原则，其"目的是授权国际法院适用国内法中，尤其是私法中，能适用于国家间关系的一般原则"。[1] 实质上表明了一般法律原则在国际社会中的普遍适用性，任何一个成员均应遵守。

因此，有关空间碎片的某些法律问题也可以依据一般法律原则来调整。如国家应在他们享有管辖权和控制权的情况下行使主权，国家不得造成跨界环境污染。根据邻里原则规定，一个国家在明知的情况下不会允许其领土被用于从事违反其他国家权利的行为。此外，"污染者付费"是国际环境法的一个主要原则，也可以适用于规范外空环境问题。意味着空间碎片造成环境污染的，所属国应对其造成的损害负责，即使可能无法控制它。

最后，"共同但有区别责任"这一原则也应是规范空间碎片致损责任分配的国际法原则。由于各国在外空造成的空间碎片的数量及其危害性不同，并且空间碎片减缓措施实施效果与技术知识和经济实力紧密相关，因此，该原则的适用可以确保责任分配具有公平性。

以上内容虽是与空间碎片的相关性不大的一般法律原则和国际习惯法。但是，他们至少可以被用作对具体条约的解释。除了上述的国际法渊源外，在调整空间碎片致损责任的问题上，还有一些国际赔偿责任的双边法律文书，如：1974 年 12 月 31 日加拿大与美国之间有关特定的火箭发射造成损害赔偿责任协议；1981 年 4 月 2 日加拿大政府和前苏联政府之间因"宇宙 954 号"造成的损害赔偿协议等。

三 解决规范空间碎片致损责任的国际制度冲突问题

（一）概述

国际法已从一个规范正式外交关系的工具发展成了管理多种多样国际活动的手段。"现阶段国际法律义务的范围得益于添加和累积的进程：在

---

[1] ［英］劳特派特修订：《奥本海国际法》（上卷 第一分册）》，王铁崖、陈体强译，商务印书馆 1989 年版，第 21 页。

国家实践上，缔结一项执行公约未必取消框架公约对该执行公约的缔约国施加的义务。"① 那么，在解决有关空间碎片的法律问题时如何适用国际规范，就成为我们不得不面对的问题。

根据上文内容，我们会发现有关规范空间碎片致损责任的国际法具有多样性，包含了条约、习惯法以及一般法律原则。由于不存在超国家权威的国际立法机构，同样在"国际法的背后也不存在单一的立法意志，各项条约和惯例是一些相互冲突的动机和目的的产物，是"讨价还价"和"一揽子交易"的结果。"② 因此，我们可以得出这样的结论，国际法基本上是自发形成和发展的，往往对同一问题存在多种形式的国际法规范调整。这不但说明了国际规范间可能相互冲突，而且也反映了国际法律规范在适应国际社会各种新领域发展时表现形式和目的的多样化。

由于大多数国际法是任意性、处分性的条款。这就意味着，特别法（国际外空条约）的功能就在于它可以用于一般法（包括一般国际条约和国际习惯法）的具体适用、澄清、更新或修订以及排除一般法。因此，外空条约和一般国际法可能存在不一致的情况。此外，不同类别的特别法之间也存在着冲突，例如，空间碎片造成损害可能涉及提供商业发射服务责任、造成跨界环境损害责任或是空间物体的产品责任等，适用的国际规范不同，引起的国际责任性质就会有所不同。

从而，当适用国际法时，如果存在两个以上应适用的规则和原则，且他们之间是解释、补充的关系，即一种相容的关系，在这种情况下，这些规范要结合适用。若两个以上的规则或原则是同时适用并会得到相互矛盾的结果，即一种冲突的关系，则必须在这些规范中选择其一适用。在1969年《条约法公约》中规定了解决法律冲突的一般规则。因此，在确定此类国际规范积极冲突时，应依据《条约法公约》来进行解释，特别是依据与条约解释有关的第31-33条细则的规定进行解释。并且该公约第31和32

---

① 国际法委员会研究组：《国际法不成体系问题：国际法多样化和扩展引起的困难》，（A/CN.4/L.682）2006年国际法委员会第五十八届会议，第15页。

② 国际法委员会研究组：《国际法不成体系问题：国际法多样化和扩展引起的困难》（A/CN.4/L.682），2006年国际法委员会第五十八届会议，第16页。

条也被国际法院认为已经具有国际习惯法的地位。[1] 它成为处理国际法不成体系问题和保证国际法统一的手段之一。

解决国际规范性冲突的有关司法裁判或仲裁裁决的实践一直较少。正如学者 Borgen 所认为的，导致出现这种情况的部分原因肯定是由于当事方希望就它们之间存在的明显冲突问题进行谈判，而不希望把权力赋予外人就似乎只是协调方面的困难做出裁定，而这种困难可能根植于国家政府所代表的各种利益。[2] 通常在谈判中，各方都是针对个案尽力采用务实的解决方法，重新建立被破坏的平衡关系，而很少去涉及冲突规则的"适用"，形成一个具有普遍适用性的惯常规则或规范。

此外，协调统一原则也是适用国际法规范时应遵循的原则。这也是一个被各国普遍认可的原则，当有多个规范同时适用于一个问题时，且这些规范是相互冲突的情形，应该尽可能作出方向一致的解释。"如果一个等级较高的规范和另一个国际法规范之间出现冲突，应该尽量以同前者一致的方式解释后者。"[3] 协调统一原则实际上体现了尽可能使条约有效的精神，为避免国际规范冲突提供了指导原则。

虽然协调被作为解决规范间冲突的一项重要原则，但如何协调并没有明确的标注，"它可能会解决明显的冲突；但无法解决真正的冲突。"这并不意味着规范性冲突的内在性质使得它们不适合进行协调。若当事方之间都愿意协调的情况下，不论什么问题均可以协调。若当事方中有一方不愿意进行协调，或双方的利益根本不同，或当事方地位不对等，协调会使弱势一方的意思得不到平等的表达。而且，在有关条约中如果明确规定了法律主体的权利或义务的，就应当依照有关条约进行协调，而不能把这些权利或义务简单地看成仅仅是促进协调的谈判筹码。由此，"协调"方法在解决规范性冲突时所起的作用是有限的。因此，在无法"协调"以解决规范的冲突时，就需要依据一定的规则、方法解决冲突。

---

[1] ANTHONY AUST, *MODERN TREATY LAW AND PRACTICE*, Cambridge University Press, 2007, p.232.

[2] Christopher J. Borgen, "Resolving Treaty Conflicts" *George Washington International Law Review*, vol. 37（2005），p.605-606.

[3] 《国际法委员会 2006 年报告》(A/61/10)，联合国大会正式记录，第六十一届会议，补编：第 10 号，第 310 页。

在同一个案件中，不同类别的特别法之间发生的冲突，实际上是一种虚假的冲突。适用哪一项规则取决于人们对该案子如何进行归类，归类不同，适用的规则就不同，冲突也就不存在了。例如，空间物体的商业发射与贸易和环境都有关系，与外空法规则也有关联。可以说，在确定发射国对空间物体的技术特性所负的义务时，所参照的合理标准是将发射视为一项商业活动的角度来看呢，还是从将其视为对环境有危险的活动的角度来看？人们选取的角度不同，适用的有关的法律解释框架就不同，法律后果当然也随之不同。那么当特别法与一般法相冲突如何解决呢？

（二）特别法优于一般法

特别法优先于一般法，这在国际法法理学上也是由来已久。这一原则是一项广为接受的释法准则和一种解决规范性冲突的手段。"是指若某一事项同时受一个一般标准和一个更具体的规则管辖，则后者应优先于前者。"[①] 国际外空法经常被认为属于特别制度或者自足制度，这是因为外空领域的特殊性，对其进行调整的规范通常也被认为需要对一般国际法进行修改，甚至排除。

与一般法相比较，特别法的内容更明确、具体，因而在适用时更具有操作性，也往往解决争端时更为有效。特别法的确定不是根据规范采用的形式究竟是条约、习惯或者一般法律原则来决定的。然而，在国际实践中，当与习惯法及一般原则同时适用时，条约往往被当作特别法。然而，一般法的内容则更具概括性、模糊性，其作用更多的是指导性的，只有当没有具体规范时才适用于特定案件。此外，特别法规则也许能为当事方获得他们想要获得的东西提供更大的便利，因此似乎更有用。[②] 最后，大多数国际法是处分性的条款。这就意味着，特别法的功能就在于它可以用于一般法的具体适用、澄清、更新或修改甚至排除一般法。

特别法优于一般法原则适用的前提条件，除了两种不同的规范涉及同一事项之外，这两种规范间还必须存在某种事实上的不一致，或者二者相

[①] 国际法委员会研究组：《国际法不成体系问题：国际法多样化和扩展引起的困难》（A/CN.4/L.682）2006 年国际法委员会第五十八届会议，第 23 页。

[②] 国际法委员会研究组：《国际法不成体系问题：国际法多样化和扩展引起的困难》（A/CN.4/L.682）2006 年国际法委员会第五十八届会议，第 24 页。

互排斥。"特别法优于一般法"这项原则的运用不仅仅解决各条约之间的关系，也常常被用来协调国际条约与国际习惯、一般法律原则之间的关系。即条约规则优先于习惯、一般法律原则，这是因为大多数一般国际法属于任意法规则，从而当事方可以通过协商约定制约彼此行为的规则。如国际法院所述，"众所周知，实际上可以通过协定，在特定案情况下或在特定当事方之间偏离［一般］国际法的规则"。① 如在尼加拉瓜等案中，国际法院的司法实践也遵照了条约是判决的最合理、有力的根据，会优先选择适用条约。

在确定空间碎片造成损害责任时，一般性规范——国家责任条款和特别法——《责任公约》可以适用，若二者规定不一致时，究竟哪一规范得以适用？国际法委员会亦根据该原则作出了较详细的阐述。在其对国家的国际不法责任条约草案的评论中提出："在国际不法行为的存在条件或一国国际责任的内容或履行受国际法特别规则管辖的情况下，这些条款不适用。"② 该内容表明了特别规则与一般性的责任条款相比具有适用上优先性。随后在在评注中再次强调了，"本条款以一种剩余方式发挥作用"。③ 这更加证明了当《责任公约》中有明确规定的时候，《责任公约》应优先于作为一般规则的国家责任条款加以适用。而且委员会也允许国家间以协定的形式来实现国家责任中的一般规则。如在1974年12月31日加拿大和美国之间有关特定的火箭发射造成损害赔偿责任协议等。当然，任何权力的行使都是有一定范围的，减损的规则应与被减损的款项具有类似的法律地位。

（三）一般法的作用

在适用特别法优于一般法原则时，也并非意味着一般法就是无效的。一般法在特别制度中仍然在以下情形中发挥着作用：一是双边或区域条约具有了特别法特性的情形。之前的一般性规范仍"在幕后"对后来更具体的规则的进行解释和规范适用方式。二是具体、明确的特别法缺失的情形。

---

① 国际法委员会研究组：《国际法不成体系问题：国际法多样化和扩展引起的困难》（A/CN.4/L.682）2006年国际法委员会第五十八届会议，第29页。

② 《国际法委员会2001年报告》（A/56/10），联合国大会正式记录，第五十六届会议，补编：第10号，第285页。

③ 《国际法委员会2001年报告》（A/56/10），联合国大会正式记录，第五十六届会议，补编：第10号，第286页。

特别法的调整范围往往小于一般法。因此，纷繁、复杂的国际社会关系常常缺乏相应的特别法调整，在此种情形，就可以适用相关的一般法。比如尼加拉瓜一案的情况，在适用法律的有关机构的管辖权未覆盖该条约时，则一般习惯法便完全适用。[①]同理，对尚未接受《外空条约》约束的国家，规范其外空活动时可以适用一般国际法。而《责任公约》对于空间物体造成损害责任要件中没有"过失"的具体认定标准，这就需要适用有关的其他国际条约、国际习惯甚至一般法律原则来进行界定。

并且一般法中的强制性规范是不允许特别法加以贬损的。按照《条约法公约》第53条的规定："条约在缔结时与一般国际法强制规律抵触者无效"，就适用《条约法公约》而言，一般国际法强制规律是指"国家之国际社会全体接受并公认为不许损抑且仅有以后具有同等性质之一般国际法规律始得更改之规律"。根据《联合国宪章》中第103条的内容，"如果联合国会员国在本宪章下之义务与其依任何其他国际协定所负之义务有冲突时，其在本宪章下之义务应居优先"。由此可知，《联合国宪章》与联合国的重要协议之间关系表明了解决国家间关系适用的基本原则。

这些国际强行法和国际体系中的上位规范与外空条约相互之间是否存在直接的关联性与可比性？答案是肯定的。根据《外空条约》第14条第6款的规定，"本条约应由交存国政府根据联合国宪章第102条的规定办理登记。"其他四个国际外空条约也有类似的规定。又根据《联合国宪章》第102条第1款规定："本宪章发生效力后，联合国任何会员国所缔结之一切条约及国际协定应尽速在秘书处登记，并由秘书处公布之"。因此，外空条约依法办理登记之后便属于宪章第103条所述的其他国际协定，在此情况下，如果和宪章中规定的义务发生冲突，则后者优先。

此外，还需要考虑一般法优先的情况，如在适用特别法可能违背一般法的宗旨、使得当事方权义失衡或第三方利益受损的情形下，应优先适用一般法。如《外空条约》第1条规定了国家共同利益原则，其适用性遍及全球。可以推定，所有国家都不得侵害该权益，并且任何遭受损害的国家可以基于此原则追究致损国的责任。因此，外空活动所带来的空间碎片侵害这一

---

① 国际法委员会研究组：《国际法不成体系问题：国际法多样化和扩展引起的困难》（A/CN.4/L.682）2006年国际法委员会第五十八届会议，第30页。

权益时，当事国不能通过制定特别法损害其他国家的利益，免除自己本应承担的责任。

综上，国际法渊源与国内法不同，它们之间没有正式的等级关系。但这并不代表各种渊源之间不存在某种非正式等级，这一观点得到一些学者和司法者的认可。由于"一般法律"没有绝对法的地位，因此，条约一般优先于惯例，特别条约优先于一般条约。这种非正式等级并非出自颁布的立法，而是产生于法律推理及经验的总结。"任何法院或律师在回答规范问题时，首先要看的是条约，其次是惯例，再次是法律的一般原则。"[1]

无论围绕着规范空间碎片致损责任的国际法是"空白"这个老话题存在着怎样的逻辑、概念问题，至少从某个意义上说，空间碎片导致损害的责任没有国际法规范的观点在法律概念上就是不成立的。由于法律规则和原则是被设想为人类某种努力或宗旨的一部分，它们是不可割裂的，总是"成组"呈现并建立起了系统关系。因此，无论是法官还是行政管理者进行解释、适用法律的实践活动必然是在该系统中进行。如某个法律主体根据《外空条约》等国际外空法主张空间碎片引起的损害赔偿时，需要考虑整个法律体系形成、发展的背景，了解应适用的法律是如何制定的，它的目的和宗旨，以及怎样实施、修改和废止的情况，才能最终断定这一主张是否有效成立。而不应只是在该法里面简单地查找是否有与空间碎片一一对应的术语，没有的话就抛弃该法的适用，否认该项权利要求的有效性；或只选择法律的某一部分，而把其他部分抛在一边。这是因为，法律推理是在一个封闭和循环的系统中进行的，只有通过承认其他法律权利要求的正确性，才能够决定是承认还是不承认一项法律权利要求。[2]

最后，国际外空法也是动态发展的法律制度。因此，根据条约法解释规则进行条约解释时也应考虑条约缔结后法律发生的变化，尤其是相关的国际习惯法或一般法律原则之后发展的情况。并且条约条款的含义也可能会受到后来国际社会物质条件发展的影响。可以说，当治理空间碎片的科

---

[1] Alfred Verdross & Bruno Simma, *Universelles Völkerrecht*, Berlin: Duncker & Humblot, 1984, 3rd ed, p.413、414.

[2] 国际法委员会研究组：《国际法不成体系问题：国际法多样化和扩展引起的困难》（A/CN.4/L.682）2006年国际法委员会第五十八届会议，第42页。

技水平大大提高的时候，空间碎片减缓必将作为一项法律义务，那么因空间碎片导致损害的责任制度将更加具体、明确化。

四 相关国家实践及国际司法裁决

到目前为止，还没有专门针对空间碎片致损责任的国际司法实践或判例。但是国际法院、国际常设法院及国际常设仲裁院在有关的司法裁决中确认的一些原则、规则，对于空间碎片致损责任的确立也是有着非常重要的作用。如在1938年和1941年的"特雷尔冶炼厂仲裁案"中确认了"使用自己的财产不得损害他国利益"原则，也使得其成为国际法上跨国环境损害责任的一个重要的司法判例。1949年国际法院的"科孚海峡案"、1957年的国际常设仲裁院"拉奴湖仲裁案"及1974年国际法院"核试验案"等确认了一些跨国环境损害责任原则。尽管这些司法裁决不具有"先例"的作用，但在确定空间碎片致损的国际责任方面还是具有非常重要的指导、参考作用，对于制定此种损害赔偿的国家责任制度也具有积极的意义。

此外，还有一些国家虽没有通过国际司法途径解决外空活动致损赔偿问题，但其实践活动也为外空损害赔偿案件的解决提供了重要的实践参考。如我们之前提到的1979年前苏联与加拿大之间的"宇宙954号"案。加拿大政府要求前苏联政府支付损害赔偿总额为6041174.70美元。1981年4月2日两国政府就该损害赔偿达成了协议，前苏联政府支付给加拿大政府总和为300万加元作为解决有关损害问题的全部和最终的赔偿。虽然本案最终不是通过司法途径解决的，但两国有关空间碎片致损赔偿的国家实践，尤其是加拿大政府提出赔偿的法律依据以及损害赔偿范围，为以后类似案件的解决提供了实践性的参考。

加拿大提出的赔偿要求主要是依据《责任公约》和国家的国际实践。在索赔声明中主要的法律依据是(a)相关的国际协议，特别是1972年的《责任公约》。(b)国际法一般原则。

首先，由于前苏联和加拿大都是《外空条约》、《责任公约》的成员国，依据《外空条约》第7条、《责任公约》第2条的规定，前苏联作为"Cosmos 954"卫星的发射国，对因其卫星造成的加拿大地面的损害承担绝对赔偿责任。该卫星携有核反应堆，解体生成了极具危险性的放射性碎片散落到的加拿大领土面积非常大，并且造成加拿大的领土环境部分的不适宜使用，从而构成了《责任公约》意义上的"财产损失"。而且在空间活动中，特别是涉及使用核能的外空活动，绝对责任标准已经被认为成为国际法的一般原则，是"文明国家法律认可的一般原则"（国际法院规约第38条）之一。很多国家包括加拿大和前苏联都认可《责任公约》的这一原则，并且在很多国际协议中被采用。因此，这一原则已被接受作为一个国际法一般原则。

其次，"宇宙954"卫星进入加拿大的领空以及具有危害的辐射性的碎片散落于加拿大大片领土上构成了对加拿大主权的侵害。这仅仅是由于卫星非法侵入的事实，以及危险的放射性碎片的存在对加拿大造成的损害和干扰加拿大领土主权的正常行使。国际判例也承认此种情形是对主权的侵犯并产生相应的赔偿义务。

此外，根据国际法的一般原则，加拿大有义务采取必要的措施，防止和减少有害后果的扩散，从而减轻损失。《责任公约》第6条也规定了索赔国家对空间物体造成的损害应尽到合理的注意义务。

最后，在涉及计算赔偿额方面，依据《责任公约》前言及第12条的规定，加拿大主张应根据支付合理补偿的国际法一般原则确定赔偿标准，应包括基于卫星入侵、沉积的碎片引起的能够确定的合理的费用，尤其"清理污染或预防可能受到污染的费用"。根据主张的事实和上述的法律原则，加拿大政府声称前苏联政府应支付的赔偿额总和6041174.70美元。最后，两国政府达成了赔偿协议。虽然不能明确该协议是否根据国际外空法达成的，但是国际外空法的作用是不容忽视的，至少为加拿大政府提供了索赔的国际法律依据，确保了索赔的正当性。

第四节　空间碎片权利归属主体的确认

一　国际外空条约的相关规定

在解决空间碎片致损责任问题时，认定空间碎片的权利归属主体是非常重要的，这样才能进一步确定造成损害的责任承担者。管辖权在国家一般法律能力的特定方面通常称为主权。① 一般来说，它指的是对特定活动取得合法控制权的途径。以主权为表现形式的管辖权最初是领土的意思，各国都主张在外空扩大各自的管辖权。然而根据《外空条约》第2条的规定外空不受领土主权法律的调整，因此现有外空条约明确避免在外层空间建立国家主权，条约中所涉及的管辖、控制不能被作为是国家领土主权看待。因此国家需要对空间物体进行登记。在某种意义上来说，登记可以被看做是确认空间物体的"国籍"，从而根据"浮动领土原则"允许国家扩大其本国法的适用范围。但是，在外空法中不存在真正的"国籍"概念，存在的只是"管辖和控制"。管辖权（Jurisdiction），又称"职权"，是指国家对人和物实行管辖的权力。② 除了在一国领土上开展的活动之外，"管辖权"一词还包括一国依照国际法有权行使职权和权力的一些活动。③ 在国际法上，国家分别对其领土和国民有管辖权，因而有属地管辖权和属人管辖权。一般地说，国家管辖权以属地管辖权为主，属人管辖权等为辅，如域外管辖权。管辖权主要涉及立法和执法，包括行政管辖权和司法管辖权方面。国际法中"控制"这一概念设立的目的是使一国在未得到国际法承认其对某些活动或事件的管辖权的情况下，对其从事该活动承担某些法律后果，这包括一国行使事实上的管辖权，即使它没有法律上的管辖权等各种情况。在空间法领域，控制权与管辖权相比，更强调技术性内容或能力，④ 是指登记国具有的"采取技术手段完成空间任务"的权利，以及在必要情况下，"指引、停止、修改和修正空间物体以及空间任务"的权利⑤。

《外空条约》第8条中认定了对空间物体享有控制、管辖和所有的权利主体，即"凡本条约缔约国为射入外层空间物体的登记国者，对于该物体及其所载人员，当其在外层空间或某一其他天体上时，应保有管辖权和控制权。向外层空间发射的物体包括在某一天体上着陆或者建筑的物体及

---

① I.Brownlie, *Principles of Public International Law*, Oxford:Clarendon Press, 1998, p.301.
② 王铁崖主编：《中华法学大辞典，国际法学卷》，中国检察出版社1996年版，第170页。
③ 《国际法委员会2001年报告》(A/56/10)，大会正式记录，第五十六届会议，补编：第10号，第311页。
④ 王国语：《空间碎片管辖权及主动清除的法律依据》，《北京理工大学学报》（社会科学版）2014年第12期，第104页。
⑤ Stephen Hobe, *Cologne commentary on space law*, Carl Heymannds Verlag, 2009, p.230.

其组成部分的所有权,不因其在外层空间或在某一天体上或因其返回地球受影响。"①这表明《外空条约》设立了登记原则,据此发射国对其登记的空间物体拥有管辖权及控制权。尽管该条并未规定空间物体及其组成部分所有权归属,但是根据条约上下文及缔结时的国际外空实践,管辖、控制空间物体的国家和其所有权者应是同一的。在《登记公约》中细化了该原则,发射或参与发射空间物体的国家应在国内具体实施登记并将公约要求的相关信息提交给联合国秘书长。该发射国便是《登记公约》所称的登记国。而在《责任公约》中规定了发射国应承担其发射的空间物体引起损害的赔偿责任。并且在《营救协定》的第5条规定了任何成员国知晓空间物体回落地球的,不论其落在何地,都应通知发射当局和联合国秘书长。而且,应发射当局的要求归还。在这里发射当局是指对发射负责的国家。这也就进一步地印证了发射当局对空间物体及其组成部分享有管辖权和所有权。

因此,我们可以确信对空间物体进行登记的发射国享有对该空间物体的管辖、控制权,并对其造成的损害承担着国际责任。那么未进行登记是否影响发射国享有对空间物体的管辖权和所有权?登记是为了帮助辨认空间物体,并不是确认其权力的行为。对确认空间物体的所有权和其法律地位的有关规则进行解释应从能够准确且具有可操作性方面入手。并且考虑到《外空条约》第7和第8条规定的权利和义务不应因未登记而被免除,尤其《责任公约》的要求。因此,没有对空间物体和其零部件进行登记的事实本身不应被视为这些物体或其零部件丧失所有权的理由,并且登记信息或登记条目中没有关于上述零部件和物体的具体信息也不应起到证实国家丧失对这些零部件或物体的管辖和控制权的作用。

根据上述外空条约可以推断出"空间碎片被认为是在空间物体发射国管辖权范围内的空间物体。"②即发射国对其发射的空间物体享有管辖权。因此,发射国对其空间物体所生成的空间碎片也应享有管辖权,从而承担

---

① 《外空条约》第8条。
② Natalie Pusey,"The Case For Preserving Nothing: The Need For A Global Respons To The Space Debris Problem" *Colorado Journal of International Environmental Law and Policy*, 2010(Spring),p.449.

空间碎片造成损害的国际责任。在国际外空活动的实践中，国家还通过签订国际协议来具体规定享有管辖权的主体。如：某一国家仅通过提供领土或设施参与发射等情况下，提供发射服务的国家有时订立协定，将其对空间物体享有的管辖权加以限制截止到把有效载荷成功地送入正常轨道这一点。从而与其他发射国按照各自的管辖权范围承担责任。类似这样的实践，也是有利于从事外空活动的国家明确各自的责任范围，避免自己承担不必要的损失。

最后，还有一个问题需要注意的是国家对空间碎片享有的所有权能否予以抛弃。

二　抛弃空间碎片所有权后致损责任主体的法理分析

所有人有权对所有物进行处置，其中包括了事实上的处分行为——丢弃，这是所有权处分权能的体现。如果对空间碎片享有所有权或管辖权人放弃对该空间碎片的所有权或管辖权，那么在这之后造成的损害，基于该空间碎片属于无主物，所有权人或管辖权人就不需要再对受害者承担责任？因此，确认被丢弃的空间碎片是否能免责的问题也是至关重要的。

从法理上来说，在"诸多的物权之中，所有权则表现为一种不以法律经验为基础，而是先于所有法律经验而产生的法律思想的范畴。"[①] 虽然民法上的所有权是民事主体自由支配其财产的权利，但此种自由并非毫无限制。财产所有权"不仅体现所有权的个体方面而且体现所有权的社会方面，前者是个人利益的归入，后者是所有权受到拘束，即它的使用同时应该为公共福利服务。"[②] 因此，通过制定法律可以把所有权所负担的社会责任从道德范畴上升到法律范畴。尤其是在现代社会，财富的拥有和利用必须更多地顾及他人利益和社会公共利益，由此，现代民法上的所有权被认为具有了"社会性"的特征，亦即所有人在享有和行使所有权的同时，必须承担各种社会责任。"虽然所有权的社会义务没有受到现行法律的惩罚，但是却受到了可能会被通过之法律的惩罚。对于这种法律思考来说，私有财产所有权目前已经表现为一个公众在社会用益的期望中委托给个人

---

① G.拉德布鲁赫著：《法哲学》，王朴译，法律出版社2005年版，第137页。
② G.拉德布鲁赫著：《法哲学》，王朴译，法律出版社2005年版，第140页。

的、个人积极性的发挥空间,并随时能够将之撤销。"[①] 因为,所有权自由以个人私有利益和社会公共利益之间平衡为前提的,如果这一平衡被破坏,个人的私利侵害到公共利益,所有权自由必然受到限制。并且权利也不能被滥用而妨害他人的权益。所有权制度从古代到现代的历史发展也证明了所有权自由的极端发展导致大量的社会问题的产生,进入到 20 世纪以来,所有权自由受到各种限制,其中包括因保护邻人或相关联人利益而受限制;因公共福祉而受到限制等。

因此,对空间物体享有所有权的国家也不可以滥用其权利。若国家可以通过放弃空间碎片权利,从而实现免除因空间碎片致损的赔偿责任,这样从事外空活动的国家便不会积极采取碎片的清除、减缓措施。最终将导致空间碎片的数量急剧增加,影响外空和地球的安全。因此,限制国家丢弃其所属空间碎片的所有权是妥当的。而且,所属国家继续保留对抛弃空间碎片致损的赔偿责任也是有利的,因为从事外空活动的国家无一例外会遭受空间碎片侵害成为受害国。因此,限制空间碎片所有权内容也是符合航天国家实际需要的。

也许会有人质疑,若国家放弃对空间碎片的所有权仍需要承担致损赔偿责任,那么就不会有国家放弃对空间碎片的所有权,那么其他国家未经允许就不能移除不再工作、失控甚至无用的空间物体,否则清除其他国家的空间碎片也就成为违反国际法的行为了。由于国际法没有赋予国家清除自己国家外的空间碎片的权利,也没有明确禁止积极清除空间碎片的行为,这种不确定性确实对主动清除空间碎片行动产生了一定的阻碍。因此,一般情况下应获得所有者的许可方可进行该空间碎片的清除。若情况紧急,所有者不能采取立即行动的,遭受威胁的国家可以自行清除,这符合国际法一般原则即受害者负有防止损害后果扩大的义务,这在"宇宙 945"卫星案中得到证实。并且一国通过回收或离轨处置另一国具有危险性的碎片也往往符合保护原则,这是国际法的基本原则之一,相当于自助行为。

但由于空间碎片与空间物体存在一定的区别,尤其大部分空间碎片是无法被识别归属的,反而这让清除碎片从法律上更简单,因为在外空条约

[①] G. 拉德布鲁赫著:《法哲学》,王朴译,法律出版社 2005 年版,第 143—144 页。

中还未涉及此领域。也就意味着一国家可以清除任一归属无法确定的空间碎片，不用担心承担法律责任。况且，根据碎片的特征，它是不具有功用性的，空间碎片在地球轨道的累积会造成外空环境的威胁，并阻碍、损害其他国家正常的外空活动的开展；若返回地球还会带来人身、财产、环境的损害，所以清除其他国家所属的碎片行为，可以说是私法中的无因管理行为，一般意义上不应属于对国际法的违反。而对于没有在联合国登记的空间物体形成的碎片，应视为发射国或运营国对其管辖、控制权的懈怠，其他国家可以任意清除。

总之，随着空间碎片给在外空运行的卫星造成的损害和威胁越来越严重，为了促进航天国家尽可能采取措施减缓碎片以确保空间资产的安全，就不能允许航天国家通过抛弃对空间碎片的所有权而免除其致损责任。进一步说，若外空条约通过修改明确了空间碎片是独立于空间物体的物，不能适用外空条约予以调整，那么空间碎片就不归发射国所有，造成损害也不能依据《责任公约》追究责任。各国就不会积极实施减缓空间碎片的措施，将会造成全人类外空利益及地表利益的损害。

CHAPTER 02
第二章

现行空间碎片造成损害责任制度及不足

国际责任制度是当代国际法中极其重要的制度,能够起到协调国际法各主体之间关系的作用。所谓国际责任是以国家不法行为责任为基础发展起来的,并且包含了国际法不加禁止行为责任。"它体现了国际法的强制性,从而追究违法者及造成损害者的法律责任和赔偿责任。"[①] 在现行有效的国际法框架中,外空法上的责任主要是指"在空间活动中,空间物体造成损害的责任制度。"[②] 尽管在《外空宣言》以及《外空条约》中一定程度地包含了国际责任以及国家间外空争端的解决机制的内容,但目前外空法律责任方面还没有形成一个统一完整的规定。

鉴于在上一章中对空间物体与空间碎片之间关系的分析,可以说,绝大数空间碎片是空间物体的物理组成部分,而且在法律上也没有明确现有的外空条约不适用于空间碎片,并且二者造成的损害基本类型一致。因此,在缺乏特别法规范空间碎片致损责任问题的情况下,适用解决空间物体相关问题的国际法规定,可以说是一个最佳选择。

目前,世界上航天大国基本上都缔结或加入了五大外空公约,并且这些国家也几乎都根据外空条约制定了相关的国内法。因此,在解决空间碎片有关问题上也主要是实施外空委的《空间碎片减缓准则》而制定国内法,也没有专门针对空间碎片造成损害的责任问题制定法律。如在欧盟2010年通过的《空间活动行为准则(修正案)》中规定"把控制和减少空间碎片的措施作为一般性措施,减少空间碎片对外空的影响。"[③]

但是这些国家对空间物体致损责任问题制定了法律,少数国家还制定

[①] 周忠海等著:《国际法学述评》,法律出版社2001年版,第457页。
[②] 李寿平、赵云著:《外层空间法专论》,光明日报出版社2009年版,第71页。
[③] 2010年10月11日欧盟委员会《空间活动行为准则(修正案)》二、5。

了单行法，如韩国的《空间责任法》[①]；而大部分国家则是规定在空间活动基本法中。而且在这些国内法中也没有明确把空间碎片从空间物体中排除，因此，当空间碎片引起损害赔偿问题时，可以根据空间物体造成损害责任的相关法律进行调整。

第一节　空间碎片造成损害责任的相关法律制度

在进行航天活动的主体间可能会因空间碎片引起损害而产生权利、利益等关系上的分歧或纠纷。而目前，在确定空间碎片造成损害责任问题上可以适用的国际法律制度主要是联合国五个基本外空条约。其中《责任公约》就是专门针对空间物体致损责任问题，给予受害者及时、公正的救济。

依据遭受损害的客体不同，空间碎片造成的损害可以分为两类：一是空间碎片造成的人身、财产损害。又根据损害发生地方的不同可以分为两种情形：第一种情形是在外空中与其他空间物体发生碰撞损害或因该碰撞导致第三方人员或财产损害；第二种情形是在返回地表大气层或之后造成的人身、财产损害。在上述情形下，不包括空间碎片造成的其他空间碎片的损害。因为空间碎片是丧失功能、无效的物体，对其所属国来说一般不具有经济利益，而损害是对主体享受的特定利益的法律上之力受到侵害而产生的经济上损失或财产上的不利益。因此，单纯是空间碎片之间的损害不会导致国际责任的成立。二是空间碎片导致环境损害。根据损害发生的地点的不同，可以分为外空环境损害和地球环境损害。

国际外空条约中涉及这两种损害类型的国际责任主要是国际赔偿责任（internationally liability）和国际不法责任（international responsibility）。并且国际赔偿责任是空间碎片造成损害责任的主要形式，规定在了《外空条约》中第7条以及《责任公约》中。这是由外空活动本身的特殊性决定的。当然国家从事的外空活动若违背了国际法中的一般义务，该公约并不排斥

[①]《空间责任法》，法案编号：8852（2008年6月22日生效）。

一般国际责任。需要注意的是《外空条约》第6条的国际不法责任是为"外层空间的国家活动"而规定的，而《外空条约》第7条国际赔偿责任是与空间物体相关联的。可以说，只有针对后者才有界定空间碎片是或不是"空间物体"的必要。

此外，若承担空间碎片损害责任主体与受害人是同一国家的，则该国在确定责任时通常会适用本国有关法律，当然这并不排除外国人选择责任国有关法律获得赔偿救济。在本书中，相关国际法主要规范的是空间碎片造成的不同国家间人身、财产和环境损害引起的责任问题，并通过国际途径追究相关责任主体所应承担的国际责任。

一 空间碎片造成人身和财产损害责任的相关法律制度

根据上文所述，一般情况下，由于发射国拥有空间碎片的所有权，那么当其造成跨国性的人身、财产损害时，发射国就应负担国际责任，下面分别围绕责任主体的确定、可获赔的损害范围、赔偿责任归责原则及求偿途径等进行阐述。

（一）责任主体及求偿主体的规定

1. 空间碎片致损责任主体的确定

（1）国际外空条约有关国际不法责任主体的规定

在1963年联合国大会通过的《外空宣言》第5原则初次明确了国家对其外空活动应负有国际责任（international responsibility），国际组织从事外空活动，则应由该国际组织及其各成员国承担责任。该宣言虽然不具有法律拘束力，但是后来的外空条约受其影响都采用了与此一致的规定。《外空条约》同样规定了"各缔约国对其（不论是政府部门，还是非政府实体）在外层空间（包括月球和其他天体）所从事的活动，要承担国际责任（international responsibility）。……国际组织遵照本条约之规定在外层空间（包括月球和其他天体）进行活动的责任，应由该国际组织及参加该国际组织的本条约缔约国共同承担。"《核动力源原则》原则8中也规定了各国按照《外空条约》第6条为本国在外层空间涉及使用核动力源的活动承担国际责任（international responsibility）。

依据上述条款内容，国际不法责任主体是指从事外空活动的外空条约的缔约国。也就是说致损不法责任主体需具备以下条件：首先，必须是外空条约的缔约国家。若从事外空活动的是非政府实体，基于国家对其活动的批准与持续监督，负担国际不法责任的主体仍旧是国家。截至 2016 年 1 月 1 日《外空条约》已经拥有 104 个缔约国，可以说从事外空活动的国家基本都是条约的缔约国。其次，必须是从事外空活动的缔约国。也就是说不限于发射国，如在轨空间物体的受让国，虽然没有参与发射活动，但也有可能成为责任主体。那么，何为外层空间活动呢？在《外空宣言》、《外空条约》等外空条约中都没有对此进行明确界定，只是泛泛地指出一国的政府机构或处于一国管辖、控制、监督之下的非政府实体所实施的"探索和利用外层空间（包括月球和其他天体）的各种活动"称为外层空间活动。但是在国家的立法和实践中对何为外空活动有所规定，如英国国家航天中心迄今已经持有这样的观点：租用部分空间卫星能力（转发器）和利用地面站将这种能力用于传输或接收，并不构成外层空间活动，但卫星的遥测跟踪和控制除外。[①]

此外，政府间国际组织也能够成为国际不法责任的责任主体，即加入《外空条约》的国际组织及参加该国际组织的外空条约的缔约国作为共同责任主体为其从事外空活动承担责任。如 ESA 和它的成员国共同承担对非政府实体外空活动的批准和监督义务，因此也对造成的损害共同承担国际不法责任。

（2）国际外空条约有关国际赔偿责任主体的规定

《外空宣言》的第 8 原则最早规定发射国为其发射进入外空的物体造成的损害承担"国际上的责任"（internationally liable）的规范性文件和条款。《外空条约》第 7 条秉承了该原则，规定了"凡进行发射或促成把实体射入外层空间（包括月球和其他天体）的缔约国，及为发射实体提供领土或设备的缔约国，对该实体及其组成部分在地球、天空或外层空间（包括月球和其他天体）使另一缔约国或其自然人或法人受到损害，应负国际上的责任（internationally liable）。"《责任公约》以该条款为基础，进行了具体规定，因此，公约的责任形式亦是"liability"。并且《责任公约》

[①] 联合国和平利用外层空间委员会：《审查"发射国"概念》（A/AC.105/768），2002 年 1 月 21 日，第 5 页。

与《外空条约》的规定是一致的，在其第 2-4 条中规定了不同情形下发射国为其发射的空间物体导致的损害承担责任。另外，《核动力源原则》的原则 9 第 1 款也表明了载有核动力源的空间物体所造成损害的赔偿责任和赔偿（Liability and compensation），发射国的国际赔偿责任（internationally liable）应按照《外空条约》第 7 条以及《责任公约》确定。

从以上条款、条约的内容可以看出，国际赔偿责任的责任主体是发射或参与发射该空间物体的条约成员国，从广义上说，包括四种："一是发射外空物体之国家；二是促使发射外空物体之国家；三是外空物体自其领土发射之国家；四是外空物体自其设施发射之国家。"[①] 并且，在外空条约中排除了对本国受害者依据条约进行救济的情形，因此要求责任主体与受害者不具有同一国家国籍。另外，这里所指的空间物体，不仅是指发射的实体，还包括了该实体的组成部分。

由于对"发射国"这一概念的界定不清晰，在联合国外空委法律小组委员会第四次会议1968年报告中，罗列了判断一个国家是否为"发射国"的条件：(1)从该国领土发射空间物体的；(2)为发射空间物体供给设备的；(3)对空间物体的运行轨道或弹道进行控制的；(4)对空间物体享有所有权或实际占有的；(5)促使空间物体发射的；(6)参与发射空间物体的；(7)对空间物体进行登记的。只要符合其中之一的就属于"发射国"的范畴。

公约除了规定单独责任主体外，还规定了共同责任主体的情形。当两个或两个以上国家共同发射空间物体时，责任主体的确定主要有以下三种情形：一是，若"一发射国发射空间物体对另一发射国造成损害并因此对第三国造成损害的，前两国应对第三国所受的损害承担相应的责任。"[②] 二是，当"两个或两个以上国家共同发射空间物体造成损害的，对所造成的涉外损害应共同承担责任。"[③] 这两种情形下，他们对所造成的任何损害应负连带及个别责任。这表明受害者可以选择向任一或全体发射国请求全部的赔偿，并且该被请求国不能拒绝。而在发射国内部之间则根据过失

---

① 《责任公约》第 1 条第 3 款"发射国"是指：(1) 发射或促使发射空间物体的国家；(2) 从其领土或设施发射空间物体的国家。

② 《责任公约》第 4 条。

③ 《责任公约》第 5 条。

的大小，独立地承担各自的责任，若无法确定过失的大小，则均摊赔偿额。三是，国际组织所发射的外空物体导致涉外损害的，则"由该国际组织和其成员国承担共同及个别责任。"① 在这一情形下，国际组织若成为责任主体要符合以下条件：（一）该国际组织明确表示接受《责任公约》约束；（二）该国际组织中至少一半成员国加入了《责任公约》以及《外空条约》。但是此处的共同及个别责任与前两种情形不同，该国际组织成员国负担的是特别连带责任，即求偿国必须首先向该国际组织提出求偿，只有该组织在6个月内未支付赔偿的情况下，才可以向该组织的成员国提出索赔要求，并且被提出要求的成员国也必须是《责任公约》的成员国才可以。最后，当空间物体被转让后，所产生的损害，根据《责任公约》，承担责任的主体是原发射国。

根据上述内容，因空间碎片导致涉外损害，根据国际外空条约承担国际赔偿责任的主体只能是从事或参与发射活动的国家及国际组织。

简言之，根据国际外空条约的规定，无论是国际不法责任还是国际赔偿责任的责任主体都只是国家或政府间国际组织，不包括私人。

（3）有关国家国内法的规定

美、俄、法等国家在国内法中主要规定的是国家在依国际法承担赔偿责任之后，可以向哪些责任主体进行追偿的具体确定。并且大部分国家在空间法中对"空间活动"或者"外层空间活动"进行了界定。

《美国国家航空航天法》中规定了"美国航空航天局由于行使本节（a）款中规定的职能而引起的人身伤害、死亡、不动产及个人财产损坏或损失，要代表美国政府研究、调查、决定、赔偿和支付向美国政府提出的25000美元以下的索赔，并要达到完全满意。"② 也就是说美国航空航天局对其发射的空间物体所造成的损害负有有限赔偿责任。此外，相关法律还界定了空间活动范围包含了空间物体从发射至重返大气层整个期间。

1998年《澳大利亚空间活动法》规定了发射者承担发射活动造成的损害赔偿的财政责任，而不是澳大利亚政府，这与美国的制度相类似。该法还规定了空间活动包括空间物体射入外层空间（包括发射未成功）、空间

---

① 《责任公约》第22条。
② 《美国国家航空航天法》第203条。

物体从外层空间返回（包括返回未成功）地球或者发射设施运作。

1993年《俄罗斯联邦空间活动法》中规定了有关的组织或\和公民的外空活动造成损害的，则赔偿责任主体是该组织或\和公民并不是俄罗斯国家。这说明俄罗斯依国际外空法承担国际责任之后，完全可以依据国内法向有关的组织或\和公民进行追偿。《俄罗斯联邦空间活动法》还指出，空间活动包括空间物体的试验、制造、储存、发射准备、发射或空间飞行控制。该项法律将空间活动更泛泛地定义为与探索以及利用外层空直接关联的任何活动。如空间技术、材料和工艺的开发（包括设计、制造和试验）和使用、提供与空间有关的其他服务以及俄罗斯联邦在探索和利用外层空间方面进行的国际合作。

在2008年法国《空间活动法》中规定了因外空活动造成损害的，由空间活动经营人承担损害赔偿责任，是指"所有独立进行空间活动并承担责任的人"[①]，而且是唯一的责任主体。从而也说明了法国国家对于外空活动造成的损害不是赔偿责任主体，若在国际上承担赔偿责任，那也是因为经营者许可证中规定的担保义务使然。并且在向受害者赔偿之后，便取得了有关的追偿权。"当国家可能对损害提供担保时，被起诉的经营者应将诉讼告知行政机关，该行政机关以国家名义行使诉讼抗辩权，若没有告知，视为放弃国家提供担保的利益。"[②]

韩国2005年12月31日生效的《空间发展促进法》第14条规定了发射空间物体的个体（或法人实体）必须承担该空间物体致损的赔偿责任。而"发射方"是指按照第8条初步登记或正式登记，或按照《空间发展促进法》第11条获得发射许可证的人。在《空间责任法》第7条第2款中规定了韩国政府可以在适当的时候向空间物体发射者提供财政支持，以弥补空间物体发射者所承担的超过第三方责任险的损害赔偿额不足部分。但该财政支持须通过国会的决议，并在其允许的范围内。此外，在《空间责任法》中还明确了《产品责任法》不适用于空间物体损害。这一定意义上来说，是保护了生产商或供应商的利益，使他们不能成为主要的赔偿责任主体。

综上，航天国家在国内法中的规定也与国际外空条约基本相一致，承

[①] 2008年《法国空间活动法》第13条第1款。
[②] 2008年《法国空间活动法》第18条。

担损害责任主体根据发射者进行判断,即从事空间物体的发射、经营空间物体活动的个人或法人实体,而国家只有在保险额之外提供担保,并因此享有追偿权。

2. 空间碎片致损的求偿主体的确定

(1) 国际外空条约对空间碎片损害求偿主体的相关规定

国际外空法并未对空间碎片造成损害的国际不法责任求偿主体做出具体规定。同样在《外空条约》中也没有对空间物体造成损害国际赔偿责任的求偿主体做出规定。

但在《责任公约》中规定了国际赔偿责任求偿主体为受到损害的国家。具体根据以下三种情况确定:一是若受损害的是国家的财产,则该国家应作为求偿主体进行索赔;二是若受损害的是国际组织的财产,则由该组织的成员国作为求偿主体进行索赔,即国际组织只能作为承担责任的主体,但不能作为求偿主体;三是若受损害的是自然人或者法人的人身或财产,则仍旧由国家作为求偿主体,依次为国籍国、损害地所属国以及永久居住国。在提出赔偿要求时,这三类国家不能同时提出求偿,而是依序进行求偿。受害者的国籍国是可以提出求偿要求的第一顺序国。当该国籍国没有提出求偿时,损害发生地所属国才可以提出求偿。而且不要求受害者在损害发生地所属国有住所、居所或者现在所在地,只要求损害发生在该领域内,该国就有权代其提出求偿。按照一般国际法,某国国民遭受涉外损害的,可以通过本国向致损国进行索赔,而不能通过另一国。"而《责任公约》的这一规定突破了国际法的这项原则,这应该是国际法求偿规则的一个重要创新。"[①] 若前两类国家都没有提出赔偿的要求或明确表达将提出求偿的,受害者的永久居住国才可以提出求偿。

国家一项重要的职能就是保护其国民和财产的安全,因此当其本国民及财产遭受损害的,该国当然就有义务代其进行索赔。并且与作为责任主体的另一国或国际组织相比较,遭受损害的本国人则是弱势群体,如果由其作为求偿主体,双方的地位悬殊。因此,当本国人因另一国的外空活动遭受损害时,应由本国作为求偿主体向发射国进行索赔是恰当的。

---

① 贺其治、黄惠康著:《外层空间法》,青岛出版社2000年版,第8页。

笔者认为这三类求偿主体的确定，主要适用于空间物体导致地面或者飞行中的飞机遭受损害的情况下。对于在外空造成的空间物体损害的求偿主体，其国籍国或永久居住国则体现为空间物体的旗帜国或登记国，实际上是与其发射国相一致的国家。另外，外空是属于无主权的空域，以损害发生地来确定求偿主体没有实际意义。所以在外空中遭受损害的求偿主体是空间物体的发射国。

在《责任公约》中也没有排除"一国遭受损害的自然人或法人向发射国之法院、行政法庭或机关进行赔偿要求。"① 也就是说，当一国的自然人或法人遭受损害的情况下，可以作为独立的求偿主体寻求国内救济。但是，不能同时还依据公约或其他国际协定进行国际求偿。

（2）有关国家国内法规定

在1983年的意大利《〈空间物体造成损害的国际责任公约〉实施规范》（以下简称《规范》）中明确规定了"意大利法人和自然人均可依据公约第1条所示损害而得到意大利的国家赔偿。"② 该规定说明，拥有意大利国籍的人因其他国家的外空活动受到损害的，可以在取得致损者的赔偿之前先受到本国救济。"意大利这样的规定体现了救济弱者和国家保护原则。"③ 根据一般国际法中的国家豁免权原则，作为主权国家在尚未明示或默示的接受管辖或其行为不具有完全的"商业活动"特征，任何其他国家法院均不可对该致损国进行管辖。在此种情况下，受害者只能通过本国采用外交途径或在责任国通过其国内司法程序寻求救济。可想而知，受害者必然不能获得及时的损害救济，因此，意大利的此项规定有利于对受害者的及时保护。

在韩国《空间责任法》第4条第2款中特别提出了发射方作为追偿主体的情形。因第三方的故意不当行为或疏忽大意造成损害的，并且发射方已经为此损害支付了赔偿的，发射方可以作为求偿主体向该第三方进行追偿。如供应商或其员工存在故意或重大过失使得空间物体的组件、材料或服务（包括劳务）造成损害的；发射方可以作为求偿主体向供应商提出赔

---

① 《责任公约》第11条。
② 意大利《〈空间物体造成损害的国际责任公约〉实施规范》第2条。
③ 李寿平主编：《中国空间法年刊2008》，世界知识出版社2009年版，第40页。

偿要求，而该赔偿要求的提出并不是基于产品责任法。

（二）国际责任赔偿的损害范围和赔偿限额

1. 在国际外空条约中涉及国际不法责任相关规定

有关国家对空间碎片导致的哪些损害应当承担相应的国际不法责任？按照《外空条约》第6条的规定要求，缔约国应负责保证本国活动符合条约的规定。具体包括：外空活动应为所有国家谋福利和利益（第1条）；外空不得据为己有（第2条）；应遵守国际法和联合国宪章，维护国际和平与安全（第3条）；不得在外空部署大规模毁灭性武器（第4条）；一切外空活动都不得损害其他缔约国的同等利益，应避免使外空遭受污染，并且防止地球以外的物质使地球环境发生不利的变化（第9条）。简而言之，缔约国对其在外层空间的活动负有不得侵犯他国利益以及妨害国际和平和安全的义务，如果在外空活动中它所制造或利用空间碎片意在违反上述义务，则该国应对造成的损害承担国际不法责任。然而，在外空条约中没有进一步对国际不法责任的损害赔偿范围及赔偿限额等具体的规定。

2. 在国际外空条约中国际赔偿责任相关规定

在《责任公约》第1条中就明确规定，发射国对其发射的空间物体引起的"生命丧失，身体受伤或健康的其他损害；国家、自然人、法人的财产，或国际政府间组织的财产所受的损失或损害"负担赔偿责任。[①]这也就是说，发射国负担赔偿责任的损害包括空间碎片导致的人身伤害以及财产的损灭失，排除了权利损害。

并且在《责任公约》中没有明确该损害是直接损害还是间接损害。直接损害是与间接损害相对应的。前者是指受害人实际拥有的财产损害，不包括预期利益的丧失。而后者是指受害人应该得到的财产利益因侵权行为的实施而没有得到。但从一般国际法以及《责任公约》补偿性的赔偿标准来看，《责任公约》应只赔偿直接损害。即发射国负担赔偿责任的损害范围是因其空间碎片造成的现有财产的减少或既得利益的损害，不包括未来财产的减少或预期利益的损害。在国际社会实践中，也形成了共识。如"'特雷尔冶炼厂案'中，仲裁庭在1938年和1941年的两次裁决中也只是对美

---

① 《责任公约》第1条第1款。

国遭受的直接损失予以赔偿，而没有接受其商业损失、农业歉收等间接损失赔偿的请求"[1]。

《责任公约》中要求赔偿应"按国际法、公正合理的原则来确定，以使对损害所作的赔偿，能保证把损害恢复到未发生前的原有状态。"[2] 其后的《核动力源原则》在损害赔偿额的规定方面与《责任公约》一致。此外，《核动力源原则》规定了"赔偿还应包括偿还有适足依据的搜索、回收和清理工作的费用，其中包括第三方提供援助的费用。"[3] 因此，外空条约并没有对损害的赔偿额作出限制，而是对损害实行全部赔偿。

同时《责任公约》第7条中规定了赔偿的例外情形，即"公约不保护发射国本国国民和直接参与发射的外国人，如果受害人属于这类人群，有关责任可以由发射国国内法规范。"即判断某一"损害"能否属于《责任公约》的赔偿范围，受害者的国籍也是一个重要因素。因此，非发射国人员遭受空间碎片损害的才有可能依据《责任公约》获得赔偿。

3. 有关国家国内法的规定

鉴于空间活动的投入巨大，并且空间物体造成的损害也很大。因此，为了衡平外空活动者合理成本和受害者合法权益的情况下，促进本国外空活动参与者的积极性，各国会在本国空间法中规定空间活动的责任主体的赔偿限额，一般就是保险金额。当损害超过限额的，则超过部分由国家赔偿。

《美国国家航空航天法》第308条规定，"美国要赔偿第三方因在航天飞行器发射、运营或回收活动中遭受人员伤亡或财产损害，向任何航天飞行器的用户提出的索赔（包括合理的诉讼费用或解决问题的费用），但只是用户的责任保险不赔偿的部分。"[4] 说明美国承担的外空损害的赔偿范围也是直接损害，并且规定了赔偿限额，但是因重大疏忽以及故意导致的损害不在国家赔偿范围之内。

并且在《美国国家航空航天法》中规定了因外空活动导致的损害可以获得的最高赔偿额不超过15亿美元。如果受害者要求的赔偿额不超过

---

[1] 李寿平、赵云著：《外层空间法专论》，光明日报出版社2009年版，第76页。
[2] 《责任公约》第12条。
[3] 《核动力源原则》原则9（3）。
[4] 《美国国家航空航天法》第308条。

25000 美元的可以由 NASA 来确定，赔偿额超过 25000 美元的则应报国会决定。

在《法国空间活动法》中也规定了法国空间活动经营者的赔偿限额，它是以空间活动经营者获得的保险或财政担保额为限，然而这一数额的确定是建立在对发射相关因素分析、就有关空间物体发射和发射后可能引发的损害实施评估的基础上。所以，当法国按照国际外空法的规定承担国际赔偿责任后，可以进行追偿的也就是许可证中评估确定的损害额。当然，若空间活动经营者基于故意或重大疏忽造成的损害，该限额条款则不能适用。另外，若该活动是为了国家利益而进行的，国家在为其造成的损害承担了国际赔偿责任后就不应再追偿。

韩国在其《空间责任法》中对空间损害进行了界定，但也只涉及了直接伤害没有包括间接伤害。即"空间损害"是指由于空间物体的发射和操作造成的有形损害，如第三方的死亡、身体伤害或其他健康损害和财产的毁损、灭失等。[①] 这里排除了无形损害和间接损害的责任。并且空间物体的发射者应当承担的责任限额不超过 2000 亿韩币。[②] 按照 2015 年 1 月 24 日 1 美元兑换 1082.4854 韩元来计算，赔偿金的最高限额也就是 1.8 亿美元。这也足以看出《空间责任法》的目的通过规定空间活动所造成的损害范围和责任限额来保护受害方，并尽可能的消除由于大量赔款所引起的空间活动的损失。

在澳大利亚海外发射的管理上，1998 年《空间活动法》规定了海外发射的空间物体要返回澳大利亚时需要获得返回的授权。也就是说，如果澳大利亚不是发射国的话，其政府不为落在澳大利亚的空间物体造成的损害承担国际赔偿责任。如果没有违反空间许可证或发射许可证中的任何要求，诉讼中发射者的赔偿责任根据《空间活动法》仅限于保险金额，或要求最高可能损失的数额或者法定最高限额 7.5 亿澳元。[③] 外国第三方还可选择其他选项，澳大利亚的第三方用于恢复的金额能否多于保险金额，则取决于普通法的侵权索赔的可能性。

[①] 韩国 2008 年《空间责任法》第 2 条第 4 款。
[②] 韩国 2008 年《空间责任法》第 5 条。
[③] 澳大利亚 1998 年《空间活动法》第 69 条第 3 款和第 48 条第 3 款。

(三) 赔偿责任的归责原则

1.国际外空条约的有关规定

在国际外空法中没有对空间碎片造成的国际不法责任的归责原则作出说明。

然而在《责任公约》中明确了国际赔偿责任适用的归责原则。该公约根据损害发生地方的不同规定了国际赔偿责任的不同的归责形式："一是对地球表面或空气空间飞行的飞机造成的损害；二是在地球表面以外的其他地方对另一国的空间物体或其所载人员或财产造成的损害。"[①]——在第一种情形下发射国应负给付赔偿的绝对责任（absolute liability）；而在第二种情形下根据发射国过失承担责任。（fault liability）。

（1）绝对责任原则

absolute liability 在元照英美法词典中被译为绝对责任或无过失责任，其实质是"指根据某些制定法规范，不论当事人是否尽了注意或预防义务，也不论当事人是否有过失，只要事故发生并造成了损害，当事人就应对之承担责任。"[②]而在布莱克法律词典中 absolute liability 是指"liability that does not depend on actual negligence or intent to harm, but that is based on the breach of an absolute duty to make something safe."[③] 根据该定义，可以看出，绝对责任虽然不取决于是否存在过错，但也是对一定义务的违反，即安全义务的违反。

绝对责任原则是由于现代工业化以及高科技发展导致了当事人之间地位不平等，若仍旧采取严格的过错责任原则不利于实现公平、正义，因此对过错责任原则进行了发展，以利于对弱者的救济。它是只适用于个别类型案件的特别归责原则，并非一般归责原则任何案件都可适用。而《责任公约》是国际法上极少数的具体规定国家应基于绝对责任直接承担国际赔偿责任的条约。在其他的涉及跨界损害的公约中更多的采用的是严格责任原则进行归责。因此，absolute liability 也常常被一些国内外学者翻译成严格责任（strict liability）原则适用，但绝对责任实质上不同于严格责任。严

[①] 《责任公约》第2、3条。
[②] 薛波主编：《元照英美法词典 (I)》，法律出版社2003年版，第7页。
[③] Bryan A. Garner, *Black's Law Dictionary (Eighth Edition) (III)*. THOMSON WEST, p.933.

格责任一般是指当侵害人造成了受害人明显损害的，便应对此负责，且无须考虑侵害人过错状态，可以看出严格责任要比绝对责任相对宽松。实际上，严格责任也会考虑过失，尤其是受害人的过失。它仍然是过错责任的一种形式，只不过是采用了举证责任的倒置和推定过失，即如果致损人不能证明自己没有过失的情况下，根据损害事实本身推定其具有过错。并且承担严格责任的异常危险活动仍有可非难性。①"被告只有证明损害是由于受害人的过失、第三人的过失或不可抗力造成的，责任才可免除，或者可以减轻。"②然而绝对责任，不但不需确定侵害人是否具有过失，也无需确定受害人是否具有过失。

在国际赔偿责任中，即使采用"绝对责任"归责的情况下，责任也不是绝对的。过错虽不是责任构成的必要条件，但是决定是否承担赔偿或赔偿份额的条件。在《责任公约》第6条第1款中，明确了如果发射国能够证明求偿者对损害存在重大疏忽或故意的，可以相应的减免自己的责任。按照一些法学学者的观点，受害人自身原因引起损害的，这种情形可以认定行为人不具有过错，也可以确认行为人的行为和损害结果之间不具有因果关系。或者说"适用绝对责任归责的情况下，受害人对所受损害若仅具有一般过失，实际上损害的发生主要还是由于高度危险所致，因此这不能减轻加害人的责任。至于受害人的重大疏忽的过失，是应按照"重大过失等同于故意"的规则，而作为加害人的免责条件，还是应当作为减轻责任的条件，值得进一步探讨。"③因此，在适用绝对责任原则时，受害人对损害的发生具有故意的状态通常作为加害人的免责事由。

（2）过失责任原则

在《责任公约》中也规定了有关过失责任原则的内容，"遇一发射国外空物体在地球表面以外之其他地方对另一发射国之外空物体或此种外空物体所载之人或财产造成损害时，唯有损害系由于前一国家之过失或其所负责之人之过失，该国始有责任。"在该情形下的"过失责任"是国际赔

---

① 何全明：《论严格责任和无过失责任归责原则的区别》，《青海社会科学》2006年第1期，第139页。
② 李寿平：《试论现代国际法上的过失与国际责任》，《法学杂志》2007年第6期，第115页。
③ 王利明：《论过失责任》，2001年6月13日，（http://www.civillaw.com.cn/article/default.asp?id=7555）。

偿责任成立的必要条件。

所谓过失责任原则是根据行为人在主观上的过错来确定其是否承担责任的原则。在布莱克法律词典中，fault liability 是指 "liability based on some degree of blameworthiness." [1]

在《责任公约》中规定了空间物体在外空造成的损害适用过失原则确定责任归属，具体包括两种情形："第一种情形是在地球以外的其他地方对另一国发射的空间物体，或其所载的人员或财产造成损害的；第二种情形是对第三国外空的空间物体或其所载的人员或财产造成损害的。"[2] 以上情形中，具有"过失责任"是国际赔偿责任成立的必要条件。过失责任在国际赔偿责任中的作用与在一般侵权责任中存在着一定的差异。正如德国法儒耶林所说的，一般侵权责任中的过失责任"使人负损害赔偿的，不是因为有损害，而是因为有过失。"[3] 而在外空法中的赔偿责任的确定不但有过失，还必须有实际损害。也就是说，确定国际赔偿责任上损害与过失同样不可或缺。

依据过失责任归责原则确定发射国是否承担所造成损害的国际赔偿责任，受害者的证明义务较重：不但要证明遭受了来自空间碎片的损害的基本事实；而且还要证明因发射国的过失导致了该损害的发生。然而在国际外空法中并没有关于过失的具体规定。

2. 一些国家国内法的相关规定

美国《联邦侵权索赔法》确定了空间物体致损责任适用绝对责任作为归责原则的内容。"在确定一个不为任何国家或不受外国法管辖的区域是否构成《联邦侵权索赔法》上的"外国"时，美国联邦最高法院认定宇宙上任何无主权区域构成适用《联邦侵权索赔法》意义的外国。"[4] 该法不适用于空间物体在外空遭受的损害，因此，绝对责任原则在确定责任归属的时候，其适用范围是有限的，即只适用于在美国国内遭受的来自空间物体的损害。"根据美国联邦最高法院的解释，国内法可能在裁决和救济外

---

[1] Bryan A. Garner, Black's Law Dictionary (Eighth Edition) (III), THOMSON WEST, p.932.
[2] 《责任公约》第3条、第4条1. (2)。
[3] 王泽鉴著：《侵权行为法》（第一册），中国政法大学出版社2001年版，第13页。
[4] 同上书，第39页。

空过失主张上限制私人公民的权利。"[1]

俄罗斯在空间活动引起损害赔偿责任的规定上遵循了《责任公约》的相关内容。1993年的《俄罗斯联邦空间活动法》规定，"俄罗斯联邦在其领域内或任何国家管辖范围之外（外层空间除外）进行空间活动时造成损害的都应承担责任，而不管损害的责任人有无过失。"[2]在能证明受害者对该损害存有过错的情况下，加害者并不为所产生的损害承担赔偿责任。这说明了过失责任原则适用于非外空中发生的损害事件。"如果在地球表面以外的任何地方，俄联邦的空间物体，或空间物体上的财物受到另外空间物体的损害，则造成损害的有关组织和公民承担的责任与他们的过失有关，并与过失成比例。"[3]该规定说明，在外空中俄联邦所属的空间物体间发生的损害赔偿责任依据过失责任原则确定。

在韩国《空间责任法》第4条中规定了发射方对外空活动中发生的损害负有绝对赔偿责任。然而，在以下两种情况中，发射方只有基于其故意或过失才对所造成的损害承担赔偿责任，一是如果外空损害是由于武装冲突、敌对行为、战争以及民间动乱引起的；二是损害在外层空间发生的。发射方赔偿由第三方故意或过失所造成损害的，可以向该第三方追偿。

澳大利亚1998年《空间活动法》亦对发射者规定了绝对责任。发射方应当对"责任期间"造成的第三方和飞行中飞机的损害支付赔偿金，除非损失或损害是由于第三方的故意或重大过失造成的。但如果造成另一个空间物体的损害，发射者只有是因为他的过错才会承担责任。这反映了《责任公约》中第2、3条的内容，有效地把国际空间条约贯彻到国内法中。

通过以上主要航天国家国内法的相关立法可以看出，在归责原则的选择上，这些国家都保持了与国际外空条约一致的规定。

（四）求偿途径

1.国际外空条约有关规定

在联合国外空条约与决议中，对解决外空争端做出具体规定的有《外空条约》、《责任公约》及《月球协定》等。《外空条约》第9条规定了

---

[1] 李寿平编：《中国空间法年刊2008》，世界知识出版社2009年版，第42页。
[2] 《俄罗斯联邦空间活动法》第30条第3(1)。
[3] 《俄罗斯联邦空间活动法》第30条第3(2)。

当一国对其他缔约国可能产生有害干扰时，该国可以通过国际磋商作为国际外空争端解决。但是私人实体、国际组织并不能依据《外空条约》作为独立磋商主体。

国际外空法并没有对空间碎片造成的国际不法责任的具体求偿途径做出明确规定。在《责任公约》中规定了空间碎片致损国际赔偿责任的救济途径：第一种是当地救济。即受害人或国家利用发射国国内相应的司法、行政途径进行求偿。但是若一国已采用当地救济的途径，就不能再利用国际条约提供的救济途径。

第二种是国际条约救济。在《责任公约》中可以供受害国选择的国际救济方式有两种。一是外交途径。其适用需符合以下条件：1.需由求偿国向发射国提出，也就是说，外交途径解决的是国家之间的涉外损害赔偿问题。在自然人和法人作为受害者的情况下，若通过该途径进行求偿，只能通过相关国家代其进行索赔。2.两国之间存有外交关系。"如果没有外交关系，可请另一国代其向发射国提出或以其他方式代表其在《责任公约》中所有的利益；在发射国与受害国均为联合国成员国的情况下，也可通过联合国秘书长提出赔偿要求。"[①]3.用尽当地救济不是前置程序。根据一般国际法要求，属地管辖具有优先性，一国若为本国人提供外交保护的，必须是用尽当地救济才可以，但在空间物体致损的救济中没有了此种限制。这将有利于受害者获得及时的救济。

二是求偿委员会。其适用有以下特点：1.前提条件。"在要求赔偿国向发射国提出赔偿要求文件之日起一年内，赔偿问题没有通过外交途径解决的。"[②]这说明了公约倾向于国家之间适用外交途径解决外空争端。2.提出主体。求偿国或发射国中的任何一方皆可要求组建求偿委员会以解决争端。3.求偿委员会的组成人员。该委员会人员由双方当事国选任。"一人由发射国选派，另一人由求偿国选派，第三人由双方共同选派，并担任主席，若主席人选不能在一定时间内选出，可达成协议由任何一方请求联合国秘书长指派。"[③]若在规定的期限内，一方未能指派出人员，主席应另一方

---

① 《责任公约》第9条。
② 《责任公约》第14条。
③ 《责任公约》第15条。

的要求，组成仅有一人的求偿委员会。4.决定的通过以及效力。除一人委员会外，委员会的一切裁决和决定均应以过半数的表决通过。《责任公约》规定了赔偿委员会的建立，但并没有授予其约束争端各方的权力。只有在委员会所作出的决定得到发射国以及求偿国认可的，这一决定才是最终并具有法律约束力的。若双方在争议解决过程中不同意赔偿委员会作出决定，委员会应当做出一个最终裁决，也不得上诉。但是，这个裁决仍然是一个"建议性裁决"，由双方参考，并没有法律机制使其具有法律约束力。在国际法中并非没有"建议性裁决"的先例，如国际法院提供的咨询意见就与此类似。虽然他们多数时候似乎不是一种解决争端的理想机制，但这不应该被认为是《责任公约》的一个特定弱点，而只是反映了在国际体系中没有超越国家的权威可以强制执行裁决。

《月球协定》中也有争端方协商制度的规定，且其具有一定程度的强制性。在不能协商或协商未果的情况下，任何缔约国可无须其他缔约国的同意要求联合国秘书长协助解决争端。但这并未把进行协商作为缔约国解决相关争议的强制义务，也不意味任何争端缔约国有接受协商结果或联合国秘书长建议的义务。另外，就目前来说《月球协定》只有16个缔约国，与其他外空条约相比影响力并不大。

联合国大会通过的《外空宣言》、《核动力源原则》等有关外空活动的一系列原则、决议中也反复强调要通过和平争端解决程序来解决纠纷。但这些联大决议实际上是采用的一般国际法中解决国际争端的基本方法，并不是针对外空争端规定的专门的解决途径。并且上述联大决议的实施缺乏强制性的机制保障，对主权国家缺乏法律约束力。

此外，正如国际法协会 Fausto Pocar 法官在外空委的法律小组委员会（2012年3月）的发言中所谈到的，当涉及规则的时候，目前的国际空间法争端解决程序显示了一些缺陷，由于对人员或事件范围的限制，使它们不可适用于涉及私人当事方的争议或仅适用于有限范围争议的解决。事实上，在1984年国际法协会会议上，已经发现这些规则的缺陷，在其后的1998年国际法协会修订文本中加以确认。

除了上述联合国国际外空条约对求偿途径的规定之外，可以诉诸的法律途径还包括国际仲裁机构和国际司法机构。遭受空间碎片损害的国家可依据《国际法院规约》第36条第1款提交国际法院解决。但能够通过国际法院寻求救济的只能是国家,非政府实体仍然在国际法院不具备诉讼主体的资格。此外,从国际法院司法实践看,它的办案周期较长且效率较低,平均审理时间为4年。因此,并不被争端各方优先选择适用。

在2011年12月6日常设仲裁法院行政理事会上通过了《外层空间活动相关争端仲裁任择规则》(简称《外空仲裁规则》),也为外空活动争端各方提供了求偿途径。该规则实质上是程序性规则,它的一个重要来源是《2010年联合国国际贸易法委员会仲裁规则》。除了主权国家之间的争端,《外空仲裁规则》明确适用于当事人是政府间国际组织或私人的争端。[①] 它属于临时仲裁规则。该规则尽力避免仲裁程序受主权豁免主张的干扰,常设仲裁院顾问小组基本上将这一目标视为一个优先事项。

所以,选择外空仲裁规则具有以下优点:首先,这种方法简化了外空争端传统解决机制,为适用国际外空法解决外空争端注入了活力。其次,最大限度地减少了责任主体利用主权豁免来逃避责任,避免其扰乱正常的争端解决程序。最后,该规则由外空争端的当事方包括国家、国际组织或私营实体选择适用,确保了私人主体在外空争端中具有独立的法律地位。这与外空条约中所涉及的争端解决规则和机制是截然不同,后者只适用于主权国家和政府间国际组织。灵活性是《外空仲裁规则》的重要特征,这避免了传统的解决外空争端所涉人员和事项的局限性。 正如在2012年3月29日联合国外空委法律小组委员会第五十一届会议上,国际法协会咨询小组主席介绍《外空仲裁规则》时所指出的,在空间法领域特别采用仲裁的方式主要原因是:仲裁用于解决外空争端具有开放、灵活性特点,能满足包括公营和私营的所有缔约方的要求。这在《外空仲裁规则》第I条中就表明了,仲裁是基于各方自愿达成一致的机制,可以通过在定义当事人关系的法律文书中写入仲裁条款。[②] 并且仲裁程序也是灵活的,依据第1(1)规则可以由当事人协议修改。尤其重要的是,有关各国可能更愿意接受根

[①] INTERNATIONAL LAW ASSOCIATION "LEGAL ASPECTS OF THE PRIVATISATION AND COMMERCIALISATION OF SPACE ACTIVITIES" FIFTH AND FINAL REPORT SOFIA CONFERENCE (2012) SPACE LAW, p.13.

[②] PERMANENT COURT OF ARBITRATION, "OPTIONAL RULES FOR ARBITRATION OF DISPUTES RELATING TO OUTER SPACE ACTIVITIES" Effective December 6, 2011, Article 1, 5.

据独立协议提供的具有约束力的争端解决方式，而不愿加入一个新的重大的多边条约。

而且仲裁裁决是为《纽约公约》的所有签署国公认和承认执行的，目前该公约成员国有146个。因此，在裁决的承认和执行方面，规则具有很大的优势。规则第4条（2）中还表明，仲裁结果是最终的和有约束力的决定，这与1972年《责任公约》建议性裁决相反。

与在法院审理不同，仲裁当事人拥有在相关专业领域选择仲裁员的权利，这样可以选择适合自己的决策者。这些仲裁员可能是来自航天技术前沿以及相关的交叉科学分支等多种多样的科技、经济及法律领域的专业人才。仲裁还具有保护敏感信息的作用，即保密性。依规则第28（3）和34（5）条的规定，审理不必公开和裁决不会被公布。因此，可以说仲裁作为解决空间碎片致损争端的途径将会发挥重大的作用。

2. 一些国家国内法的相关规定

在外空损害赔偿程序上，依照《美国国家航空航天法》的相关规定，NASA "代表美国政府研究、调查、决定、赔偿和支付向美国政府提出的索赔；局长可以代表美国及其部委等部门与开发或合作方以及开发的相关各方或合作方相互放弃索赔权"[《美国国家航空航天法》第203条。]。此外，针对NASA因履行职责所进行外空活动产生的损害，规定了2年的诉讼时效，该期间从事件发生时开始计算。在诉讼时效期间内，受害人必须以书面形式提出赔偿请求。

俄罗斯联邦空间法中没有具体规定外空损害赔偿的数额和程序，只是规定了援用俄罗斯联邦民法典。同样，乌克兰解决这类问题也适用与俄一致的做法。正如在1996年《乌克兰空间活动法》中规定的"对空间活动造成损失的责任以及确定应赔偿的损失数额的程序，按现行的乌克兰法律确定。"①

在韩国2005年《空间发展促进法》中规定了韩国教育科技部部长可以建立一个空间事故调查委员会用以调查任何一起空间事故。该委员会由教育科技部部长从相关领域专家中选出5-11名成员组成。空间事故调查委员会有关赔偿的必要条款、成员的资格、运行及其他内容必须由总统令规

---

① 《乌克兰空间活动法》第25条。

定。并且在韩国2008《空间责任法》中规定了韩国政府应当在空间损害发生时采取必要的措施以帮助受害者和防止损害的扩大。韩国政府可以在空间物体发射者需要时提供必要的援助。

澳大利亚《空间活动法》第4部分规定了发射者对第三方的赔偿责任和赔偿金额的内容。如果损害发生在"责任期间","责任期间"是指发射后30天的时间段或从有关的重返操作开始到空间物体返回地球为止的时间段。① 并且澳大利亚同时是该空间物体的发射国。遭受损害的第三方可以通过多个途径追究发射者的赔偿责任，而《责任公约》不再是第三方要求赔偿的唯一手段。具体途径包括：

（1）澳大利亚或外国的第三方在澳大利亚法院提起诉讼，赔偿责任和赔偿数额根据澳大利亚《空间活动法》确定。

（2）澳大利亚或外国的第三方在澳大利亚提起普通法的诉讼。

（3）外国的第三方在外国法院提起侵权诉讼。

（4）外国政府根据《责任公约》采取行动。②

如果一个外国第三方在责任期间以外受到损害，澳大利亚将根据《责任公约》的宗旨作为发射国承担责任。国外第三方可以通过以下途径获得赔偿：

（1）第三方可以选择在澳大利亚国内法院对发射者提起诉讼。在这种情况下将依据普通法的侵权原则确定索赔，而且损害赔偿可能不受限制。

（2）第三方可以选择在外国法院对澳大利亚发射者提起诉讼。在这种情况下将根据当地的侵权原则确定索赔，但会遇到各种司法和执行的问题，损害赔偿也可能不受限制。

（3）第三方的本国政府可以根据《责任公约》选择对澳大利亚政府提出索赔要求。在这种情况下，澳大利亚政府而不是私人经营者，将根据《责任公约》第2、3条承担责任。

通过了解美国、俄罗斯联邦、韩国、澳大利亚等国外空损害求偿途径的国内法规定，我们可以得到这样的结论，从事外空活动的国家大多在规定外空损害的救济途径的时候，主要有两种选择，一是依据国内法的实体

---

① 澳大利亚1998年《空间活动法》第8条。
② 赵海峰编：《空间法评论》，哈尔滨工业大学出版社2011年版，第110页。

法、程序法救济；二是依据外空条约中规定，通过国家实现救济。

二 空间碎片造成空间环境损害责任制度

在国际法中，环境损害是指"由人直接或间接在某个区域引入的物质或能量造成有害的后果，这种结果具有危害人类的健康、生物资源、生态系统和有形财产的性质，具有损害或干扰环境的舒适性和其他对环境的合法利用的性质。"[①] 空间碎片导致的环境损害，针对发生区域的不同，可以分为造成外层空间环境损害和地球表面的环境损害。由于现代航天科技的发展，目前人类在外空环境中还不是长期定居、生存，更多的是从事探索、利用外空的活动。所以，空间碎片引起外空环境损害更多是指人类外空活动所产生的人造碎片导致外空环境污染，最终妨碍、损害其他国家从事外空活动的利益。也就是说，外空环境责任主要是为实现两种目的：一是给于受害者及时的损害赔偿，二是尽可能消除、减少在外空环境中生成的空间碎片，以保护各国在外空环境中的外空活动的安全。

最早的关于外空环境保护的国际条约可以说是1963年《禁止在大气层、外层空间和水下进行核武器试验条约》，其中第1条便规定了禁止各国在外层空间实施核爆炸，这一定程度上限制了外空的使用，但是保护了各国在外空环境中自由活动的安全。

在《外空条约》中虽没有保护环境的具体规定。但在《外空条约》的第9条中包含了有关防止空间碎片造成环境污染的内容。"各缔约国探索和利用外层空间（包括月球和其他天体），应以合作和互助原则为准则；……应妥善照顾其他缔约国的同等利益。各缔约国从事研究、探索外层空间（包括月球和其他天体）时，应避免使其遭受有害的污染，以及地球以外的物质，使地球环境发生不利的变化。……"《外空条约》第9条第1句涉及外层空间活动应遵照适当注意（due regard）原则的约束，第2句和第3句详细说明了适当注意原则，并规定三种禁止性行为。首先，在外空从事相关的研究、探索活动的，应尽可能地避免损害外空环境。其次，从事研究和探索，以避免引入地球以外的物质，使地球环境发生不利的变化。最

[①] 维也纳1979年《长程越界空气污染公约》第1条。

后,一国有理由认为其或其国民预计在外空开展的活动,将会妨害其他国家从事外空活动的,该国应确保实施这些行为前,采取恰当的国际磋商。

可以说该条款为缔约国创设了一项义务,即各缔约国应采取适当的措施确保其外空活动不妨碍其他国家从事外空活动的利益以及造成地球及外空的有害污染。这样一来,在外空中产生空间碎片的国家就没有尽到不得妨害他国的外空利益或避免污染地球及外空环境的注意义务。在违反了该义务的情况下,他国可以要求磋商。从逻辑上还可以推断出,《外空条约》第9条至少还规定了一项实质性义务,即从事外空活动的国家给其他可能遭受潜在危害的国家提供的信息,应足以使后者能够做出合理判断、采取适当行动防止他们使用或探索外太空或其他天体的活动受到有害干扰。

实际上,在《外空条约》的一般性原则也包含了不得造成环境损害,例如:外空自由原则,也就意味着他人的外空自由不能受到妨碍;必须为了全人类利益使用外空原则以及国家对其外空活动、空间物体造成的损害负担国际责任等。

此外,国际法协会在1994年通过的《防止空间碎片造成环境损害的布宜诺斯艾利斯国际文书》(简称《国际文书》)中对空间碎片造成环境损害及责任、赔偿及争端解决的内容作了规定。联合国国际法委员会于2001年通过了《关于预防危险活动的跨界损害问题的条款》第2条中也明确了"越境损害"指对人、财产或环境的损害。虽然他们不具有法律拘束力,但是也表明国际社会对这一问题的关注。

在国际司法实践中,有学者提出1978年1月24日前苏联和加拿大之间的"cosmos954"事件的处理结果确认了《责任公约》中所说的"损害"包括对环境的损害。[①] 因为加拿大依据《责任公约》提出赔偿请求,而"前苏联的核动力源军事卫星宇宙954号的一些放射性碎片坠落在加拿大境内,并没有造成人员的伤亡,也没有导致任何具体的'财产'毁损。"[②] 因此,推断出前苏联是基于其空间碎片对加拿大环境造成了损害而给付的赔偿。但在加拿大索赔的书面说明中,加拿大提出赔偿请求的基础事实是坠落在其境内的具有核辐射的碎片造成了它的领土不能被适当地使用,这符合《责

---

① 赵海峰主编:《空间法评论》,哈尔滨工业大学出版社2006年版,第197—204页。
② Marco Pedrazzi、赵海峰著:《国际空间法教程》,黑龙江人民出版社2006年版,第75页。

任公约》中所指财产损失的情形。加拿大并没有明确地从环境损害角度，提出核辐射碎片污染其环境的索赔。实际上，环境损害作为一种特殊的侵权损害与一般侵权损害间本身就存在责任竞合的问题。基于以上分析，笔者认为，加拿大主张的仍旧是空间物体造成的财产损害，只是此处所指的是国家领土这一特殊财产。所以，到目前为止，国际实践中并不存在空间碎片造成环境损害责任的司法实践。

在国内法中，美、俄以及欧盟的国家等都以原则的形式规定了不得损害外空环境。在美国 1988 年的《新的国家航空航天政策》中就开始关注空间碎片在外空会引起环境损害。并在 2006 年制定的新政策中明确了减少空间碎片的产生，保护外层空间环境，进一步要求美国各部门保证空间碎片减缓相关措施的实施，这在国际上推动了其他空间活动国家制定、实施空间碎片减缓规范。

在《俄罗斯联邦空间活动法》中的航天活动原则也包含了环境保护内容。如在第 4 条第 1 款第（7）项航天活动应有安全保险，涉及了保护外空环境原则。"第 4 条第 2 款保证战略和生态安全的原则的第（6）项，明确了在俄联邦内禁止使外层空间受到有害污染可能导致环境发生不利变化，包括在外层空间故意毁坏物体。"[1]

2000 年，欧洲议会号召在欧洲空间局和成员国密切合作中，为理事会和议会草拟欧洲地球观测计划和环境监测服务计划"。[2]2010 年 10 月 11 日通过的《空间活动行为准则（修正案）》序言中重申通过国际合作促进和平、安全、有保障的外空环境的初始目标。在一般性措施中规定了参加国应致力于限制空间碎片的产生，减少空间碎片对外空的影响。并避免可能产生的空间碎片在外空长期存在的有害活动。目前虽然欧盟还未出台空间碎片造成环境损害责任问题的法律，然而这些规范性文件或条款还是能够起到一定的指导作用，多少反映了其外空法发展趋势。

（一）责任性质

国际外空法对空间碎片导致环境损害所应承担责任的性质问题没有明确的规定。通常情况下，引起环境损害的多数空间碎片并非发射国故意或

---

[1] 1993 年《俄罗斯联邦空间活动法》第 4 条第 1、2 款。
[2] 《关于委员会工作文件〈欧洲统一空间行动计划〉的决议》第 17 条。

疏忽大意所产生的，而是在从事外空活动的过程中，必然会生成的，这是现代航天科技也无法避免、防止的。各国和平地使用外空属于国际法不加禁止即允许的行为，由于外空给我们国计民生带来方方面面的好处，甚至可以说探索、利用外空的活动是国际社会积极鼓励的。因此，当空间碎片造成环境损害，外空活动并不会因此而被禁止，而对于受害者应给以救济，这与国际赔偿责任制度的要求是一致的，也与《责任公约》的初衷相一致。进而，能够促进国际航天科技事业的快速发展，因为责任国给于受害者支付赔偿而不断增加了其从事航天活动的成本，为此，会促使发射国不断提高有关减缓空间碎片科技水平。并且，空间碎片导致环境损害也主要是对人身、财产产生的损害，这实质上与空间碎片导致人身、财产损害的国际赔偿责任存在竞合。因此，在此种情况下，空间碎片引起的环境损害赔偿责任可以适用《责任公约》的规定。

此外，空间碎片造成的环境损害，若是引起损害的国家存在故意或重大疏忽的，可以说当事国没有尽到《外空条约》第9条的尽量避免环境损害的注意义务，这时应承担第6条规定的国际不法责任。

从以上分析，空间碎片造成环境损害的责任性质包括国际赔偿责任以及国际不法责任，基于地球表面环境损害与外空环境损害的表现形式以及求偿主体的不同，前者主要是侧重国际赔偿责任，后者主要是国际不法责任。这在其他的一般国际规范性文件中也有体现。

1873年建立的国际法协会，是国际法领域的非政府间国际组织，空间法委员会是其下设的国际法部门法委员会之一，在1986年举行的首尔大会上，空间法委员会开始了对保护环境免受空间活动，特别是空间碎片损害问题的研究和交流，并最终在此领域制定了一个国际文书，即《布宜诺斯艾利斯国际文书》。1994年8月在布宜诺斯艾利斯大会上获得通过。该文书的第6条中规定的责任和赔偿的一般规则适用于空间碎片在外层空间造成的损害，和其他国际公约规定没有涉及的情况下引起的地球环境损害。其有关国际责任的规定与1967年的《外空条约》和1972年的《责任公约》的规定基本一致。虽然该文书出台后很少被提及，但是毕竟体现了非政府层面的国际空间法学界在空间碎片造成环境损害责任上的态度。在近几年，空间法委员会这一研究成果正在逐步从理论上和一些外空委科技小组的代表中获得支持，如捷克共和国在 2011 年向联合国外空委的项目提案中建议采用与国际法律协会通过的该文书规定相类似的办法解决有关空间碎片问题。[①]

并且，联合国国际法委员会于 2001 年通过的《预防危险活动造成跨界损害的条款草案》（简称《预防条款草案》）以及 2006 年通过的《关于危险活动造成的跨界损害案件中损失分配的原则草案》（简称损害《损失分配原则草案》）二者的责任范围是一致的，并且在《损失分配原则草案》的序言以及总评论中明确了各国按照国际法对违反其预防义务负有责任（responsible）。因此该原则草案不排斥国际不法责任的规则，当出现违反其预防义务的事件时可以按照国际不法责任规则追究加害人相应责任。其意在使依国际不法责任所产生的求偿被排除在该原则草案的适用范围之外。但是，在这两个草案中涉及到的环境是指"包括非生物性和生物性自然资源，例如空气、水、土壤、动物和植物，以及这些因素之间的相互作用，以及地貌的特征部分"，因此，笔者认为该两个草案所指的环境应为地球环境，而不包括外空环境。而且国际法委员会也表明它在制定草案的过程中认真审议了是否有必要讨论与全球公共资源有关的问题这一事项。但认为与此相关的问题属于不同的问题，有其自己的特点，因而得出结论，那些问题需要另外处理。[②]

但是，若造成这些地区环境损害的话，则加害行为人是否也需要承担国际责任呢？很显然，答案是肯定的。这类环境损害常常是那些暂时还没有对人类带来巨大影响的环境损害。虽然我们很难确切地知道，迄今空间碎片给外空环境以及地球环境的损害是否具有显著损害，但有理由相信它对外空环境以及地面环境损害将是非常巨大而且不能挽回的。事实上，对这些地区的环境所引起的损害是会产生一定的法律后果。对"跨界损害"的界定不仅包括属于国家管辖或控制的地区实施或产生环境损害的典型事实，还应包括对外层空间那样的"人类共同财产"的环境损害。还有人认为，

---

① 捷克共和国提交联合国大会的工作文件《审查和平利用外层空间委员会〈空间碎片缓减准则〉的法律方面》，以期将该《准则》转化为一套拟由大会通过的原则和平利用外层空间委员会、法律小组委员会第五十届会议，2011 年 3 月 28 日至 4 月 8 日，维也纳（A/AC.105/C.2/L.283）第 2、4 页。

② 《国际法委员会 2002 年报告》(A/57/10)，联合国大会正式记录，第五十七届会议，补编：第 10 号，第 140 页。

由于法律所关注的是人身或财产利益遭受的损害,环境损害也就当然应放在受损害人与国家的关系中来认识。从这个意义上来说,国际法委员会对"跨界损害"的界定充分填补了国际法协会界定的缺陷。

由于原则草案是一般性和剩余性的,因此是作为无约束力的原则草案宣言拟订出来的。各国法律和制度实现统一是非常困难的,因此这种建议性就成为该草案的优点。它的实质内容主要是,受害者应获得及时、有效、充分的赔偿;任何一个国家可因环境遭受损害进行索赔,并且可要求及时地采取相应措施以减轻损害,达到使受损环境最大程度恢复原状的效果。草案目的就在于引导各国普遍接受这些原则的实质性规定。

在责任性质方面,空间活动造成地球环境损害的,若行为国没有尽到《预防条款草案》中的预防义务的应承担国际不法责任,若采取了预防义务仍然不可避免的造成了损害的,应按照《损失分配原则草案》承担国际赔偿责任。因此,可以说,在空间碎片造成环境损害的责任的性质是基于外空活动本身的特点所决定的,以国际赔偿责任为主仍然是其发展的趋势。

(二)责任主体与求偿主体

在涉及空间碎片导致环境污染赔偿责任主体的确定方面,有关国际空间法对此未做明确规定。然而空间碎片是从事外空活动的国家制造、生成的外空垃圾,依照《外空条约》第 6 条,进行外空活动的任何缔约国,其行为不符合条约的规定应承担国际责任。那么这些国家理应在未尽到《外空条约》第 9 条规定的尽量避免使环境受到损害的注意义务时承担的国际责任是国际不法责任。或者说空间碎片引起环境损害承担国际不法责任主体应是违反条约义务的缔约国。

国际外空条约尚未对空间碎片引起环境损害的国际赔偿责任的责任主体做出相应规定。然而在《损失分配原则草案》中要求,"各国应采取一切必要措施,确保其领土或其管辖或控制下的危险活动所造成跨界损害的受害者获得及时和充分的赔偿。"[①] 该条款中所指的措施应具有要求经营者以及其他人或实体负担赔偿责任之意。而"经营者"则是指能够对跨界损害事件起到指挥、控制作用主体。表明了造成跨界环境损害责任应主要

---

① 《损失分配原则草案》原则 4 第 1.2。

由经营者承担。在该原则草案中对"经营者"从功能性的角度进行界定，是根据特定时间，由谁控制或主导着有关标的物的占有、使用的事实判定。换句话说，尽管没有明确的表述"经营者"含义，"但这样的概念得到了承认，即经营者是指对污染活动拥有实际、法律或经济控制权的人"。还需要明确的一点是，"经营者"不包括在特定时间工作或对有关活动实施控制的雇员。此处的"控制"是指"有权管理、指导、约束、经管或监督的意思，具体包括了对活动的技术运作获得了决策权的人，持有开展这种活动的许可证或批准书的人，或登记或通知这种活动的人，并且其可以是公有实体，也可以是私有实体。"[①] 根据上述对"经营者"的界定，国家当然可以成为经营者。并且需要注意的是，责任主体也并非一概是这些经营者以及由条约或法律指出的其他实体。诸如"在职能上处于指挥或控制或引导或实施全面监督地位的人或有关实体也可作为活动的受益人被认定负有责任。"[②]

此外，根据有关国际法的规定，国家承担着预防损害发生的义务，其行为应不超越与此注意义务相应最低限度标准。为履行这一义务，各国在许可经营者实施具有重大跨界环境损害危险的活动前：需要对经营者的活动进行审批；对经营者利用环境和跨界影响进行评估；并对这种跨界影响进行适当监测。经营者为其造成的环境损害承担主要责任，并不能当然免除国家的国际义务，即在国际上，国家必须依照国际法的规定履行其预防职责。因此，按照该草案的规定空间碎片引起地球环境损害承担赔偿责任主体是外空活动的经营者、受益人以及国家。

《布宜诺斯艾利斯国际文书》第 6 条中规定发射或促使发射空间物体的缔约方（包括国家和国际组织）是承担国际责任、国际赔偿责任的主体。其他在国际责任和国际赔偿上的规定与 1967 年的《外空条约》和 1972 年的《责任公约》的规定一致。即国际责任的承担以缔约方的活动违反文书的规定以及《外空条约》和《责任公约》的规定；国家赔偿责任的承担是

[①]《国际法委员会 2006 年报告》(A/61/10)，联合国大会正式记录，第六十一届会议，补编：第 10 号，第 101 页。

[②]《国际法委员会 2006 年报告》(A/61/10)，联合国大会正式记录，第六十一届会议，补编：第 10 号，第 81—82 页。

因生成的空间碎片导致人身、财产损害。

空间碎片导致空间环境损害，如何确定提出损害赔偿请求的求偿主体，现行国际空间法中没有明确的规定。而依据《损失分配原则草案》求偿主体的确定，是遭受跨界损害的受害者，不限于国家、国际组织。然而在空间碎片仅仅是造成环境损害，尚未造成特定人身、财产损灭失的情况下，究竟哪一主体有权以全人类名义向空间碎片的责任人提出赔偿要求，在联合国有关的规范性文件中没有具体的规定。

依据《布宜诺斯艾利斯国际文书》的内容在求偿主体方面，可以是任何缔约方（包括国家和国际组织）有理由认为其他缔约方的活动产生的空间碎片造成损害的可以要求赔偿。

（三）环境损害责任的归责原则

虽然过错、严格、绝对责任标准通常是根据国内法规定的，从过失责任到严格责任的演变已经在环境保护制度中更加明显。与过错责任依靠主观意向不一样，也与绝对责任不允许任何豁免或限制不一样，严格的赔偿责任是基于损害的客观事实，一般是指的结果义务，也允许适当的责任免除和限制。《欧洲委员会有关危险活动造成环境损害的民事赔偿责任公约》可以说是严格责任原则适用的例证。虽然不同的归责原则的例子可以在条约和公约确立的环境制度中找到，值得注意的是，当前的国际实践的主流发展趋势是严格责任作为首选归责原则，而且这种趋势是应该支持的。

《损失分配的原则草案》中明确对跨界损害的赔偿责任采用严格责任（strict liability）归责，不要求证明过失。Strict liability 在国际法委员会 2006 年报告《大会正式记录，第六十一届会议，补编：第 10 号》中文版原则 4 的评注（12）中翻译成"严格责任"[①]，在评注（14）中翻译为"绝对责任"[②]，而在该文件的英文版本中均为"strict liability"[③]。正如上文分析，严格责任与绝对责任是不同的归责原则。严格责任在一些有关跨界环

[①] 《国际法委员会 2006 年报告》（A/61/10），大会正式记录，第六十一届会议，补编：第 10 号，第 112 页。

[②] 《国际法委员会 2006 年报告》（A/61/10），大会正式记录，第六十一届会议，补编：第 10 号，第 113 页。

[③] Report of the International Law Commission, Official Records of United Nations General Assembly Sixty-first session, Supplement No. 10 (A/61/10), 1 May-9 June and 3 July-11 August 2006, pp.155-156.

境损害责任的国际文书中被采纳为归责原则，如《基辅议定书》第 4 条、《巴塞尔议定书》第 4 条和《卢加诺公约》第 8 条的规定。可以说，严格责任是国际环境法的基本归责原则。

既然与外空极度风险活动有关的高利润刺激了航天部门采取这类活动，也可以说这些活动仅是由于其社会效益和对社会经济发展的必要性而被接受。因此一般认为严格责任制度能够更好地控制有关风险。严格责任可以减轻受害者在证明从事外空活动主体的过失方面的负担，但并不消除在证明损害与活动来源之间必然因果关系方面的难度。在现代侵权法中，似乎已经逐步放宽了近因标准。其发展方向是"从可预见性（'适当性'）标准的严格必要条件论转向只要求'合理归因'损害这一较松动的因果关系标准。"[①] 从受害者的角度来说，严格而有限的责任制度使有关个人不必举证疏忽行为，并将确切知道起诉谁。

通常，规定严格责任归责的国际责任制度和国内法也对经营者的赔偿责任特别确定了一套相当统一的有限免责。如尽管采取一切适当措施，但损害产生于 (a) 武装冲突行为或有关军事的行为；(b) 具有不可抗力的自然现象；(c) 完全是在受害国履行一个公共部门强制措施的结果；(d) 完全是第三方不法故意行为的结果，则免除责任。

通过以上分析，笔者认为对于空间碎片造成环境损害的国际赔偿责任归责原则应在以下三种情况下进行确定：一是一般情况下空间碎片造成环境损害国际赔偿责任归责原则应适用严格责任。亦即只要受害人能够证明其遭受了损害，且该损害与加害者行为有因果关系的基本事实，就可以获得赔偿，若加害者有证据证明损害是因受害人自己的过错导致的，便可以免责。二是若空间碎片造成环境损害导致具体人身、财产损害的，若致损国和受害国都可以确定，且二者均为《责任公约》的缔约国的，若受害者选择根据《责任公约》确定致损国赔偿责任的，依公约的归责原则的规定。三是若空间碎片造成空间环境污染系因有意违反《外空条约》中一般性原则或第 9 条涉及外层空间活动应遵照适当注意（due regard）原则约束，引起的责任性质应为国际不法责任，因此，以过失作为归责原则。

[①] 《国际法委员会 2006 年报告》(A/61/10)，联合国大会正式记录，第六十一届会议，补编：第 10 号，第 114 页。

(四) 救济途径

因为受害方利益的保护最终有赖于责任的履行，也才能使有关的法律规范发挥其预防损害、弥补损害的功能。所以空间碎片引起环境损害相关国际责任救济途径是一个具有重要意义的问题。对此我们可以根据引起环境损害责任的空间碎片归属国是否确定划分为两种情况进行分析。

1. 空间碎片造成环境损害，并且该空间碎片的所属国可以确定。

在空间碎片所属国明确的情况下，若所造成的环境损害使得具体人身、财产损害的，根据上文分析，可以适用《责任公约》的救济途径，给予受害者进行救济。

如果空间碎片造成某国家环境损害，受害国便可以依据《预防条款草案》、《损失分配的原则草案》提供的途径来解决损害赔偿问题。由于意识到责任制度的重要性，多年来，国际法委员会致力于编纂关于国际环境责任的条文草案。倡导尽可能避免国家间的请求和争端，或采取友好的解决办法，而使受害人直接针对污染者。如起源国可以通过受影响国所设立的国内赔偿程序协助受影响国分发赔款；起源国和私人受害方以及这类有关方面与造成重大伤害之活动负责者之间的谈判；可以通过判决或在庭外解决来商定一揽子赔偿；可以在确定最终实际应付赔偿额的决定之前，在临时基础上立即向受害者提供合理的赔款。

在有关国家已经通过适当的协商和谈判用尽一切可用的劝解方法之后，仍不能解决的，国际法委员会在《预防条款草案》第19条第1款规定了"争端各方在适用该条款解决发生的任何争端应按照相互协议选定和平解决争端的方式迅速解决，即通过国际求偿解决程序解决，包括将争端提交谈判、调停、调解、仲裁或司法解决。"[①] 若六个月内无法通过以上和平方式解决争端，当事各方均可请求组建事实调查委员会。该委员会应由有关国家各指派一人，并由其中将担任委员会主席的人确定一非争端国人组成。若在提出成立委员会的要求后三个月内不能商定一位主席，有关国家均可以让联合国秘书长选派一非争端国者出任主席。若有关国家不能在首次提出成立委员会后两个月内选派一位成员，有关国家均可让联合国秘书长选派一非争端国

[①] 《国际法委员会2001年报告》(A/56/10)，联合国大会正式记录，第五十六届会议，补编：第10号，第352页。

人，这即成立单一成员委员会。一般情况下，委员会将按照过半票数对报告进行表决，且将通过的报告交与有关各国，说明争议事实的调查结论和争端解决建议，有关各国应依诚意审议。此种委员会通常有权安排双方听证会、询问证人或进行现场考察等方式调查事实和澄清争端问题，因此，委员会的报告通常也应是鉴定或澄清"事实"。因为国家间发生分歧或争端的根本原因在于对事实的不清楚。委员会处理缔约国在没有违反国际义务并造成损害的情况下承担的国际赔偿责任时，主张将损失在参与行动的各类参加者之间进行分配。比如说，活动的授权者、控制管理者或从中受益者可以按照他们之间达成的具体制度或利用保险机制实现风险分担。

根据《损失分配的原则草案》，人们认为在损失分配方案的制定中都应设置责任限额条款。根据损失分配方案，所产生的损失将在经营者、国家等行为者间分摊。由于草案具有一般性或称为剩余性，有关国家在损害发生之后可以协商确定不同主体分担的具体份额。

并且《损失分配的原则草案》原则6国际和国内救济部分规定了"各国应赋予本国司法和行政部门以必要的管辖权和职权，并确保这些部门具备提供及时、充分和有效救济的手段，不歧视的给予跨界损害受害者救济。"这表明受害者除了可在起源国之外，还可寻求其他国家的救济。并且可以得到任何国家协助，采取及时、有效的国际求偿程序。在该原则的评注中，就法庭选择来说，申诉人可以诉诸一个其视为最适当求偿的法庭。这可以损害行为或不行为实施地或者损害结果发生地国家的法庭。这与1968年《民事和刑事案件管辖和判决实施的布鲁塞尔公约》规定的管辖相一致，并且在《卢加诺公约》第19条、《巴塞尔议定书》第17条和《基辅议定书》第13条也规定了类似的法庭选择。[①]

若是空间碎片造成外空环境污染的情况下，该空间碎片归属国依《布宜诺斯艾利斯国际文书》的相关规定要承担国际责任。国际法协会《布宜诺斯艾利斯国际文书》第9条有关争端的解决首先是友好协商解决，在协商不成的情况下，即争端当事方在协商请求提出之日起12个月没能达成协议的，任何一方可以将争端提交仲裁或司法机构。在这种情况下，应适用

---

① 《国际法委员会2006年报告》(A/61/10)，联合国大会正式记录，第六十一届会议，补编：第10号，第127、128页。

国际法协会制定的《解决空间法争端的公约草案》，除非缔约方声明排除或部分排除了《解决空间法争端的公约草案》的适用。在争端解决的程序中，适当或必要时，缔约方应毫不迟延地执行临时措施以保全权利或阻止对环境、人员、物体造成严重损害，这些临时措施对缔约方有约束力。

各国在外空中造成环境损害责任本质是一种国际法不加禁止行为责任，在对所造成的损害除了支付损害赔偿外，"更强调行为国预防和减少实际损害的义务，如预先通告、磋商谈判、搜集并交换有关资料和情报等程序性义务"[①]。因此，在此种情况下，空间碎片造成环境损害的责任主体还负有清理外空环境中碎片的义务，并且减缓新的碎片产生造成环境损害。

2. 空间碎片造成环境损害，并且该空间碎片的所属国无法确定。

在此种情况下，依据国际外空法，从事外空活动的国家应该对空间碎片所造成特定国家的环境损害及外层空间的环境损害承担国际责任，支付相应的赔偿等。但是，现行国际规范缺乏有关的具体规定。

第二节　与空间碎片致损相关的国际法的不足

根据上文中有关空间碎片致损国际责任制度的分析，可以得出这样的结论，"相关的国际规定是间接的并且过于粗糙、泛泛，并且还有很多实践中的问题急需解决，条约几乎没有涉及，而国际习惯法从其性质来说也只能为此提供一些基本的法律原则而已"[②]。大量存在的"软法"没有法律约束力，还不能起到有效的规范作用。具体来说，规制空间碎片造成损害的责任问题的现行国际制度不足之处主要体现在以下方面：

一　《登记公约》在辨认空间碎片归属上的缺陷

识别空间碎片归属对于确定空间碎片致损的责任主体是非常重要的，

---

① 林灿铃著：《国际法中跨界损害之国家责任》，华文出版社2000年版，第95页。
② International court of justice reports, 1984, p.290.

主体确定了，才可能给予受害者以救济。《登记公约》中的登记制度为确认空间物体的归属起到了积极的作用。但是《登记公约》本身在辨别空间碎片归属时也存在诸多问题。公约要求每一登记国应在切实可行的范围内尽速向联合国秘书长提供空间物体的有关信息以及其后不复在地球轨道内的情况，但没有对何为"切实可行"尽速的通知秘书长设定一个时间长度，因此联合国登记缺乏具体的时间要求，这是登记公约的一个缺陷。

并且《登记公约》规定的国家需要登记的有关空间物体的内容非常简单，仅涉及"发射国名称、物体的标志或登记号、基本轨道参数、外空物体的基本功用"[1]。在《登记公约》第 6 条的规定中还提到缔约国"在可行的最大程度"响应辨认空间物体的请求，那么其中多少数据是必须共享的呢？也没有一个明确的界定。许多发射的与军事有关的空间物体没有登记或者虽然登记了但未注明其军事功能。这为以后识别任何一块该物体所形成的空间碎片制造了障碍。另外，《登记公约》还要求发射国提供空间物体适当的识别标记，但也未列出具体的内容。《登记公约》只是规定哪些空间物体而不是哪些空间活动需要登记。发射一个有用的空间物体进入外空，通常会导致几件无作用的物体，如火箭马达和保护罩等都会同时进入空间。由于这类物体的数量很大，多数国家都未登记。此外，对于发射不成功的空间物体往往也不进行登记。而事实上发射失败通常比发射成功更容易产生碎片。

在《登记公约》的规定中"没有强制性要求缔约国必须对发生了变化的空间物体的登记信息予以更新，而且公约中也没有明确规定当物体仍在其轨道上运行时要对它进行跟踪监测。"[2] 从而当在轨空间物体失效甚至分裂、解体或者所有权主体变更之时，发射国没有法律义务把已变动的信息通告联合国或其他相关国家，这造成了登记信息的不确定性。因此，《登记公约》另一个主要缺陷是没有明确仅对活跃的空间物体进行登记，还是对所有状态下的空间物体进行登记，如空间物体处于失效状态和可能解体的其他信息是否需要登记，而在这些情况都可能增加外层空间碎片的数量。

---

[1] 《登记公约》第 4 条。

[2] Christopher D. Williams, "Space: The Cluttered Frontier" *Journal of Air Law and Commerce*, May-June 1995, p.1163-1164.

缺少对射入外空的空间物体以上信息的掌握，进而对在外空的物体及其位置不确定。这不利于对空间态势的认识，当危险发生时，就没有足够的信息判断空间物体及其运营方，谁享有管辖权。

最后，尽管《登记公约》在协助空间物体的跟踪上确实创建了一个数据共享义务，但该义务不是绝对的，并很可能不适于一切空间碎片。《登记公约》的目的是通过设置一个所有空间物体的数据库，从而建立一种可以管理轨道的机制。然而，因为登记的空间物体的信息有些是不完整甚至不准确的，使得该公约在实践中以及法律上的作用非常有限。因此，当我们查阅联合国登记册的时候，根据所提供的数据很难确定一些空间物体的位置或是否仍具有功能性，甚至我们根本都不可能收集到某一国家发射的所有的空间物体的完整列表。况且，《登记公约》还没有包含辨识空间碎片归属的技术方面。正如有些学者提出的，"目前的技术也还不能辨别很多类型的空间物体，因此《登记条约》的有效性是受到质疑的。"[1] 其结果是，《登记公约》在确定空间碎片归属方面还不是非常有效的。

对登记的监管在很大程度上仍是专门针对以往具有典型特点的空间活动而设计的，在组织和技术方面客观上比较简单。就许多方面而言，大会第62/101号决议无疑载有非常广泛的建议。但是上述决议的各种联合国正式文本使用的一些术语的等同性存在分歧，如该文件的俄文本和英文本所用术语明显有差异。

二 《登记公约》的适用随意性较强

由于《登记公约》没有对不登记的行为规定相应的处罚措施，因此登记与否就取决于发射国家的意愿了。而且从公约的字面含义上看，登记空间物体还未成为该国的一项积极的义务。事实上，目前缺乏一个落实联合国大会有关《登记公约》各项建议的完善机制，这正是导致转而采用已发射空间物体扩展格式通知这项工作基本被暂时搁置的原因之一。从事航天活动的各方对以最佳方式完成《登记公约》所规定的任务并使之成为一种

---

[1] Peter T. Limperis, "Orbital Debris And The Spacefaring Nations: International Law Methods For Prevetion And Reduction Of Debris, And Liability Regimes For Damage Caused By Debris" *Arizona Journal of International and Comparative Law*, Winter 1998, p.339.

得到广泛支持的做法，还没有形成明确和共同的认识。与此同时，有些国家所采取的做法似乎未能恰当反映《公约》所规定的各国对其管辖和控制的空间物体进行适当登记的要求，甚至与此类要求相冲突。

在实践中一些国家在发射空间物体之后根本不进行登记，这更不利于确定致损责任主体。如，2009年2月10日由美国铱星公司运营的被称为"铱33"卫星与由俄罗斯发射的被称为"宇宙2251"卫星在太空相撞。但是"铱33"卫星没有在联合国登记，因此其发射国究竟是俄罗斯、美国还是哈萨克斯坦就不确定。由于持续存在着此种不予登记的做法，特别是那些引起特别注意的故意不登记案例，以及一贯存在的对所提供信息的格式（数量）采取选择性和任意性办法，因此联合国大会提供的全新的较高标准的登记建议几乎不可能得到各国普遍和一致的接受。

联合国大会有关外空活动的相关建议明显以所发射的所有空间物体均须予以登记的假设为基础，因此这些建议并非专门防止出现不登记此类物体的情形。不过，还是存在这样的情形，即关于已成功发射的空间物体的登记信息要么根本不存在，尽管媒体可能对发射作了报道，要么所提供的范围极其有限，因此没有什么实际意义，而且没有遵守《登记公约》第4条。例如一些国家不向联合国提供最后入轨轨道的基本参数信息，因为事实上此种信息将能够用来确定物体位于外层空间的哪一部分。显然，允许这种做法的真实理由与一些国家对自身国家安全领域特殊利益的考虑。这些国家通过不予登记或提供的登记数据不完整，如不具体说明轨道参数，实际上回避了能够用来确定空间物体身份和进入轨道的确切方式的任何属性和特点。在类似上述情形中，不论有什么看似合理、可信和更可取的解释，很显然此类做法使近地空间物体和事件信息在完整性、准确性和可靠性方面受到严重限制，因而致使空间碎片造成损害的，无法根据登记信息确认责任主体。

通过审查秘书处外层空间事务厅维护的空间物体网上索引，可以看到国家采纳的关于空间物体登记办法的各种各样的决定。如提供发射服务的国家对其发射的物体承担登记国的职责，虽然这些物体的管辖权和控制权明显由另一国行使。这种做法不符合1967年《外空条约》第8条的要求。根据一国立法开展活动的特定私营公司所拥有的空间物体以另一国的名义登入《射入外层空间的物体登记册》。有些情况下，有的国家倾向不在国家登记册中列入根据所有法律标准都应当列入的物体，实质上在没有任何明显原因的情况下忽略了其在《登记公约》下的义务。在此种情形下，联合国秘书长仅得到关于发射的通知。一些前国际卫星通信组织在转为私营公司后，一部分卫星的发射就采取这种做法。有些情况影响到有特殊地位的领土，对此类情况履行登记职能的制度可以说相当复杂，实际上属于"灰色地带"。[1]

空间活动国家与登记国情况[2]

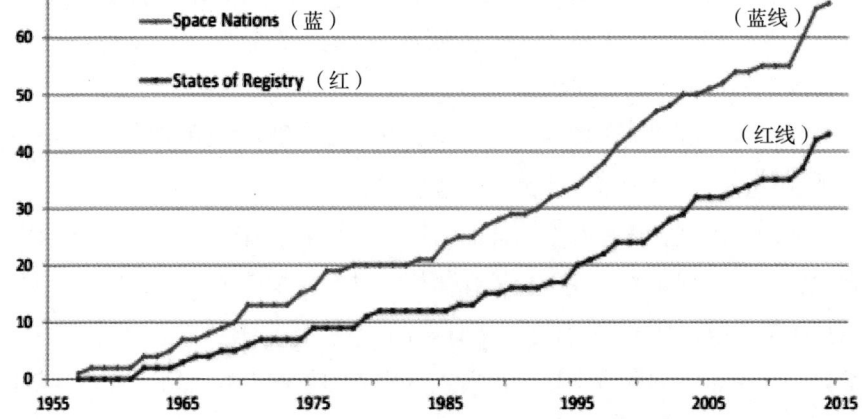

根据图示，只有74%的"外空活动国家"向联合国秘书长提交了关于其空间物体的资料。并且"外空活动国家"与"登记国"之间的不一致越来越显著。影响因素主要有：发射成本，自主技术，发展中国家，私营部门。（蓝线为外空活动国家，红线为登记国）

根据图示，2010年，21个国家和政府间组织发射了120个功能性空间物体。在2014年，34个国家和政府间组织发射的功能性空间物体数量

---

[1] 《着眼于确保空间业务安全的必要性，思考如何统一各方对加强空间物体登记做法问题的认识》(A/AC.105/L.295)，和平利用外层空间委员会 第五十八届会议2015年6月10日至19日，维也纳，第3—4页。

[2] Simonetta Di Pippo, United Nations Office for Outer Space Affairs, "Registration of Space Objects with the Secretary-General". IISL/ECSL SYMPOSIUM ON "40 YEARS OF ENTRY INTO FORCE OF THE REGISTRATION CONVENTION - TODAY'S PRACTICAL ISSUES". LSCFifty-fifth session (4 to 15 April 2016). (http://www.unoosa.org/documents/pdf/copuos/lsc/2016/symp-03.pdf).

上升到240个，目前其中29%的空间物体已不在轨道上了。未登记的功能性空间物体从2010年的8%上升到2014年的27%。（蓝线为登记的空间物体，红线为未登记的空间物体）

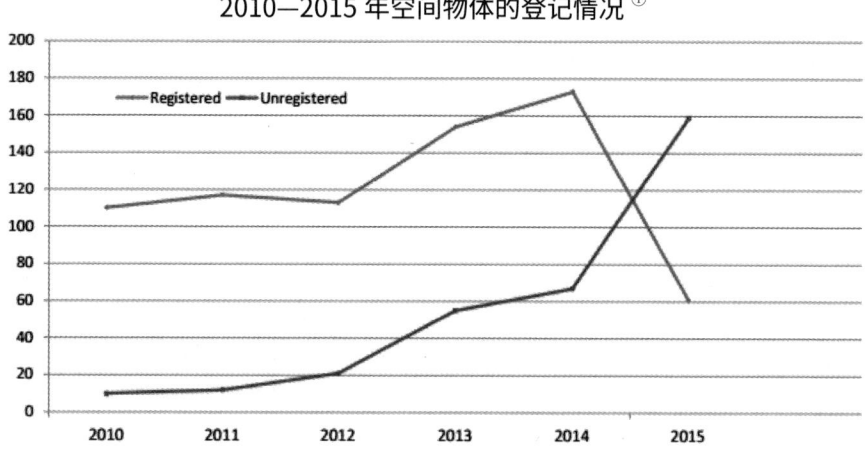

2010—2015年空间物体的登记情况[①]

三 未规定归属不明的空间碎片所致损害的赔偿问题

事实上，即使是空间物体，也并不是所有发射的空间物体都被登记。航天国家不登记的原因主要有：一是未加入登记公约。二是多国发射的情况下，对登记国没有达成一致。三是私营部门开展的外空活动，国家未对其规范的。四是登记公约的缔约国，但国家规范和/或登记的法律机制不完整。五是登记公约缔约国，但国家的政策是只登记公约生效后发射的空间物体。六是登记公约的缔约国，但是空间物体不是由一个发射国"主张"登记。七是政府间国际组织不符合接受登记公约中规定的权利和义务标准。没有加入登记公约成为缔约国的国家以及没有宣布接受公约约束的国际组织，他们所发射或被发射的物体就不会被登记，因此，在国际上没有确定的信息可以被查到。

在实践中尽管可以通过美国SSN追踪和监测外空中存在的空间碎片，

---

① Simonetta Di Pippo, United Nations Office for Outer Space Affairs, "Registration of Space Objects with the Secretary-General". IISL/ECSL SYMPOSIUM ON "40 YEARS OF ENTRY INTO FORCE OF THE REGISTRATION CONVENTION - TODAY'S PRACTICAL ISSUES". LSCFifty-fifth session (4 to 15 April 2016). (http://www.unoosa.org/documents/pdf/copuos/lsc/2016/symp-03.pdf).

但由于科技水平和经济成本制约，许多类型的碎片并不能完全被辨识身份，如以碎片大小来说，当其直径不足 10 厘米时，几乎都不能被辨别归属，但是这类空间碎片数量很大。

根据以下图表资料显示，在联合国登记的空间物体截至 2014 年 6 月已有 3529 个，然而就在同年，根据美国忧思科学联盟（Union of Concerned Scientists）截至 8 月份数据显示仍能有效工作的只有 1235 个物体，并且还有能被观测到但尚未被联合国登记的无名空间物体约 4 万多个。这些物体成为碎片后，同样也不容易确定所有者。

空间物体数据统计情况[①]（源自不同的数据库）

来源	数量	说明
联合国卫星登记册	3,529*	联合国根据国家通报情况汇编。
美国 SSA 空间物体目录	16,897*	能够有效跟踪并与发射相关的超过 10cm 的空间物体。
美国战略司令部专用数据库	~23,000**	包括目录以及可以跟踪的但与发射无关的大约 6000 个物体。
空间碎片研究社团	~500,000**	超过 1cm 大的全部物体。

* 截至 2014 年 6 月 1 日。** 截至 2014 年 2 月 27 日。

而且按照《责任公约》的内容，发射国为其发射的空间物体引起的损害负担赔偿责任，这指明只有当具体发射国可以确定的情况下才可能适用该公约，而不能确定该空间物体的发射国情况下是无法适用公约救济受害者的。在制定《责任公约》的那个时期，通常情况下，发射国就是空间物体的归属国。因此，对不能辨别归属的空间碎片产生的损害，究竟由谁承担责任，至今国际外空法中也就没有可供参照、适用的规定。"而国际习惯法从其性质来说也只能为此提供一些基本的法律原则而已。"[②]

[①] Brian Weeden, "How Do I Ask Permission to Engage With A Piece of Space Debris?" 3rd European Workshop on Space Debris Modelling and Remediation, Paris, France, June 16-18, 2014, p.9.

[②] Joseph A. Burke, "Convention on International Liability for Damage Caused by Space Objects: Definition and Determination of Damages After the Cosmos 954 Incident" *Fordham International Law Journal*, Volume 8 Issue 2.1984, p.290.

四 空间碎片造成损害的责任主体单一

按照国际外空法的有关规定，可以说仅有发射国是负担空间碎片致损责任的主体。伴随着空间活动商业化运营以及国际合作的开展，空间物体的发射国、登记国、所有国、实际运营国等可能不再是同一个国家，这就导致了在确定空间碎片致损责任主体上出现了以下问题：

（一）发射国的界定问题

"有关发射国的权利、义务和责任构成了当代国际空间法的核心内容，而调整发射国在国际空间活动中所产生的法律关系，则是当代国际空间法最主要的功能之一。"[①] 但在实践中究竟如何界定发射国并不是一件容易的事情。究竟一个国家需要在其中拥有哪类或哪个层次的财产权益才能成为"发射国"？

在《外空条约》、《责任公约》以及《登记公约》中对发射国的界定保持了一致：发射国是指以下四类国家：一是从事发射空间物体操控活动的国家，往往是指实施发射活动者的国籍国。二是促使某一具体发射活动开展的国家，如请人代为发射。但"促使"意味着什么？谁又属于"促使发射者"一类？"促使"是意味着该国已经为发射付款或从中受益，还是意味着该国已经组织发射？条约中没有明确，理论上也没有定论。三是从其领土上实施发射活动的国家。按照国际惯例，船舶以及飞机被看作是拟制领土，而且不管其用途、状态以及是否在某国境内。因此，在船舶以及飞机上实施空间物体发射活动的情况下，其旗帜国也就当然被看作了发射国。这一观点也得到了一些学者的赞同，其"理由是把飞机当作发射空间物体的设施，因为在定义发射国时，设施的概念就等同于领土。"[②] "发射国"概念并未明确指出从空中或公海发射空间物体的情形下如何确定。无法确定发射国就可能会在适用《责任公约》和《登记公约》方面造成一个空白。而依据旗帜国管辖权的法定联系也可能不太可靠，如方便旗的使用。四是从其设施发射空间物体的国家。但是对"设施"的定义在实践中

[①] 高国柱：《论发射国的确定》，载赵海峰《空间法评论》（第二、三卷），哈尔滨工业大学出版社2009年版，第190页。

[②] Hanneke Louise van Traa-Engelman, *Commercial utilization of outer space: Law and Practice*, Martinus Nijhoff Publishers, 1993, p.49.

也出现过争议。[1]

但是又不能把若干国家都划归为某次发射的"发射国",这会带来不利的影响:(1)在一个空间物体的若干发射国家中,私营实体可能面对更多的负担或繁琐的成本;(2)从事空间物体发射的每个国家都是潜在的国际责任主体,因此可能为实施发射的实体制定保险要求。这对促使发射国来说,可能存在问题,因为它们可能对有关发射技术的情报了解有限,因此可能难以合理地量化风险、监督发射,从而合理促进发射活动开展。

(二)在轨空间物体转让后责任主体的问题

随着外空活动商业化进程的加快,空间物体的所有人与发射国也在逐步分离。发射国一旦发射了某空间物体,该发射国就被确定不变了,进一步说,其登记国也就被确定了。若该空间物体在轨道上被转让给其他人,该发射国即丧失对于空间物体的所有权。然而,《登记公约》也未规定在此种情形下,登记国负有变更登记的强制性义务。因此,如果登记国没有相应的变动,登记国便与空间物体所有者不一致了,这会导致国际责任主体认定的不合理性。当我们依据《外空条约》中第6条以及第7条确定外层空间活动的责任时,就能看出他们的不同。第6条规定的国家不法责任主体是进行"外空活动"的国家。该责任主体的确定过程属于一种事实判断,若空间物体的归属国籍发生改变,该责任主体也须随之改变。但在第7条中承担国际赔偿责任的主体仅仅是发射国,该主体在发射时便被确定下来了,而且之后不能被改变。且《登记公约》进一步规定了发射国作为登记国对空间物体进行登记,并依照《外空条约》第8条内容对该空间物体行使管辖和控制权。若在轨空间物体归属国改变了,但登记国并不会改变,就会出现这样的情况,国际不法责任者随着所有者国的改变而改变,但是登记国不变。结果,空间物体处在一种复杂的权属状态:一方面是空间物体发射国在登记后拥有对空间物体的管辖、控制权,却不负有国际不法责任,另一方面是新的所有者所属国根据《外空条约》第6条享有的批准和监督外空活动的权利,但是不负担国际赔偿责任。由于两种责任形态的区别,以及管辖控制权与批准监督权这种积极的权利由两个不同主体拥有,必将会产生冲突,最终导致责任产生时相互推诿,

---

[1] 高国柱:《论发射国的确定》,载赵海峰《空间法评论》第二、三卷,哈尔滨工业大学出版社2009年版,第193页。

不能给予受害者应有的及时、有效的救济。

（三）登记国与发射国不一致时责任主体的问题

《外空条约》规定了登记原则，发射国对发射进入外空的物体予以登记，并因此对该空间物体拥有所有权。此后，《登记公约》对该原则进行了具体规定，其目的在于辨别空间物体，以便于《外空条约》和《责任公约》的适用。该公约规定了发射国在发射空间物体合理期间内，应在国内的登记簿登记并将有关信息提供给联合国秘书长。此外，在《登记公约》中也明确表述了登记国和发射国之间的关系：即只有发射国可以通过设置登记册，并将其发射的空间物体登入该登记册而成为登记国，并且登记国是有且仅有一个。根据外空条约的有关规定，空间物体的所有权归属于登记国。所以，空间物体致损责任主体应是登记该空间物体的发射国。

当发射国是多个时，依据《责任公约》第5条的规定，他们对所造成的任何损害应负连带及个别责任。登记国通过登记对外宣示了它是对空间物体享有管辖、控制权的主体。而且《登记公约》的"登记例外条款规定了由发射国之间来确定由哪一国进行登记，并且该登记不妨碍发射国现在和将来就有关空间物体管辖和控制达成的协议"[①]，该规定必然潜在的造成了对空间物体进行实际管辖的国家与登记国的分离。因此，承担国际赔偿责任的发射国不一定就是在联合国进行登记的国家，也就意味着其虽然负担责任，但是对空间物体未必享有管辖、控制权。随着现在航天活动国际合作的开展，多国发射的情形越来越多，这种承担责任发射国与享有管辖、控制的登记国的不一致不利于法律的规范作用的发挥。

（四）私营实体外空活动责任主体的问题

当《外空条约》发生法律效力时，私营实体的商业运营模式还没有在外空领域显现。而现在，越来越多的私营实体加入到外空活动的商业运营模式中，并且它们大多具有跨国性，如：Arianespace、Eurockot 以及 SeaLaunch[②] 等就是参与发射活动的跨国私营企业。航天的未来不在于国家

---

① 《登记公约》第2条第2款。

② Arianespace1980年成立，是世界上第一家私营卫星发射公司，拥有来自欧洲10个国家的共24个股东；Eurockot，一家新的德-俄商业发射空间技术的设计和应用以及空间物体的操纵。国家服务提供商；SeaLaunch，一个由挪威、俄罗斯联邦、乌克兰和美利坚合众国的私营公司组成的联盟，它从公海上经改造的石油平台上进行发射（在利比里亚注册）。

政府的航天机构的建设，而在于私营企业和商业太空飞行的发展。奥巴马政府为了努力精减 NASA 的预算，已经提议由私营企业负责承担设计，建造和输送宇航员和货物送入太空，而 NASA 对整个过程负责监督。[①] 政府对商业航天活动的担保反过来会促进私营航天事业发展更强劲，从而有助于向更多的公众开启航天大门。可以说，外空活动的商业化、私营化是其发展的趋势。在这种情况下，依然按照《外空条约》第 6 条的规定，国家为从事外空活动的私营实体承担责任可行吗？公平吗？再如在某国注册的公司请求在其所属国家之外的国家发射其拥有或运营的空间物体，那么该公司国籍国也应根据《外空条约》的第 7 条或者《责任公约》的规定对此空间物体导致的损害承担赔偿责任，这是否公平？私营实体参与外空活动的广度、深度都与外空条约制定的背景发生了巨大的变化，因此，也有不少学者提出质疑，认为应由私营实体为自己参与的空间活动负责。

此外，随着现代航天科技的提高，航天领域社会分工的细化，卫星等空间物体的研发、生产、发射、操控将会由不同的国家完成，同时发射国所负担的国际赔偿责任具有全球性。比如说我国长征系列运载火箭除了为国内同行，还为委内瑞拉、美国等 22 个国家或地区提供商业发射服务，而且在 2017 年计划将实施 14 次商业发射。我国还将构建航天商业发射服务体系，继续扩展国际航天服务市场。并且所负担的国际赔偿责任从空间物体发射到返回的整个期间都不能免除。空间物体引起的损害也不会全部在发射阶段，因此发射国不应是空间物体致损责任的唯一主体。还有一些情形，由这些国家承担致损责任是不公平的。比如：一国国际采购发射，却不参与实际发射活动的；或者从一国领土实施发射成功，入轨后的空间物体引起损害的。

五　空间碎片造成损害责任的过失认定标准不具有操作性

确定发生在外空的国际赔偿责任时，除了有效的发现造成损害的空间碎片并识别其归属外，还需要解决的问题是对过失的认定，即发射国对损害的发生是否具有过失。虽然《责任公约》第 3 条、第 4 条（b）明确地提

[①] Jared B. Taylor, "TRAGEDY OF THE SPACE COMMONS: A MARKET MECHANISM SOLUTION TO THE SPACE DEBRIS PROBLEM" *Columbia Journal of Transnational Law*, 2011, p.268.

出了"过失"要求，但是在公约的上下文中并没有对"过失"进行法律上的界定。

《登记公约》对"过失"也没有给出一个明确的定义和标准，根据目前的监测、追踪技术还不具备确认过失的标准，因此不能对是否具有过失作出证据充分的评估。而且在外空争端实践中"过失"这一标准也没有被正式的适用、解释过，所以"过失"不能被明确地界定。

外空是对所有国家开放的，除了 GEO 轨道之外，一国可以在外空的任何位置放置其卫星。因此只是在特定的轨道放置卫星不能被认定为过失。现行有效的国际法并没有规定减少、避免生成空间碎片是一项强制义务，也就是说，只是把非功能性的卫星留在外空也不能被认定违反了国际义务。实际上，这样的规定也是合理的，尤其重要的是法律也未做强制性要求，因为现在的航天技术还不能提供零碎片的外空活动。因此，随着常规的外空活动产生的空间碎片被认为是可以被接受的探索外空活动的后果，避免空间碎片发展成为一项普遍义务是困难的。只要还没有形成具有约束力的义务，证明国际赔偿责任的过失标准仍是一项复杂的工作。

此外，在确定空间碎片在外空造成损害的国际赔偿责任时除了确定导致空间碎片产生的国家有没有过失，还要确定有关发射国有没有过失，也就是说，过失方怎么确定也是一个难题？其次，适用过失责任制度就必须有一个评估过失的标准，以及外层空间是否存在的"交通规则"，存在的话是什么？由于依据《责任公约》确定外空中的空间碎片导致损害的国际责任具有难度，从事外空活动的国家几乎都不担心会承担此项责任。因此，公约在实践中限制、减少空间碎片的数量的作用是有限的。

六 空间碎片造成外空环境损害责任缺乏具体的规定

缺乏对外空环境明确的和有意义的保护及责任认定是现行国际外空法的另一不足之处。虽然《外空条约》的第 9 条规定了各国外空活动应避免造成有害的污染，但对于外空环境只是以一般的而非强制执行方式禁止有害污染。并且该条约也没有规定避免有害污染的适当措施是什么以及如何评估一国采取的避免有害污染的措施是否适当。虽然也提到缔约国对预计进行的但可能产生有害干扰的活动或实验应适用"适当的国际磋商"的程序。但该条约既没有规定"适当的国际磋商"的程序，也没有指定一个权威评估机构可以对国家将要进行的活动或实验做出公允的评价。因此，"适当的国际磋商"程序和实质内容都将取决于预计的活动或实验的性质。"其结果是通过国家实践才能更明确确立避免有害污染的"适当"标准，这就在确定哪些行为是"适当的"方面，给予了各国很大的自由裁量权。但是也不是没有任何限制的，国家活动必须本着诚信按照条约和国际法的原则进行。因此，国际外空法在空间碎片引起环境损害责任方面缺少争端解决机制和具体规定，不具有可操作性。此外，针对该条，有人还提出它只是适用于显著的危害活动，而对外空环境真正的威胁是来自"常规的、可被接受的外空活动"的长期积累。[①]

而且该条款的适用还存在两个问题。第一个问题是，如何确定产生的空间碎片的数量达到何种程度才能造成其他国家利用外空的妨碍或外空的有害污染？很显然，衡量空间碎片的数量是否达到造成损害或妨碍的程度，这需要进行个案的评估。根据《外空条约》中第1条，"所有国家可在平等、不受任何歧视的基础上，根据国际法自由探索和利用外层空间（包括月球和其他天体），自由进入天体的一切区域。"那么，每一个国家都可以声称其国家的外空的活动是有正当理由的并且符合国际法的规定。这就产生了下一个问题，各国外空活动应避免造成有害的污染，这样一个不明确的义务该如何适用和被执行。没有具体的规制，一国很难证明另一国是否违反了避免外空环境污染的注意义务。而且，《责任公约》也不能做为强制执行《外空条约》第9条的机制。

空间碎片造成外空环境中的过失的确定更是困难。考虑到影响外空环境的因素可能是多重的，很难证明某一特定的外空活动是否会造成外空环境的恶化。即使避免外空活动中产生空间碎片成为一项具有法律约束力的义务，在索赔程序中设立过失制度也会在实务中会遇到障碍，因为将近半数以上的卫星的解体不能十分清楚地找到原因。[②]

[①] Nicholas L.Johnson&Darren S.McKnight, *Artificial Space Debris*, Malabar,FL:Orbit Book Company, 1987, p.79.

[②] P.Malanczuk, "Review of the Regulatory Regime Governing the Space Environment", *ZLW*37, 1996, p.49.

因此，如何确定空间碎片对外空环境造成损害责任是一个难题。其原因是，首先很难依据对人身或财产造成的不利影响准确地判断出引起外空环境损害的最低限度，从而建立起国际赔偿责任；其次，不能确定哪些对外空环境造成的损害将给任何财产带来损害；再次，由于在外空，原告是不易确定的。这不但在国际外空法上缺乏相应的规定，而且在实践中也鲜有相应的司法实践。尽管在《外空条约》中明确了在外空以和平方式开展的探索、利用活动必须是基于全人类的利益的考量。当某国实施的外空活动引起外空环境损害的，就是侵害了现在和将来任何国家进入外空的利益，在这种情况下受损害的所有的国家均有权请求该加害国负担国际责任。然而这种做法的可操作性并不强，在外空主要进行活动的国家是美国以及俄罗斯等航天大国，造成外空环境损害的空间碎片也由这些国家产生。另外，由于国家间问题的解决受国家政治、经济等因素的影响，并不是每一个受害国家都能成功地追究他们的责任。况且，在开发、利用外空的过程中，又不能走"先发展、后治理"的老路，因为外空环境的治理成本更高。所以，国际社会解决空间碎片所造成的外层空间环境污染责任问题存在着很大的难度。

CHAPTER 03
第三章

空间碎片造成损害责任问题的解决

当然，跨界损害在法律上存在一些难以掌握的特点。它可能是国家行为，也可能是私人行为所造成的。它可能是短期内产生的结果，还可能是长期累积产生的后果等等。此类损害行为"目前虽然都缺乏系统而可靠的理论，但这些恰恰都是国际法律秩序所必须考虑的。"[1]

空间碎片造成损害责任可以说就是一类特殊侵权责任。而"侵权责任法是在规定何种行为，侵害何种权益时，应就所生的何种损害如何予以赔偿。"[2]侵权责任是一种法定之债，它是以规范特定侵害人对法定权益造成的损害给于赔偿为宗旨。

侵权责任法的积极作用是为了填补损害及预防损害。然而认定侵权损害赔偿一般不需要考查加害人行为的动机、目的，并且损害赔偿额的多少基本上也不会随加害人过错的轻重发生变化。填补损害主要为了使遭受损害的人尽快地获得实质、完整的补偿，与《责任公约》目的基本一致。并且侵权责任规范通过规定哪些侵害行为，应承担不利后果，以此引导人们的行为，从而达到一定预防作用。

侵权责任法在价值判断上通常会涉及受害人的利益保护以及加害人的自由这两种基本利益的博弈。对受害人来说，最周到的保护就是只要遭受了损害，行为人就应给于赔偿，不论该行为人是否具有过错。但是如此规定使得行为人的责任很容易成立，而且其支付的损害赔偿数额也很难预计，其结果会严重限制侵害人的行为自由，最终对于人格的形成和社会经济活动的开展都是不利的。"整个侵权行为法的历史就在于如何平衡'行动自由'和'权益保护'，它的规范模式因地而异，因时而别，沉淀着不同社

---

[1] 林灿铃著：《国际环境法》，人民出版社2004年版，第231—232页。
[2] 王泽鉴著：《侵权行为法》（第一册），中国政法大学出版社2001年版，第7页。

会的文化、经济制度、社会变迁和价值观念。"①或者说，国家以及国际社会中有关侵权责任法在形式、内容的设定、变化上实质都反映了社会的变迁。通过前两章的论述，我们不难发现，在空间碎片致损责任的规定上，现行的国际制度在"行动自由"和"权益保护"这两个价值的衡平中，更侧重于"行动自由"。虽然，在《责任公约》中一再强调以受害者获得迅速、充分、公允救济为目的，但实际上该公约并没有在实践中发挥实质性作用。而且公约中并没有具体的责任追究机制。即使在目前，国际社会在空间碎片致损责任问题上的态度仍旧是侧重"行为自由"，从美国等航天大国一再主张现存的外空条约足以解决目前的外空争端，到联合国外空委呼吁空间碎片的法律规制的主张鲜有人响应都体现了这一倾向。虽然，也有学者主张应另行制定空间碎片的损害赔偿制度，认为"1972年《责任公约》所针对的应当是正常运行的空间物体，条约起草者并未将空间碎片考虑在责任框架范围内，因此，将空间物体作扩大解释以便涵盖空间碎片，既扭曲了条约起草者的本意，也使得现行空间物体损害责任制度在适用于空间碎片时面临难以逾越的技术障碍。"②如果制定新的专门调整空间碎片造成损害赔偿责任的制度，那也一定是侧重于"权益保护"的价值取向，这与目前的航天科技的发展以及国际社会的取向是不能吻合的，因此，制定一项系统、完整的空间碎片致损的责任公约将不是一项短期工程。

所以，在国际社会对制定新的条约还存在分歧的情况下，在联合国大会不断强调外空五大公约的地位、作用的基础上，解决空间碎片致损责任问题简单并且最有效的方式就是通过协议或实践来明确有关空间碎片致损责任的模糊规定，并对现存条约进行扩大解释，这样可以起到规制新产生的空间碎片的目标。最后，随着航天科技的发展，国际社会认识的逐步一致，再来缔结新的国际条约。

"由于空间碎片主要是因为其动能对空间飞行器的破坏很大，因此体积和几何尺寸成为其分类的主要指标。"③因此，采用或制定的法律

---

① 王泽鉴著：《侵权行为法》（第一册），中国政法大学出版社2001年版，第67—68页。
② 高国柱：《从国际法视角看空间资产的安全问题》，《北京航空航天大学学报》（社会科学版），2011年第6期，第43页。
③ 李春来、欧阳自远、都亨：《空间碎片与空间环境》，《第四纪研究》2002年第6期，第542页。

制度能反映空间碎片的分类以及造成损害的特点，才具有实际意义。按照"空间碎片的大小．通常将直径大于 10cm 的空间碎片称为大碎片，直径 1mm～10cm 的称为中等碎片，直径小于 1mm 的称为小碎片。"[1] 目前，大空间碎片可以通过地基监测网进行监测，航天器一旦被其撞击将完全毁损，只有躲开它的撞击才能确保安全；小空间碎片可以通过天基直接进行探测或者分析回收的空间物体表面状况获得它的有关信息，其数量巨大，通过提高航天器的外部防护能力以确保其安全；中等碎片也称危险碎片，至今还没有有效的探测方法，与小空间碎片相比，对航天器的破坏能力大，不易防护，与大空间碎片相比，数量多，航天器不易躲避，其是十分危险的碎片。

但是，目前可以有效的监测和编目的碎片主要是大碎片，小的碎片几乎不能被监测到，然而其数量众多，给运行中的航天器造成了巨大的危害。它们对航天器造成损伤的机理也具有特殊性。"小碎片在动能的作用下进入航天器内部后，动能会发生转化，碎片本身和航天器材料会发生熔融、气化，或发生化学变化，或发生物质的相变，这些次生的作用对航天器内部的破坏将是致命的，会导致某些部位的损坏。"[2]

因此，在法律制度规制方面，对于大碎片可以被监测、跟踪，其主要以碰撞造成的损害，可以适用空间物体造成损害责任的国际制度。而对于无法监测、识别的中、小碎片，由于无法明确确定责任主体，且其主要通过碰撞及进入航天器内部产生的次生作用等造成损害，应注重制定有效的损害救济的国际制度。

第一节　明确国际赔偿责任与国际不法责任的区别

外空条约虽然缔约国过百，但是还没有被所有国家普遍接受，并且责

---

[1] Committee On Space Debris, *Orbital Debris: A Technical Assessments*, Washington D C: National Academy Press, 1995, p.1-62, 101-118, 135-174．

[2] 李春来、欧阳自远、都亨：《空间碎片与空间环境》，《第四纪研究》2002 年第 6 期，第 542 页。

任索赔的细微差别还没有成为国际习惯法约束所有国家。他们也不可能完全解决在外层空间出现的每一个纠纷。然而，国际法为针对国际责任提供了一般的制度。外空责任制度则是建立在这一结构之上，并且是以国家为本的制度。在这个意义上，空间条约虽不太精确，但是它建立在比较成熟的威斯特伐利亚国家制度之上。[1] 因此，一般国际法上的国际不法责任和国际赔偿责任，可以用来填补外空责任制度的空白。

一　国际法上责任的基本内容

（一）"责任"的法律词语含义

根据行为是否具有违法性，国际责任可以分为两类，一是因实施了违反国际法义务的行为而导致国际不法责任即"international responsibility"，二是因实施了国际法尚未规定予以禁止的行为引起了损害而成立的国际赔偿责任即"international liability"。"responsibility"与"liability"二者都可被用来解决受害者的损害赔偿问题，只是适用情形不同。但是，这两个概念经常被混淆和相互转换。

即使在法律英文词典中，这两个词语也没有明确的区分。在《布莱克法律词典》中，responsibility 的第一词义就是 liability[2]，liability 第一词义是指负有法律义务或责任的性质或状态；可通过民事补救或刑事处罚来强制实施的对另一方或社会的法律责任，也称为责任（responsibility）。[3] 可见在这个意义上 liability 与 responsibility 之间相互进行解释。在《法律词典》中 liability 的词义是指依法为所发生的损害或损失负责赔偿的事实[4]。在《元照英美法词典》中，该两词都具有责任的基本含义[5]，但也没有对二者进行具体区分。

在国际条约和司法实践中，这两个术语适用时一般具有以下几种意义。"responsibility"最常见的用法是指国家的义务，而"liability"是指因违反

---

[1] Dan St. John．"THE TROUBLE WITH WESTPHALIA IN SPACE: THE STATE-CENTRIC LIABILITY REGIME．" *Denver Journal of International Law and Policy*, 2012 (Fall), p.9.
[2] Bryan A.Garner, *Black's Law Dictionary,* Eighth Edition,Thomson West, 2004, p.1338.
[3] Bryan A.Garner, *Black's Law Dictionary,* Eighth Edition,Thomson West, 2004, p.932.
[4] P.H. Collin, *DICTIONARY OF LAW.* Bloomsbury Publishing Plc., 2004, p.197.
[5] 薛波主编：《元照英美法词典》，法律出版社2003年版，第841、1190页。

这些义务而生的后果。这一解释是在海洋法公约中表现的，并在国际法院纳米比亚咨询意见中被采纳。

另外可能的用法"liability"一词指的是私法的义务，而"responsibility"区别前者指国家在国际公法中的义务。这种意义的"liability"可在处理石油污染和核损害赔偿责任的条约中找到，这是涉及确保运营商为私人或国家时，在别国引起损害发生而依照国内法的规定承担严格责任的情形。但是，这个含义不属于国际法委员会依国际法确定责任所适用的。

国际法委员会报告员罗伯特·昆廷—巴克斯特（Quentin-Baxter）称在"国际法不加禁止的行为所产生的损害性后果的国际责任"专题中采用的"liability"概念具有广泛的特性，不仅涉及赔偿义务，还包括通知，信息公开，磋商以及与该专题有关的预防损害义务等。因此，他得出结论，"liability"是采取了两层意思，涵盖了所有的内容：在社会中一个人有关某种行为的职责和赔偿因该行为产生的损害性后果的义务。

然而在联合国国际法委员会对国家责任制度问题讨论时，就有一部分委员表示"国际法不加禁止的行为所产生的损害性后果的国际责任"的说法是不妥当的，因为国家责任只用于不法行为。又因为法文和西班牙文是联合国的两种官方语言，他们用同一个词来形容这两个概念，从而加剧了这种混乱。国际法委员会通过多年的努力，尽管已经在起草损害赔偿责任条款草案方面获得了重大的进展，但由于概念和理论上的困难，适当的标题以及该专题与国家责任的关系等因素，专题的范围以及内容仍旧是不清晰的。

在 2002 年国际法委员会第 54 届会议报告中，就有关责任和赔偿责任问题（responsibility and liability）之间关系进行了一定的阐述。国际法委员会在报告中指出"对其国家国际不法行为的责任"条款中以"责任"（responsibility）一词指国际不法行为在国际法中的后果。[①]还认为"责任和赔偿责任常常是交织在一起的，因为损害的造成，一部分是由于合法行为，一部分是由于违反防止的义务或者其他义务。"[②]比如国际组织发射

---

① 《国际法委员会 2002 年报告》（A/57/10），联合国大会正式记录，第五十七届会议，补编：第 10 号，第 143 页。
② 《国际法委员会 2002 年报告》（A/57/10），联合国大会正式记录，第五十七届会议，补编：第 10 号，第 144 页。

的空间物体造成损害的责任问题，可以根据 1972 年《责任公约》第 22 条第 3 款确认其责任，此外还可按照一般国际法规范认定国际组织需要承担国际责任。

虽如国际法委员会所认为的国际赔偿责任是从国家不法责任条款草案演变而来的。但它与国家不法责任还是存在不同之处，国际赔偿责任只继续关注初级规则，而国家不法责任的范围已发展到处理违反国际法已经存续的这些初级规则和义务，无论其来源如何。[①]因此，作为初级规则和义务，国家不法责任和国际赔偿责任仍然时有交叉。国际赔偿责任是基于一组国家基本义务的初级规则。而违反国际赔偿责任的基本义务则不可避免地引起了国家不法责任规定的次级规则。不造成对他人伤害的义务，或者更广义上来说，以防止对他人的有害影响义务，是国际赔偿责任的初级规则，违反其就构成国家不法责任。实际上，指明义务是初级或次级本身并不重要，它只是区分法律规则的内容和违反它的结果的一个表达方式。但是这确实反映了委员会在这两个术语上的真正区别，国际赔偿责任"liability"与国家不法责任"responsibility"相比具有更广泛的含义。它不是被用来仅指违反义务的后果，还指义务本身。恰如荷兰学者哥尔德就责任和赔偿责任之间的关系所作的解释："责任"会引发义务；但赔偿责任却是没有完成某项义务引发的后果。简单来说，"一旦确立了因未完成法律义务而产生的责任与损害，赔偿责任就意味赔偿，将这两个词用在国家的责任上，就有国家不法责任和国家赔偿责任的区分。"[②]

国际赔偿责任制度主要是在外层空间法、国际环境法等领域被接受。以上的分析可以让我们明确，试图创建一个强求一致的"liability"的定义是不可行的。因此，对于"liability"的内涵，不能太过狭窄如在环境义务的制定，但也不能太过宽泛，要求在所有情况下均负担损害后果责任，这也是不公平的。

笔者认为，在外空条约中 responsibility 和 liability 这两种责任形式的区分还是比较清晰的。它们的基本含义是：前者主要是针对缔约国对本国在

---

① Sompong Sucharitkul, *State Responsibility And International Liability Under International Law*, 18 Loyola of Los Angeles Int'l. & Comp. L.J. 1996, p.831.
② 周忠海著：《和平、正义与法》，中国国际广播出版社 1993 年版，第 376 页。

外层空间的活动违反国际法或条约义务所承担的责任；后者主要是发射国对其发射的空间物体造成的损害所承担的赔偿责任。简言之，国家不法责任是取决于国家从事不法行为；国际赔偿责任是由损害后果所引发的。

此外在外空条约中，"responsibility"一词还具有基本责任、职责或义务的含义，而"liability"表现是对这种基本职责或义务违反的后果的含义。如《营救协定》第6条"……，'发射当局'是指负责发射（State responsible for launching）的国家或国际政府间组织负发射责任，……。"《责任公约》第3条"……，只有损害是由于前一国家之过失或其所负责之人（whom it is responsible）的过失造成的，该国始有责任（shall be liable）。"第4条（b）等条款亦同。

（二）在国际法中二者发展的不同

在传统国际法中，国家不法行为责任是作为给予在国外的本国公民以外交保护的国际习惯法。[①] 国际法委员会在1949年第1届会议上把国家责任列为需要编纂的专题。在1955年第7届会议上决定了着手对国家责任的研究。最终在2001年第53届会议上通过了《国家对国际不法行为的责任条款草案》案文。

自1975年以来，国家责任法的范围不断扩大，远远超越传统概念。现行的国家不法责任概念是规制国际义务的全面的法律制度，涉及国家国际不法责任的一般原则，包括建立各种可归于一国的所有类型的国际不法行为的初级规则和一国违背国际义务的法律后果的次级规则。该国际义务可以是责任国相对于其他国家的各个方面义务，无论该义务是基于强行法、条约或国际习惯法的规定。因此，国际不法责任随着时间的发展，已经从一国领土的外国人受到伤害引起的一种特殊国家责任制度的概念，发展成为一全面的国家责任制度，不管外国或个人是否参与并受到伤害。[②] 只要一国的行为违反了其应负担的国际法上的义务，就引起国际不法责任，尽管后来进行了有效的补救，也不得重复该行为。

[①] Sompong Sucharitkul, *State Responsibility And International Liability Under International Law*, 18 Loyola of Los Angeles Int'l. & Comp. L.J., 1996, p.823.

[②] Sompong Sucharitkul, *State Responsibility And International Liability Under International Law*, 18 Loyola of Los Angeles Int'l. & Comp. L.J., 1996, p.828.

然而国际赔偿责任与国际不法责任不同，它起初是作为委员会编纂国家责任法的一个分支。在 1969 年和 1973 年委员会上的讨论表明，各国依据国际法可能不仅为其不法行为承担责任，在某些情况下还为他们合法活动所产生的有害后果负责。是一国家的行为没有违反国际法，但却需要对其超出国家管辖的边界造成的损害性后果负担赔偿的责任制度。它的起源可以追溯到罗马法和普通法"使用自己的财产不应损及别人财产"的古老原则，也就是说限制和规范专有权利的使用以防止伤害到他人是这一责任制度的理论基础。正如法学家劳特派特所提出的，这一原则"适用于个人之间，……也完全适用于国家之间的关系：这是常设法院必须依其规约第 38 条适用的一项普遍性法律原则"。[①] 因此，"使用自己财产不应损及别人财产"同样也是国际法应包含的一般原则。并且在国家实践、司法裁判和学者著作中被反复引用，用以解决跨国界损害事件。在 1978 年国际法委员会的第 30 届会议上将"国际法不加禁止的行为所产生的损害性后果的国际责任"专题单独列入工作方案。1997 年委员会第 49 届会议注意到该专题概念和理论上的困难以及与"国家责任"的关系等因素，决定分"预防"问题和"国际责任"问题两部分审议；在 2001 年委员会召开的第 53 届会议上完成了第一阶段的工作，审议通过了《预防损害的条款草案》。并且考虑到现行国家实践，委员会建议专题的第一部分内容适于通过一项公约进行编纂和逐渐发展。在 2006 年委员会第 58 届会议通过了《损失分配的原则草案》，完成了第二部分的工作，从而有关"国际法不加禁止的行为所产生的损害性后果的国际责任"的专题研究工作告一段落。在委员会的工作背景之下，并不需要特别强调"预防"和"责任"这两个概念之间的相互关联性。

（三）二者的构成要件不同

鉴于国际不法责任与国际赔偿责任理论基础、责任的性质以及责任的内容和形式不同，二者的构成也是不同的。

1. 国际不法责任的构成要件

国际法的基本原则是每一国在它自己的国际义务上需为自己的行为负责。一国家实施的国际不法行为产生了该国国际责任。这一责任包含了根

[①] 《国际法委员会1996年报告》（A/51/10），联合国大会正式记录，第五十一届会议，补编：第10号，第201页。

据国际法由该国际不法行为引起的各种关系，无论这些关系是否仅限于违法国与受害国之间或者也可扩至其他国家以及其他国际法主体，是否侧重恢复原状或补偿的义务或者也给予受害国以反措施作出反应的可能性。[①]

认定一国的国际不法责任需要具备的要件是："（一）该行为（包括作为和不作为）依国际法必须归于该国；（二）该行为必须是违背了当时对该国有效的国际法律义务的行为（包括条约义务和非条约义务）。"[②] 国际不法责任是一种客观责任还是一种主观责任应依具体情况确定，特别是在涉及初级义务内容的情况下。在责任构成条件中没有把有关过错、有罪性甚至未尽到相应的注意义务标准视为一般性规则。而将"这些标准依情景的不同而不同，其原因基本上与条约的规定或产生的基本义务的其他规则的目标和目的有关。"[③]

国际不法责任的构成要素是把行为归于某一国。一般来说，在国际上归于国家的唯一行为是国家政府机关，或在其指挥、指使或控制下的其他人的行为。从这个意义上来说，私人的行为并不归于国家。但是，将行为归于某一国家的各种规则具有累积的作用，因此如果一国对私人的侵害行为不采取必要的防范、救济措施，就必然导致国家为私人的损害行为承担国际责任。一国的每一国际不法行为均引起该国的国际责任，但是这并不代表另一些国家不需为这一行为或因此而产生的损害承担国际不法责任。例如，一国的违反国际法的行为是在另一国的指挥或控制下实行的，在这种情况下后者也需为前者的国际不法行为承担国际责任。

一国一旦实施了国际不法行为应承担相应的法律后果，包括停止不法行为和承诺保证不重复，赔偿损害，但是这些后果不妨碍责任国继续有义务遵守被它违背的义务并且不取代这一义务。

2. 国际赔偿责任的构成要件

在确定某一引起损害产生的行为是否成立国际赔偿责任时，一般需要

---

① 《国际法委员会2001年报告》（A/56/10），联合国大会正式记录，第五十六届会议，补编：第10号，第46页。
② 《国际法委员会2001年报告》（A/56/10），联合国大会正式记录，第五十六届会议，补编：第10号，第48、50页。
③ 《国际法委员会2001年报告》（A/56/10），联合国大会正式记录，第五十六届会议，补编：第10号，第49页。

考虑以下 4 个方面内容：(1) 国际法没有禁止此类行为的实施，(2) 此类行为具有极度危险性，(3) 此类行为造成的损害必须是跨越一国国界的，(4) 跨界损害必须是由这类行为通过其有形后果而引起的重大损害。

首先，要确定该行为是国际法不加禁止的行为，并且具有高度危险性。在国际法委员会第58届会议通过的《损失分配的原则草案》原则1的评注中阐述了"国际法不加禁止"覆盖了除"国际不法行为"之外的一切行为，这包含了两层含义：第一是指此种行为在国际法规范中明确规定可以自由实施的，即法律明确规定的合法行为；第二是指此种行为在国际法规范中没有明确规定禁止或限制实施的，即法律有待规定的行为。

国际赔偿责任的确定主要关注的是活动产生的后果，并不是活动本身所具有的合法性。这就是说行为与后果所具有的因果关系是确定责任成立与否的关键，而非其行为违反了国际法规范。强调活动的"合法"性，绝对义务既不是纯粹的支付补偿，也不是仅仅为了预防损害。每项法律制度都是一个平衡的过程，其中许多因素必须予以考虑，尤其是活动的重要性、经济可行性、损失或伤害的概率和严重性。平衡双方的利益也是为进行任何谈判建立一个可接受的制度。这样的广泛目的概括来说，其一是对他人足够的保护同时使得国家拥有尽可能多的选择自由；其二，也是确保无辜受害者不承担任何损失的全部，并且确保防护措施反映地区和国际标准，以及当事国的能力。

属于能够追究国际赔偿责任的行为范围，除了要求是那些国际法不加禁止的行为之外，还必须是危险活动或极端危险活动。

其次，所造成的损害必须是跨界的。所谓跨界是指"活动必须在一国领土上或受一国管辖或控制的其他地方进行，但在另一国领土上或受其管辖或控制的地方产生影响。"[①] 因此，"跨界"损害一语涉及"领土"、"管辖"和"控制"三个问题。

再次，获得赔偿的损害需要达到一定的严重程度。造成的损害必须达到重大程度才可能获得赔偿。规定损害程度是为了防止求偿权被滥用。"'重

---

① 《国际法委员会2001年报告》(A/56/10)，联合国大会正式记录，第五十六届会议，补编：第10号，第387页。

大'被理解成是指超过'可察觉的',但不必达到'严重'或'巨大'的程度。"[1]并且该损害应表现为真实的、可以衡量的一种破坏作用,包括了对人身、财产以及环境等造成的破坏。

另外,责任的承担方式。国家对所造成的损害承担国际赔偿责任的方式是补偿,这不同于国家责任的"赔偿"。因为国际赔偿责任目的是给予恢复,而不是惩罚性赔偿,这表明已为人们所接受的假设前提是任何损害的发生是事故的产物,而不是基于恶意。补偿仅仅需要修复损坏,责任就可以被免除。然而,有行为者对其所造成的伤害负责,即使其行为不是法律所禁止的,但最终也是一件好事,因为它在某种程度上阻碍了一国家对另一国家采取可能造成的损害行动。"现有的各种责任和赔偿模式已经证实,国家的赔偿责任主要是在外层空间活动方面被接受。"[2]

最后,国际法委员会对国际赔偿责任进行讨论时没有确定注意义务的标准,而是把损害与责任相结合,即如果发生伤害,就已经违反了责任。因为国际赔偿责任作为国家责任的一个分支,禁止各国积极危害其邻国,并要求各国防止对邻近地区从事危害的行为。该责任要求各国具有防止此类伤害的"应有的注意"。但是,对此没有适当地定义,该标准是空洞并且不好界定的。因此,一个国家对其行为承担责任,可以不是基于它主观上存在过错。

3. 两种责任的"违法性"分析

基于以上的分析,笔者认为,引起国际不法责任以及国际赔偿责任的行为本质上都具有一定的违法性。"违法性"是一个开放性类型概念,我们尚不能穷尽地列举它的一切特征。在具体事件中违法性的基本类型可以分为:①侵害权利型。侵害财产、人身或给合法权益造成损害。这是侵权行为违法性要件的基本类型之一。②违反法规型。违反外空法的强制性规范或联合国宪章。③故意加害型。故意以违背公序良俗方式损害他人利益、滥用权利。以上违法性的类型只是为了讨论的方便提出,各类型之间难免

---

[1] 《国际法委员会2001年报告》(A/56/10),联合国大会正式记录,第五十六届会议,补编:第10号,第314页。

[2] 《国际法委员会2006年报告》(A/61/10),联合国大会正式记录,第六十一届会议,补编:第10号,第81—82页。

有竞合，有待进一步归纳整理。国际不法行为责任的违法性是当然的，我们在这里不需讨论。但是从中我们可以看到，国际赔偿责任的违法性也是不容置疑的，作为国际赔偿责任的构成须有损害的存在，该损害即为造成人身伤亡、财产毁损、灭失。也可以说空间碎片造成损害也是违反了国际法一般原则"使用自己的财产不应损及别人财产"。这些正是国际赔偿责任违法性的体现。并且，在国际赔偿责任中行为的违法性与国际法不加禁止也是不冲突的。这是一种价值衡量的结果。虽然外空活动会生成碎片造成人身、财产的损害，但是基于这种行为对现代社会生存、发展的重要作用和巨大利益，在法律上是不禁止的，而且和平探索、利用外空是受到鼓励的行为。

还可以说，国际不法责任属于行为本身和行为结果都具有违法性，而国际赔偿责任属于行为结果具有违法性。国际赔偿责任的成立只要有域外损害事实结果的出现：即行为造成了实际损害，行为者就承担赔偿责任；反之若行为者虽违背了义务，然而并没有导致实际损害，受害国并无求偿权。并且在国际赔偿责任中，一旦行为国对此损害进行了合理、适当赔偿，该行为国的行为自由并不因此受到限制，也不会受到国际上的谴责。

总之，根据上文一般国际责任规定可以确定，空间碎片造成损害责任的构成要件根据责任性质的不同而不同。空间碎片致损的国际不法责任的构成，首先需要确定空间碎片的形成是可以归于一国的行为；其次，该空间碎片的形成违反了外空法或联合国宪章义务。而空间碎片致损的国际赔偿责任的构成，也需要首先确定空间碎片致损的责任主体；其次该空间碎片造成了他国人员或财产的实际损害。在有关空间碎片责任问题上设置惩罚性赔偿也是不合适，因为目前外空中大量存在的碎片是七八十年来的外空活动积累下来的，是人们对空间碎片的危害性的认识之前就已经生成的，进一步来说，绝大多数碎片的产生不是故意的行为所致。

二 外空责任归责原则应与国际责任相区别

在《责任公约》中根据不同的损害发生地规定了国际赔偿责任的不同的归责形式——在地球表面包括空气空间造成的损害，根据绝对责任（absolute liability）承担责任；而在外层空间造成的损害，根据其过失承担责任（fault liability）。

在对空间碎片致损责任定性的过程中，人们常常将绝对责任等同于国际赔偿责任。将过失责任等同于国际不法责任。实际上，虽然他们都被称为责任但是却属于不同的范畴。国际赔偿责任是与国际不法行为责任相对应的概念，是依据导致责任的原因行为是否为国际法所禁止的标准进行的分类。它们是国际法上法律责任的表现形式，法律责任强调的是行为人因其行为而承担的强制性法律后果。

而绝对责任也被称为无过失责任，是与过失责任、衡平责任相对应的确定责任归属的原则，统称为归责原则。其"所要解决的，乃是依据何种事实状态确定责任归属问题。"[①]这与法律责任不同，归责原则目的是认定行为者的侵权责任是否成立的根据和标准，它也是贯穿到整个责任法中并对各个责任法规范具有统帅作用。总之，归责是复杂的责任判定过程，是确定责任是否成立的根据。

由于侵权行为法旨在规定"何种行为"，在"何种要件"下，侵害他人"何种权益"时，应负损害赔偿责任。[②]因此，可以说根据"何种行为"的不同分为国际不法责任与国际赔偿责任，根据"何种要件"的不同分为绝对责任与过失责任。

（一）绝对责任不等同于国际赔偿责任

在布莱克法律词典中 absolute liability 指责任的承担是基于违反了不侵害他人安全（make something safe）的绝对义务，而不是取决于造成损害的当事人是否具有过失或故意。[③]

造成损害的国际法不加禁止行为的实施方之所以依据绝对责任承担国际责任，是因为该主体违背了"使用自己的财产不应损及他人的财产（Sie utere tuo alienum non laedas）"义务。当国际法委员会对《关于国际法不加禁止的行为所造成损害的国际责任的条款草案》进行讨论时一再强调这一原则。其含义就是指在国际法上，一个国家在使用自己的领土时，不得滥

---

① 王家福编：《中国民法学·民法债权》，法律出版社1991年版，第453页。
② 王泽鉴著：《侵权行为》，北京大学出版社2009年版，第519页。
③ Bryan A. Garner, *Black's Law Dictionary* (Eighth Edition) (III), THOMSON WEST, p.933.

用权利，给他国的领土或国民造成损害。① 但是，损害的发生，并不必然是不法行为所造成的。在 2001 年通过的《预防损害条款草案》第 3 条的评注中也作了类似说明。起源国采取预防或尽量减少损害影响的措施的义务即为一项尽责义务。但尽责的义务并不是要保证起源国的行为完全防止重大损害。一旦出现依照现有的科技不能完全防止的情况，要求起源国尽其最大努力尽量减少这种危险。从这个意义上说，它并不保证不发生损害。② 用当前国际法的术语来说，这一义务可以说是"行为"义务，而不是"结果"义务，也可称为"尽责"义务。

此外，"由于所有人可以任意支配其所有物，因此，所有人即使对物的使用无过错，也应对因其特殊的使用而对第三人造成的全部损失予以赔偿。"③ 可以说，这也是确定所有人责任的依据。

并且绝对责任亦是法定责任，当出现法律规定应予以防止的损害的，便可构成责任。④ 只需证明损害结果与国家行为之间存在法律上的因果关系即可。不仅不需要去考虑致损人的过失，也不需要去考虑受损人的过失。之所以当空间碎片在地球表面或对飞行中航空机造成损害的情况下，不考虑发射国是否具有过错，主要是因为从事外空活动的国家相对于地面或飞行中的航空器来说，他们之间的地位相差悬殊。从航天活动国家来看，主要有四点原因：①从事外空活动的国家尤其是空间物体的发射国制造了危险来源。②在某种程度上仅这些从事外空活动的国家能够控制这些危险。基于航天科技的高端性，危险管控系属专业，是所有人或经营者支配的领域，采用绝对责任可以使潜在的加害人投资于必要的危险管控。③从外空活动中获得利益者，应负担责任，这是正义的要求。④因这些极度危险责任而引发的损害赔偿，行为者大多可通过采用商品价格机制和保险制度分散高额赔偿的风险。

而遭受空间物体损害的地面受害者，一般都不具备外空专业知识和能

---

① 李寿平：《试论现代国际法上的过失与国际责任》，《法学杂志》2007 年第 6 期，第 116 页。
② 联合国秘书长：《审议预防危险活动的跨界损害问题和此类损害的损失分配问题》（A/68/94），第六十八届联合国大会会议，2013 年 6 月，第 13 页。
③ 尹田著：《物权法》，北京大学出版社 2013 年版，第 286 页。
④ 王利明：《论无过失责任》，2001 年 6 月 13 日，(http://www.civillaw.com.cn/article/default.asp?id=7555)

力,并且他们获取专业知识等信息的渠道有限,无法预知损害的发生,更不可能对该风险进行预防。更何况从事外空活动的国家即使履行了预防义务,仍有可能发生损害。因此,若要求受害者证明损害的发生是由于发射国具有过失是非常困难也是不合理的。国家之间的行政上的阻碍更加剧了求偿上的困难。另外,外空活动带来的不利影响或损害有时并不是即刻发生的,而是随着长时间逐渐积累而发生。过失责任制容易使受害者陷入举证困境而错失应有的救济,然而行为者却可轻易地逃避自己应负的责任。因此,当今世界各国都将绝对责任原则作为极度危险活动损害责任归责的一条重要原则。

绝对责任的基本思想,是依据正义的理念对当事方的"不幸损害"进行合理分配,而非制裁引起损害后果行为。这一方面可以给予无辜的受害者迅速、及时、公平的赔偿,另一方面,也可以促进发射国不断提高空间技术,从而提高外空活动的安全性。外空条约已将预防对环境、人身和财产的越境损害视为一项重要原则。① 因此,基于受害者一方是弱势群体对侵害人适用绝对责任来平衡双方的利益是恰当的。作为国际赔偿责任归责原则的绝对责任就是在这种时代背景下发展起来的。可以说,绝对责任制度今天已根植于大多数国家的法律制度中,它作为一种法律概念已被广泛接受。尽管各国在运用这一原则上还存有不同之处。

虽然,在外空法的国际赔偿责任是以绝对责任为主要的归责原则,但是也不能因此就把空间碎片所引起的损害赔偿责任等同于绝对责任。随着科技的发展,当人们认识能力的提高,双方的地位趋向于平等,即绝对责任归责原则适用的上述基础不存在时,归责原则也是会随之改变的。更何况,在国际赔偿责任的归责原则中经常使用的还有严格责任原则。

(二)过失责任不等同于国际不法责任

过失通常是指一个谨慎从事的行为人对自己行为可能引起的损害后果本该预见、并且也能够预见而没有预见到,或者尽管预见到了却认为不会发生,因此导致损害后果。采用过失归责原则,使得误用或疏于注意使用其行为自由之人应对因此所致损害负赔偿责任。

---

① 《国际法委员会 2001 年报告》(A/56/10),联合国大会正式记录,第五十六届会议,补编:第 10 号,第 306 页。

自19世纪以来，在过错的界定上一直存有分歧。主要有两种学说：主观说以及客观说。前者认为，过错实质上是一种应受到谴责的行为人的心理状态。后者是把过错视为违反社会规则的一种行为人的意志状态。通常认为在外空活动中产生的责任在有关过失的认定方面应采用客观说。而是否尽到"注意义务"是客观说确定行为人是否具有过失的标准。

但是，注意义务的范围不是固定、呆板的。"法院应不断适应社会的发展和法律政策的要求去把握注意义务的概念。"[1]并且在认定当事方是否尽到注意义务方面，重要的是明确行为人所要达到的注意程度。

国际赔偿责任制度采用绝对责任最初是由于受害者举证上的困难而提出的。然而与地面受害者不同的是，进入到外空活动的国家都应该能够预见并承担相应的风险。因为发射国之间的外空活动能力是相当的，他们的地位也应是平等的。因此基于公平原则的要求，发射国从事外空活动已尽到应有的注意义务的，在道德上是无可非难，所以就不应负赔偿责任，只有存有过失才应要求其承担赔偿责任，否则就限制了国家外空活动的自由，不利于社会经济的发展。再则良好的政策一定是避免增加损失，由于使被害人可向加害人要求损害赔偿，不论在法律规范还是实际执行上，必然会耗费资源或者提高交易成本。因此只有一定特殊理由才应把不利后果归责于加害人，使其承担赔偿责任。公约之所以规定发射国在外空中造成损害基于过失来承担责任，这是因为过失责任能够很好的调和"个人自由"与"社会安全"这两个基本价值。因为个人若已尽了其注意，即得免负侵权责任，则自由不受束缚，聪明才智可得发挥。

根据《责任公约》第3条规定情形下的国际赔偿责任是以"过失责任"为归责原则。条约的起草者没有解答"过失"的含义，并且实践中也没有正式适用过。因此，可以通过适用条约解释的其他方法，包括在词典定义中确定该词最普通的含义以及在条约中的上下文语境中寻找线索。在布莱克法律词典中，fault 是指 "An error or defect of judgment or of conduct; any eviation from prudence or duty resulting from inattention, incapacity, perversity, bad faith, or mismanagement."[2] fault liability 是指责任的承担是基于一定程度

---

[1] 王家福编：《中国民法学·民法债权》，法律出版社1991年版，第470页。
[2] Bryan A. Garner, *Black's Law Dictionary* (Eighth Edition) (III), THOMSON WEST, p.641.

上的应受谴责性。[1]在《责任公约》第 6 条中使用的 gross negligence 这一术语，根据上下文可以推断出 fault 是不包含 gross negligence 的意思。有资料表明美国政府在批准《责任公约》的过程中，把 fault 视为 negligence。[2]但是，即使如此，一国的解释显然不能是决定性的。因此，不能就认为 fault 的参考点应该是英美的 negligence 而不是民法中"过失"的标准。民法中"过失"的标准是指在一定的情况下，未能按照"理性人"从事一定行为。采用这一标准需要确定的问题是，理性人是否能具有预见损害的可能性并且采取相应的行为。而 Negligence 是一个较少弹性的术语，它要求义务的存在，该义务是基于法律或习惯产生的，并且违反该义务。[3]虽然在外空活动中空间碎片的生成是不可避免的，但是并不代表空间碎片在外空造成的其他国家的人身、财产的损害是为法律所认可的。

有学者认为国际外空法没有对怎样才能构成过失进行规定，但过失的确定通常是与国际义务联系在一起，"从这个角度来看，《责任公约》中也有不法责任的规定。"[4]笔者认为，国际赔偿责任是以强调实施国际法没有明确禁止的行为引起损害的情况下，行为主体负担赔偿责任。也就是说行为本身不具有非法性，即"赋予可能受影响国的权利并没有给予它们否决活动或项目本身的权利。"[5]而国际不法责任，引起该责任的行为应是违反国际法，需要被禁止的。因此，其责任的构成要件强调的是违法性要件。而违法性要件和过失要件，从学理上来说分别被称作"客观性违法要件"以及"主观性违法要件"，二者的规范目的具有不同之处。违法性所说的可非难性，是针对行为标的来说的，而过错所说的可非难性，则是针对行为时的注意来说的。因此，不能简单地将其合二为一。

过失的要件：①须行为具有危险性。即行为具有加害的危险性。②须该危险性能够预见。若危险性无从预见，即无过失可言。③须该危险性应

---

[1] Bryan A. Garner, *Black's Law Dictionary* (Eighth Edition) (III), THOMSON WEST, p.932.
[2] STAFF OF SEN.COMN.ON AERONAUTICAL AND SPACE SCIENCES,92D CONG. *REPORT ON CONVENTION ON INTERNATIONAL LIABILITY FOR DAMAGE CAUSED BY SPACE OBJECTS, ANALYSIS AND BACKGROUND DATA"*, Comm.Print 1972, p.27.
[3] RESTATEMENT(SECOND)OF TORT ch.12, Topic 4 scope note(1965).
[4] 高国柱：《论外空活动中的国家责任》，《环球法律评论》2008 年第 4 期。
[5] 《国际法委员会2001 年报告》(A/56/10)，联合国大会正式记录，第五十六届会议，补编：第 10 号，第 310 页。

当预见。依法或者依事理对危险性负有注意义务。因此,过失在空间碎片造成损害的主要体现也就是对预防、谨慎等义务的违反。即其过失不在于从事危险的空间活动工作,而是在于违反"危险避免义务",造成侵害他人权益的结果。但就"预防"本身能否作为责任的基础则是值得怀疑的,尚需进一步研究并审慎行事。预防原则草案超出了国际法和国际实践的范畴,不是对现行法律或国家实践的说明,是鼓励根据具体情况采取国际和国家行动,而不是作为一项全球条约的依据。属于不具有约束力的宣言,而非现行规范。

因此,在外空国际赔偿责任中适用过失责任归责原则是在当事者地位平等的基础上,为了衡平二者的利益所采取的特殊的归责原则,虽然过失的标准在外空中还没有具体的界定,但这也不是与国际不法责任相混同的理由。当然这并不排除在发生违反国际义务之事时,受害者也可以依据国际不法责任规则提出赔偿要求。

综上,绝对责任、过失责任不能被简单地称作国际赔偿责任、国际不法责任。绝对责任和过失责任仅仅是确定国际责任的归责原则而已。简言之,采用不同的归责原则就是为确定空间碎片所造成的损害究竟应由受害人承担还是加害人负担的一个责任分配问题。

三 完善外空责任实现的途径

目前,空间碎片致损责任在国际上主要可以通过以下三种途径得以实现救济:(1)外空条约尤其是《责任公约》;(2)《外空仲裁规则》;(3)根据国际法的一般索赔程序。然而这些制度的规制都需要进一步完善。

首先,就第一种途径而言,应在联合国外空委设置一个外空专家名册,包括外空科技专家、法律专家,在依据《责任公约》成立求偿委员会解决空间碎片致损责任问题时,委员的选择应从名册中选出。并且求偿委员会的组成人员应增加到 3—7 人。增强求偿委员会裁决的执行效力。

其次,虽然《外空仲裁规则》为国家、国际组织、特别是私营实体提供了解决空间碎片致损责任问题的新途径。但毕竟只有选择了仲裁才会受其约束,并且还没有外空纠纷利用仲裁解决的实践。因此,基于仲裁本身所具有的优点,外空委及其他外空国际组织应积极允许、鼓励航天国家选用这种途径，这有利于当事人权利的救济。

此外，外空责任问题的解决并没有要求各国必须首先通过外空条约解决争端。在《责任公约》中也明确了不妨碍争端方选择适用其他途径。而且，最好是赋予受害者这三种救济途径的选择权，这样符合有利于保护受害者的原则。

最后，在时机成熟的时候也可以采用欧洲航天局解决国家间争端所采用的方法，在联合国成立一个外空法庭，专门解决与外空活动有关的纠纷，其所作的裁判对各方有约束力并且是终局的。在这种情况下，国家基于他们在组织的会员资格，在发生争议之前已经同意遵守法庭的决定。并且，因为他们在联合国机构内有着密切联系，能确保裁判对成员国的强制约束力。实际上，空间法委员会在1998年修订的《外空活动争端解决草案》中就提出了设立国际外空法院作为解决外空争端的有约束力的机制。学者们这样的提议与设想反映了外层空间法发展的一个可能的趋势。

第二节　完善现行国际外空条约相关规定

一　《登记公约》相关条款的完善

条约只约束缔约国，如果一国没有加入或批准《登记公约》成为缔约方，那么该国只是自愿依据1961年11月20日1721B（XVI）号大会决议提供有关空间物体的登记信息。如果该国不愿意提供，条约也没有法律强制力约束它。而且目前只有62个国家批准了《登记公约》，这对其他相关公约发挥作用有着一定的影响。实际上，空间物体的登记是联合国各项外层空间条约的关键内容之一，《外空条约》和《登记公约》所载的登记原则若能得到适当适用，便已足够。因此，为了明确进入外空的空间物体的具体信息，确定空间碎片的责任归属主体，联合国外空委应该继续号召更多的国家批准加入《登记公约》。

（一）扩大登记主体以明确责任主体

对空间物体进行登记不只是一个简单行为，它意味着该空间物体与这个国家存在着法律上的联系。主要体现在两个方面：一是，为方便《责任公约》确定一个责任国；二是，使该空间物体和有关国家的法律制度相连接并按照《外空公约》中第8条的规定享有管辖、控制权。因此，登记国是与空间物体有着密切关系的外空活动的国家。《登记公约》的完善不但有助于识别空间碎片，进而根据《责任公约》认定空间碎片引起损害的国际责任主体，也有利于解决无法识别身份的空间碎片造成损害的赔偿责任问题。

由于最初在《登记公约》缔结的时候，外空活动的商业化还未兴起，从事外空活动的主体及内容单一，与空间物体密切有关的国家主要就是发射国。而如今外空商业化迅速发展，人们利用空间物体的方式愈显多样化，表现在权利形态上就更加复杂化，因此在空间活动的不同阶段，有着与其关系密切的不同国家，而不仅仅是发射国这一单一种类的国家。如在轨卫星所有权转让与一非发射国，由于依据《登记公约》登记国只能是一个发射国，并且该国在发射时确定了就永远不变，这样登记国与空间物体之间实际关联度很小，登记的双重目的的实现就会存在问题。

《登记公约》中并没有在轨空间物体转让后，变更登记的强制性要求，此时，若不变更登记，该空间物体的名义登记国与实际运营者便是不一致的。当造成损害的情况下，再由该登记发射国承担此损害的赔偿责任，会导致发射国责任过重。因此，轨道上的空间物体转让后导致的损害，应由哪一主体承担责任呢？笔者认为在认定致损责任主体时，空间物体的实质权利实际上归属于谁是一个关键判断因素。由于"《登记公约》只是为缔约各国提供另外的方法和程序，借以帮助辨认外空物体。"[1]所以，当认定空间物体致损责任主体时，登记信息是方便识别该空间物体来源于哪里的一个重要的依据，但并非唯一的。这也表明登记不是确认空间物体致损责任主体的必要条件，登记只是显示对空间物体具有管辖权以及所有权的一个方式。责任主体的认定仍然考虑的是从事发射、经营该空间物体的主体。不能只因《登记公约》未明确规定外空中空间物体变更所有权必须进行变更登记，干扰致损责任主体的认定。

---

[1] 《关于登记射入外层空间物体的公约》序言。

所以，当一国有效受让在轨空间物体成为所有权人之后，就须依据《外空条约》第6条内容，对自己实施的外空活动负担国际责任。该空间物体权利的实际归属与责任主体相一致，符合法律公平、正义的要求。

有些国家的代表团认为，按照《外层空间条约》第6条和第7条，发射国一直对其发射的所有空间物体负有责任。因此登记转让只能在发射国之间进行，这也是为了避免出现利用"方便旗"的现象。[①]笔者认为，国际发射商业服务的发展使得空间物体的发射以及空间物体的控制、管辖相分离，这是外空活动发展的必然结果，若使得发射国在发射之后仍承担过重的责任，反而会促进利用"方便旗"的现象增多。

在实践中已存在类似的做法，一些国家通过主动变更轨道中卫星的登记国，使得登记国和权利的实际享有者相一致。如：1989年自美国发射的BSB-1A卫星[②]，最初由英国向联合国提交登记信息。在1996年由瑞典购买该在轨卫星之后，更名为Sirius I[③]列入到其国家外层空间的物体登记册中，并于1999年2月将该登记信息转交给联合国。类似这样的实践，有利于从事外空活动的国家明确各自的责任范围，避免自己承担不必要的损失。

所以，基于理论、实践的需求都应对《登记公约》的登记主体做相应的扩大解释，登记国应是对该空间物体拥有实际控制和管辖权的国家，也就是说将登记国范围扩至对空间物体具有实际管辖以及控制权的国家，而不仅仅是发射国这一单一的类型。另外，进一步规定变更登记的强制性。笔者认为，若空间物体所有权发生变动的，原登记国或受让国应该积极变更登记信息。取得空间物体所有权的国家通过登记接受原登记国的权利义务。该解决方法的有利之处在于：当该空间物体生成的空间碎片造成损害时最初发射国一般情况下不需要为其承担赔付责任，空间物体受让国也将对该空间物体依照外空条约享有明确的管辖控制权并且负担相应的国际赔偿责任。《外空条约》第6、7、8这相关联的三条将会集中在同一个国家

---

① 《法律小组委员会第五十四届会议报告》（A/AC.105/1090），和平利用外层空间委员会第五十八届会议，2015年6月10日至19日，维也纳，第11页。

② ST/SG/SER.E/219［DB/OL］, 1992-05-14,（http://www.un.org/zh/documents/view_doc.asp?symbol=ST/SG/SER.E/219）.

③ ST/SG/SER.E/352 附件二［DB/OL］, 1999-02-19,（http://www.un.org/zh/documents/view_doc.asp?symbol=ST/SG/SER.E/352）.

适用，实现权利义务的一致。可以避免《登记公约》第 2 条第 2 款登记例外条款规定可能导致的管辖和控制与登记的分离。从而更有效明确空间物体的归属。登记国也可以与权利受让国通过协议约定的方式规定谁承担此类变更，并且明确每个国家对该空间物体在不同阶段享有的权利与承担的义务，这也有利于已履行赔付责任的国家依据《责任公约》中第 5 条的规定实现自己的权利。总之，通过扩大《登记条约》的登记主体范围，使得登记信息能够及时、准确地反映空间物体的实际所有者和管辖、控制主体，这既有利于条约目的的实现，也才更有利于空间碎片致损责任主体的确定。

最后，根据《登记公约》的第 2 条，存在多个发射国的情形下，登记国应是与空间物体有着最密切联系的发射国，因此，当该空间物体导致了损害的发生，该国应承担损害赔偿责任。但其不应是唯一的、固定的责任承担者，正如前述，空间活动的不同阶段可能存在着不同的联系紧密的缔约国，而该国未必都是登记国。为了保证对在外空的物体及其位置信息的全面了解，应接受联大第 62/101 号决议的建议，为了提供关于空间物体的适当和准确信息，就要求在空间物体的运营方和监管国之间建立密切联系。因此，对空间物体进行登记的国家，应与该空间物体进行监管的国家相一致。以便最好地协助确定空间物体，确保联合国《射入外层空间物体登记册》尽可能地完整，并避免重复登记。

（二）确认完备和更新登记信息的强制性

如前文所述，登记国应提交给联合国的情报仅有五类，因此，这些有限的信息不足以对所有的空间物体的所属国进行确认，因此也不利于对其生成的空间碎片进行身份识别。

需要监管的空间物体信息在不断变化，现在登记的信息还应取决于：使用基本上全新的技术解决方案、空间物体设计日趋复杂以及空间活动参与者数目日益增多等。此外，商业利润在外空活动中发挥的影响越来越大，这就需要足够清晰地要求发射客户和空间物体经营商进行登记以及变更登记。这样明确规定转让空间物体的有关权利和义务的内容也可避免登记做法中出现相互重叠。

各国应确立对本国管辖以及控制的区域内进行的空间活动享有管辖权；同时，还应对其国民以及在其管辖、控制区域内创建、注册或设立机构的法人组织在其他区域开展的空间活动享有审批权并对其登记,如果有另一国家实施了管辖和登记,该国应审慎考虑避免提出相同要求,从而增加不必要的负担。当转让轨道上的空间物体时,所属国应保持对私营实体进行的空间活动的监督;国家可以通过国内法规范所有权变动的审批条件,或规定轨道上空间物体经营状况变动的,当事方递交相关信息的义务。

因此,联合国外空委及法律小组推动了登记空间物体的信息的完备化。自2010年1月1日起,在联合国进行射入外层空间物体的登记信息提交表[①]中增加了一些附加信息,这是按联合国大会的第62/101决议中的建议适用于联合国有关射入外空的空间物体登记册使用的,具体内容有:空间物体丧失功能性的时间、空间物体被移入弃星轨道时间和其物理状况;以及空间物体监管主体变更的信息;空间物体监管发生变化的时间、新的所有者或经营者国籍身份、所在轨道位置的变化、空间物体的功能变化等。用于联合国关于射入外层空间物体的登记册自愿提供的补充信息有:空间物体拥有者或经营者、运载火箭等。然而,在登记表中还缺乏对辨别碎片具有价值的其他一些登记信息应予增加,例如空间物体所使用的燃料、配备的具有辐射性的部件等。并且这些增加的信息也并非是发射国必须提交的,因为它是以一种建议的方式在大会提出的,并且在其文本序言中直接表明了工作组的结论或该决议均不构成对《登记公约》的权威性解释或拟议的修正。[②] 因此若要其真正发挥作用,还应该将提供该表中的登记内容作为登记国的一项强制性义务予以提供。

此外,还需要具体规定登记信息时间段。公约要求发射国"应在切实可行的范围内尽速"把与空间物体发射有关的信息交与联合国秘书长。何谓"切实可行",这一用语模糊不清,不便于被适用。"美国大使 Edward R. Finch, Jr. 曾提议应设定提供情报的明确时间:在核动力源发射后的2小

---

① 登记信息提交表(自2010年1月1日起)该表可从 http://www.unoosa.org/oosa/SORegister/resources.html 获取。填表说明和定义请见附件。表格填写完毕后应将打印件通过常驻代表团送交联合国外层空间事务厅。特别注意 私营企业、学术团体、个人提交的登记信息是无效的。

② 《关于加强国家和国际政府间组织登记空间物体的做法的建议》(A/RES/62/101),联合国第六十二届大会会议决议议程项目31, 2008年1月10日。

时内应向联合国秘书长汇报，在其他卫星发射后 24 小时内要通报。"[1] 类似提议是否具有可适用性是应该认真考虑的。笔者认为登记信息的递交期限的确定应该与航天科技相结合进行确定，以空间物体或空间碎片能够处在一种相对稳定状态为标准，这样登记的作用才能更好地发挥，以防登记国刚进行登记就出现了需要变更登记的情事。而且为了防止登记国拖延或不登记，应规定一个登记的最后时限。登记可以分为两种情况，一是发射登记。在发射成功情况下，应在发射的空间物体进入到特定轨道运行后的合理期内进行登记；二是权属变更登记。空间物体的实际控制者、所有者发生变动的应在一定合理期内进行变更登记。

最后，《登记公约》最重要的是执行问题。若空间物体相应国家不积极登记或变更登记的信息，即代表放弃对该空间物体的所有权以及管辖、控制权的佐证之一。在请求具有跟踪设施国家也无法查明其归属，并在发出有关载有该物体轨道参数以及特征的公告的特定时间后，仍不能确定其所有者的。具备以上三个条件空间碎片可以作为他国清除的对象。基于这样潜在不利后果的存在，从事发射、运营空间物体的国家一定会善意地履行登记义务。

并且各国和国际政府间组织若有证据认为一国家／国际政府间组织未按照《登记公约》和联合国大会决议规定的标准进行登记，可向其发出请求，要求澄清其不登记意图或提出正式驳斥。被要求国应对此类请求作出答复，并就假定的不登记事实发表评论，以便消除任何可能的误解并且（或者）消除疑虑。在作出适当答复时，该国家／国际政府间组织应当酌情作出关于在实际发生的不登记背后没有不可告人的动机或特定意图的保证。各国和各国际政府间组织有义务避免滥用提出此类请求的权利。为了评估对它们进行登记的可行性，应准确评估每个特定垃圾能够与可能被认为是其来源的其他物体或其在轨道上之所以出现或形成的引发事件之间存在着相互关联的可靠程度。应当不间断地赋予外层空间事务厅以适宜的权力，以便其采取行动建立并保持一种执行机制，从而实现鼓励并确保各国和国际政府间组织遵守提交更多登记信息方面统一做法这一目标。外空厅尤其应当

---

[1] E.R.Finch Jr, "Heavenly Junk Ⅱ: Recent developments in space debris", *AIR&Space Law*, 1994, p.9.

切实参与履行与下列方面有关的综合职能：汇集进行的轨道发射（即导致将物体送入地球轨道或更远轨道的实际完成的发射）和轨道物体（即确实发射到地球轨道或更远轨道的空间物体）的信息；按照空间研究委员会标记法为轨道发射和轨道物体分配国际编号，并将此类编号提供给登记国。实质上，需要有一个能把所提出的建议变成各国的做法的机制——此种机制要尽可能广泛，而且其本身就应当属于集体机制。应将关于更新监管制度的决定转变为可靠的准则，以便各国能够实施共同的行为标准并采取协调一致的行动。

在国家实践中，自2010年开始，德国常驻联合国（维也纳）代表团向联合国秘书长转交与德国发射的空间物体有关的资料中，自愿递交的补充资料除了运输工具外，还包含了空间物体所有国或运营国的信息。目前有20个登记国使用按照62/101号决议制定的登记表模式。由登记国提供的附加信息：转让所有权/监管权的，最近由阿塞拜疆、韩国、英国及欧空局提供；任务终止，最近由法国、日本、俄罗斯和英国提供；在轨处置，空间物体转移到废弃轨道，已被法国，俄罗斯联邦，英国最近提供；重返，多数国家现在提供空间物体的衰变/重返大气层/脱轨的实际日期。并且已有国家对于空间物体的登记信息发生变动时积极向联合国提交相关资料进行更新。如大不列颠及北爱尔兰联合王国常驻联合国（维也纳）代表团依照《外空条约》第11条的规定递交空间物体NATO IVB的资料，清楚地表明航天器的所有权于2010年12月8日从登记国美利坚合众国代表北大西洋公约组织（北约）转给大不列颠及北爱尔兰联合王国，并于同日从联合王国转给Paradigm Secure Communications Ltd.。2015年1月1日，Paradigm的权利和职责转给新的所有人或经营人Airbus Defence and Space Ltd.。① 虽然该航天器经过三次转让，但是通过该资料可以明确其在不同时间段的权利人和责任人。

总之，通过完善《登记公约》的登记信息，促进更多的国家接受该条约，并要求各国依约及时登记有关空间物体的信息及变动情况，才能建立一个完整的和准确地反映空间物体在外空的状态以及实际所有者、控制者

---

① 依照《关于各国探索和利用外层空间包括月球与其他天体活动所应遵守原则的条约》递交的资料附件（A/AC.105/1094），2015年7月23日。

的数据库。这样一个完善的登记管理系统将有益于解决空间碎片造成损害的责任主体问题。

(三) 建立空间碎片目录

已登记的空间物体若在外空中丧失了功能性的,还应继续保持对其登记,并且登记国可以提供更多的信息。实际上,非功能性的空间物体从开始就是应当予以登记的。因为功能性不是登记的标准也不是管辖和控制权或所有权的行使的标准。空间物体一旦归于某国进行登记,便使得该国与这一物体"和它的组成部分"保持了管辖和控制的关联。根据《登记公约》第1条(b),碎片被视为"原来的空间物体的组成部分"。再者,在空间物体解体或损毁的那一刻,空间物体便不复存在,这也有悖于空间条约的目的和宗旨,不利于其后造成损害的责任和赔偿责任的分配和认定。

在联合国大会第62/101号决议中,大会鼓励各国考虑就"运行状态的任何变化"提供信息的可能性。该建议可以合理地理解为提供以下信息,即空间物体运行状态变化的信息和(或)空间物体整体功用变化的信息。因此,也可以看出,在国际上对空间碎片进行登记亦是被认可的。

对非功能性空间物体登记的情形包括:一是在发射失败的情况下,当外空中与该次发射活动相关的空间碎片处于一种相对稳定的状态时,应及时向联合国递交信息登记。二是,外空中的空间物体因裂解、爆炸或是被故意摧毁等原因不再具有功能性时,也应及时向联合国秘书长递交有关信息对空间碎片予以登记。在国际上对空间碎片进行登记的国家应与空间物体的登记国相对应。

在对空间碎片进行登记时,还需要明确的是登记的碎片最小尺寸被确定为多少是可能并且合理的?关于各种空间碎片,可以主要分为两类来进行分析,大的和较小的。其中前者包括卫星和传送它们的火箭级,这通常在发射时就进行了编目,他们可以明确地与通报的发射活动相关联。编目对象碎裂后作为新的观察对象同样要被编目,并与原来的那个相关联。之所以是新,是与最初的对象相比具有不同的尺寸和轨道特征。因此,这些碎片可以被链接到原始发射国。其他的高于检测阈值的物体同样地可以被观察和跟踪,但只有可以被确定归属的对象被"编目"。对外空中较小的物体在特殊活动中(如那些由IADC组织)进行不定期观察,这为空间碎片模型提供了碎片密度的统计视图。① 一般的认为被编目的空间碎片是通过雷达和光学测量的手段定期跟踪的物体分别是低地球轨道上 LEO 超过 10 厘米的和在 GEO 超过 1 米的物体。

从实用的角度来看，登记也可以按照损害发生地在地球上和在轨道上进行区分。在第一情况下，只有大的空间物体可以被视为威胁，而小颗粒碎片通常在穿越大气时销毁。小空间物体或颗粒对地球上的人类没有危险性。不过，这种情况在外层空间极大地不同。

随着空间监测技术的发展，同样可以预计能够被精确跟踪的物体数量会不断增加，小型的空间碎片也可以被辨别、登记，这样有利于在空间中的基于过失事件的界定，有利于损害和肇事者之间的联系的确定、清晰。在外空活动中，可能生成许许多多的微小碎片，根本无法对其登记或通报。或许，这也是没有必要的。

目前，并不是所有的登记国家报告其标识的非功能性物体。一些有发射能力的国家和政府间组织登记其到达地球轨道的火箭级、整流罩和卫星的构成部分。已提交登记非功能性空间物体都包含在射入外层空间物体联合国登记册中，如中国、印度、法国、美国和欧空局登记非功能性的空间物体。

最后，还需要明确的是建立的空间碎片的国际目录是否必须单独登记。目前，国家的做法是不一致的。建议采用"主要部分"+"附录部分"的登记模式。如果空间物体成为非功能性，同时保持其物理特性和轨道参数，应将这一点在附录部分明确。并且在发射的空间物体包含计划今后进行分离和独立轨道飞行的其他空间物体的情况下，各国和各国际政府间组织应在登记主要空间物体的过程中（在登记册登录阶段和向联合国秘书长提交登记信息时），指明（例如以旁注的形式）计划从主要空间物体分离的空间物体的数量和名称，基于这样的理解，即在随后的登记阶段不应给予这些空间物体以不同的名称或经过修改的名称。这样有利于使得空间碎片与原空间物体相链接，从而便于确定致损责任主体。

由于目前查阅空间碎片主要是根据美国 SSN 提供的数据，为了避免美

---

① "LEGAL ASPECTS OF THE PRIVATISATION AND COMMERCIALISATION OF SPACE ACTIVITIES FIFTH AND FINAL REPORT", INTERNATIONAL LAW ASSOCIATION SOFIA CONFERENCE SPACE LAW, 2012, p.16.

国在这方面形成的垄断以及降低目录中的疏漏和错误,建立空间碎片的国际目录是非常必要的。

二 《责任公约》相关规定的完善

(一)发射国的确定

根据《责任公约》以及《登记公约》的规定,发射国的外延还包含了促使发射国。不但在公约中没有表明"促使发射"的含义,在理论上也存在分歧。有的学者认为,"若一国的私人实体所有的空间物体由外国发射服务提供者进行发射时,该私人实体的国籍国就是促使发射国。"[①] 一些学者提出,"成为促使发射国的必要条件是要该国实际控制发射过程和在轨有效载荷。"[②] 还有的学者认为,"促使发射是指一国的非政府团体(在少数情况下包括政府机构)直接参与了空间物体的发射活动并构成了发射活动不可缺少的环节,该国基于属人管辖权能够许可、批准或监督此类活动的进行,但不包括一国提供领土、设施和进行发射的活动。"[③] 此外,也有学者提出,发射国的概念就应是个"泛泛"的概念,相关国家很容易被认定为"促使发射"的国家而被纳入发射国之列。[④]

通过以上代表性的观点可以推断出,对于"促使发射"的理解,其当然的含义包含了该国已经组织发射的情形,也就是说该国实际参与发射成为促使发射国是没有争议的。争议之处在于该国为发射活动付费或从中受益的是否能成为促使发射国?笔者赞同对促使发射国做泛泛的理解。这也与《责任公约》制定的目的相一致。这样可以增加空间物体造成损害的责任国范围,对于受害者的救济是有益的。可能有人会提出,这样宽泛的促使发射国的概念会让关联度不大的国家承担巨额的赔偿风险,增大国家从事外空活动的成本,打击了国家从事外空活动的积极性。其实,这样的担

[①] Peter Nesgos, "International and Domestic Law Applicable to Commercial Launching Vehicle Transportation" *PROC. COLL. L. OUTER SPACE*, (1984) 27, p.98-102.

[②] William B. Wirin, "Practical Implications of Launching State-Appropriate State Definitions" *PROC. COLL. L. OUTER SPACE*, (1994)37, p.113.

[③] 高国柱:《论发射国的确定》,载赵海峰《空间法评论》第二、三卷,哈尔滨工业大学出版社2009年版,第192页。

[④] 王国语:《空间法中的国籍联系》,《河北法学》2012年第3期,第93页。

心是多余的。根据惯常做法，对特定的联合发射或合作方案，各国应考虑依照《责任公约》第 5 条第 2 款为飞行任务的每一阶段订立协定。国家之间通过这样的责任协定对自己关联性不高的义务予以减轻、限制或免除，从而达到一种权利义务平衡的状态。

"发射国"概念并未明确指出从空中或公海发射空间物体的可能性。在这种情况下判别发射国的困难可能会在适用《责任公约》和《登记公约》方面造成一个空白。一般情况根据发射设施如船舶、航空、航天器的旗帜国或注册国进行判断。但有时旗帜国或注册国管辖权的法定联系可能不太可靠，发射实体有时会选择这种联系，从而使用方便的旗帜。基于相同的理由，方便注册国或方便旗帜国通常不能被认同为发射国。原因是方便国通常不会对在本国登记注册的发射实体或实施的发射活动履行管辖职能，它们也没有对这些空间物体进行国籍登记，甚至可以说，它们其实也不具有管辖和承担相应责任的能力。而法律制度仍以国家主权为中心，对于外空活动的规制并不是一国之力所能解决的，尤其空间碎片致损的问题，因此在外空法制的发展正在由国家中心向国际中心发展的情况下，通过国际合作对使用方便旗帜的现象会得到合理的规制。

国际商业发射服务处于飞速发展阶段，越来越多的国家提供、购买、参与到发射服务中，而且这方面的国际合作也日益增多。再者就是更多的私人实体加入到商业发射活动中，其结果是发射国的确定更为复杂。在下文中将详细阐述。

（二）私营实体商业发射责任主体的确定

虽然《外空条约》第 6 条的一般解释是将外层空间的非政府实体的活动归责于国家。实际上，在《外空条约》生效时，私人商业活动还未涉足外空。[1]并且在条约中也没有提及"个人（自然人）"的问题。如今，私人实体进行外空活动的规模和类型不断增加，尤其是跨国公司发挥的作用越来越大，如：Arianespace、Eurockot 以及 SeaLaunch[2] 等就是参与发射活

---

[1] Bin Cheng, *Studies in International Space Law*, Oxford:Clarendon Press, 1997, p.607.

[2] Arianespace1980 年成立，是世界上第一家私营卫星发射公司，拥有来自欧洲 10 个国家的共 24 个股东；Eurockot，一家新的德-俄商业发射空间技术的设计和应用以及空间物体的操纵。SeaLaunch，一个由挪威、俄罗斯联邦、乌克兰和美利坚合众国的私营公司组成的联盟，它从公海上经改造的石油平台上进行发射（在利比里亚注册）。

动具有私营性质的跨国公司。因此一部分学者认为既然私营实体逐渐成为外空活动中新的翘楚，那么也应对其所造成的损害承担责任。但笔者认为，仍然是国家作为外空活动致损责任主体更适合。首先，外空活动具有极度危险性并关乎国家安全，因此，即使是私营商业行为国家必须对其进行审批监管。其次，依据《外空条约》中第6条有关内容，"国家对非政府实体进行的外空活动负有批准和不断监督的职责"，那么私营实体在其外空活动中造成实际损害的，其所属国也不能完全推卸掉监管责任。著名国际法学家奥本海提出："国际法对每个国家均加以义务，使其运用相当注意以防止其本国人民以及居住在其领土内的外国人对其他国家实施侵害行为。"[1] 此外，国际法中的一项基本原则也体现了国家对私人行为在特定条件下负有责任，也就是说，只要当一私人行为是在某国控制范围之内的，国家便应为其承担相应责任。

而针对个人来说，虽然个人能否成为国际法主体尚有争议，但《国家对国际不法行为的责任条文草案》中"根据个人与国家的国籍联系及其他特定关系，从而将个人行为归责于国家"的规定对于确定外空法仍有着重要的意义。

再次，国家对本国事务具有管辖的职能，完全可能置私人行为于自己的管理、控制之下。这是因为国家对域内私人行为承担国际责任的依据在于国家行使主权职能在国际上所应负担的国际义务。而国家对域外私人行为负担责任的依据，却是源于国家对该私人行为能够实施管辖和控制的客观现实。简言之，国家对其域内及域外的私人行为负担国家责任，是依据国家所拥有的属地管辖权及属人管辖权的结果。由于属地管辖权和属人管辖权的内容不同，关于领域内和领域外的私人行为的国家责任的内容也不可能是完全一样的。另外，国家为其私人在域外的行为承担责任体现了权利、义务相一致的原则。因为，控制国通常被推定从其私人的域外活动中受益，因此它也该承担由于活动所产生的损害赔偿责任。另外，还可以通过该私人所属国和空间物体发射国之间的双边条约中适当分摊这种情况下的赔偿责任。

---

[1] ［英］劳特派特修订：《奥本海国际法》（上卷第一分册），王铁崖、陈体强译，商务印书馆1989年版，第271页。

再者，国家经济实力相对私营实体雄厚、稳定，有利于实现对受害人的赔偿，这也符合《责任公约》的宗旨。而且从事外空活动的国家几乎都规定了保险或财务责任等内容来确保国家在国际上承担赔偿责任后向私营主体追偿的实现。由此，国家对私营主体引起的损害负担赔偿责任也不会产生不公平的结果，反而有助于给予受害者及时的救济，也有助于国家利用担保责任的宽、严来实现对私营主体从事外空商业活动的调控。这就意味着，如果在某国注册的公司发射其拥有或运营的空间物体，该注册国也应按照《外层空间条约》第7条或《责任公约》对该空间物体造成的损害承担赔偿责任，即使是该公司请求另一国代为发射的情形，除非在注册国和空间物体发射国之间的双边条约中适当分摊，但也不能免除其对外的国际赔偿责任。

在国际实践中，航天国家对本国从事外空活动的商业实体无一不加以监督、管理。即使是在外空商业最发达的美国也没有放松对私营实体的管理。在美国已经认识到航天的未来有赖于私人部门的主导并且太空商业飞行将迎来一个前所未有的时代的情势下，联邦航空管理局（FAA）一直肩负着对美国的私人太空飞行的管理。联邦航空局为了减轻进入轨道上的太空垃圾，在其许可私人外空运营商的过程中，列入了几个形式上的要求。宇宙飞船的运营商为获得从美国发射飞行器到太空的许可，必须给美国联邦航空局提供一个飞行安全分析，包括一个碎片分析，标识由于飞行器的发射生成的或可能生成的无效的、爆炸的和其他危险的碎片。分析还必须列出"每个碎片残骸分解的原因，任何计划抛弃的碎片，运载火箭组件，或有效载荷。"航天器运营商还必须确保航天器和任何生成碎片不会经过任何载人航天器的200公里内的范围，并且在发射活动结束时耗尽储存的能量，应使得因爆炸产生的碎片威胁降到最低。[①]

这还涉及对私营商业发射实体的国籍的确定问题，由于法人国籍确定本身就是一个复杂的问题。在确定从事发射活动的私营商业实体的国籍时，应结合具体实施管辖、控制的国家来进行。因为只有将实际管辖或控制发

---

① Jared B. Taylor, "TRAGEDY OF THE SPACE COMMONS: A MARKET MECHANISM SOLUTION TO THE SPACE DEBRIS PROBLEM", *Columbia Journal of Transnational Law*, 2011, p.269.

射活动的国家作为该私营商业实体的国籍国才具有现实意义。通常这样的国家都会通过审批、许可等制度影响着私营商业实体的成立、发射活动的进行。因此，国际社会通过让国家承担不利后果，从而促使国家纠正私营商业实体的致损行为，这类国家也有能力发挥实质性的作用。但是也有学者认为，"促使发射国承担国家责任应当属于因监管而引发的行政上的责任，而因发射造成的损害赔偿责任属于民事损害赔偿责任，既然这两种责任不同，将仅有监管义务的促使发射国作为责任主体是否妥当？"[①] 然而，外空活动本身是一项非常特殊的活动，因此，国际外空条约才专门规定了发射国对本国政府机构和非政府实体从事的外空间活都应负有国际责任。这样的规定本身就不是严格依据民事责任法理制定的，而是考虑了外空活动的特殊性。

（三）明确可以获得赔偿的损害类型

首先，应把空间碎片产生的损害纳入到《责任公约》规定的可以获得赔偿的损害范围内。在《责任公约》制定的国际社会背景下，空间碎片问题还不足以引起人们的关注，但随着空间活动的日益增多，空间碎片已经严重地危害到各国在外空的人员、资产的安全以及地球表面的人身、财产的安全。而且正如前面章节中所述的空间碎片与空间物体的关系，二者之间并不是排斥的关系，是可以相容的。所以，我们应该对《责任公约》的第1条作扩充解释明确空间碎片是为空间物体所包含的。这与《责任公约》的目的也是相一致的，公约"是以有利于受害者为导向的协议，旨在平衡对无辜受害者保护的必要性和对外空探索发展的重要性之间的利益关系。"[②] 空间物体造成损害多为其丧失功能性或无法操控的情况下引起的。因此，在公约中明确规定空间碎片导致的损害也属于赔偿范围，这样可以避免日后在适用的时候发生不必要的争议，给予受害者及时赔付。

其次，还需要明确条约救济的损害包括地球环境损害。随着现在国际社会对环境保护的关注，空间碎片造成的环境损害也是不容忽视的。而且

[①] 高国柱：《论发射国的确定》，载赵海峰《空间法评论》（第二、三卷），哈尔滨工业大学出版社2009年版，第194页。

[②] Joseph A. Burke, "Convention on International Liability for Damage Caused by Space Objects: Definition and Determination of Damages After the Cosmos 954 Incident" *Fordham International Law Journal*, Volume 8 Issue 2, 1984, p.257.

在实践中也需要对空间碎片造成的环境损害予以规制。作为法律应具有明确性、效率性，所以应该通过扩大解释，明确列明损害的范围包含环境损害，便于对责任的追究。地球环境除了在国家管辖范围内因空间碎片引起的环境损害，在地球公共领域因空间碎片引起的环境损害也是其应有之义。因此，南极、公海等这类不属于某国主权管辖的区域环境因空间碎片导致损害的也应是公约的适用范围。这些公共区域属于全人类共有，因此，不能因为某国行为损害了其他国家对该区域享有的权益。

（四）确定"过失"的标准

在民事侵权责任中对过失的界定是根据"违反预见及预防侵害他人权利的行为义务，并以是否尽善良管理人之注意为断。"[①] 然而，所谓"善良管理人的注意"，也常常称为合理人的注意，是"属于一种客观化或类型化的过失标准，即行为人应具有其所属职业、某种社会活动的成员或年龄层通常所具的智识能力。"[②] 由于证明自然人主观上的非难性就是不易的，更别说证明国家这一抽象的责任主体，如若采用主观说，判断国家主观上的可非难性的标准是什么？这依然是一个难题。根据《责任公约》的宗旨就是要给予受害者及时、有效的救济，因此适用客观过失说更符合该宗旨，只需确定发射国在外空活动中对损害的发生是否能预见而没有预见，或虽然预见但是没有尽可能采取可能的预防或减少损失措施。采用该标准的操作性较强一些。

既然过失是对一定注意义务的违反。在外空活动中基于过失承担责任的国家具有哪些注意义务呢？在外空中因空间碎片导致其他国家所属的空间物体遭受损害的，只有该损害是由于发射国或其责任人的过失产生的，受害者才可能取得赔偿。空间碎片已丧失功能性，因此不能把操作的合理性作为确定过失的标准。而且所有国家都可以自由地进入外空，除了在GEO上需要预先分配外，任何国家均可以依照自己的意愿向外空的任一地方自由发射卫星，因此只是将卫星发射到特定的轨道这一行为本身并不构成过失。然而空间物体在发射后的数十年丧失功能性造成其他国家空间物体的损害，求偿国要证明损害基于过失产生就更加困难。此外，追究空间

[①] 王泽鉴著：《侵权行为法》（第一册），中国政法大学出版社2001年版，第260页。
[②] 同上书，第259页。

碎片致损责任的宗旨除了救济受害者之外，还包括预防、减缓空间碎片的产生，所以过失的认定并非是对空间碎片的操作存在过失，而是应从空间碎片的产生以及产生以后的措施方面来进行认定。《外空条约》第 6 条各缔约国对外空活动的批准和不断监督是一种职责，也就是说这不但是一种权力，也是一项义务。《责任公约》第 21 条解决的情形，其中"空间物体返回地球碰撞造成之损害对人民有大规模之危险或严重干扰人民之生活状况或重要中心之功能"，在这种情况下，各缔约国尤其发射国应"审查能否提供适当与迅速之援助。"可以说，这两项都可以作为是否具有过失的确定标准。

特别是空间碎片减缓措施也应该作为确定过失与否的标准，即应当整合联合国、IADC 以及中、美、欧等航天国家的空间碎片减缓标准规定强制性的技术标准，作为空间碎片减缓的技术最低标准。如果空间碎片所属国被证明没有遵守空间碎片减缓措施中的最低技术要求的，应被认为存在过失。虽然外空委《空间碎片减缓准则》目前不具有法律约束力，法律小组委员会也没有介入它的起草，并且减少与空间碎片相关的风险还不是一个明确的国际法律义务。然而，我们可以看到这一情形在不断改善。加拿大、捷克共和国和德国发起编写的各国和国际组织为减缓空间碎片而采用的标准已在外层空间事务厅网站发布，并鼓励会员国为汇编提供资料或最新信息。[1] 汇编的目的是使各国知晓已经由国家和国际组织当前实施的空间碎片减缓的手段和措施。根据 2016 年 2 月 10 日的数据显示 11 个国家[2] 都构建了减少空间碎片的具有约束力的国内机制以及 2015 年 9 月 8 日的数据显示欧空局、机构间空间碎片委员会、国际电信联盟以及联合国外空委这些国际、区域组织参与构建了 5 个空间碎片减缓的国际机制[3]，这加强了避

---

[1] 《科学和技术小组委员会第五十二届会议报告》（A/AC.105/1088），和平利用外层空间委员会第五十八届会议，2015 年 6 月 10 日至 19 日，维也纳，第 18 页。

[2] 奥地利、比利时、加拿大、法国、德国、意大利、日本、尼日利亚、乌克兰、大不列颠及北爱尔兰联合王国及美国 11 个国家。(http://www.unoosa.org/oosa/en/ourwork/topics/space-debris/compendium.html)

[3] 意大利航天局、英国国家空间中心、法国国家空间中心、德国航空航天研究中心与欧洲航天局一致通过的《欧洲空间碎片减缓行为守则》；《欧洲航天局项目的空间碎片减缓规则》；《机构间空间碎片减缓委员会空间碎片减缓指南》；《国际电信联盟对地静止卫星轨道环境保护问题建议书》；《和平利用外层空间委员会空间碎片减缓准则》。

免碰撞的注意义务和谨慎程度的关注。即使一些国家没有建立具有约束力的国家机制，也有空间碎片减缓的政策如澳大利亚，还有一些国家虽然没有建立国家机制但是依照联合国准则实施空间碎片的减缓如波兰。科技小组委员会继续邀请会员国和在委员会具有常设观察员地位的国际组织提供报告，介绍空间碎片研究、携载核动力源的空间物体的安全问题、此类空间物体与空间碎片碰撞所涉问题，以及执行碎片减缓准则的各种方式。① 此类信息一般交流很可能在未来成为更为严格的措施。

即使如一些国家表示，没有必要将技术性的碎片减缓准则变成有法律约束力的文书，因为保持空间活动的安全和可持续性符合航天国的利益，因此它们具有减少空间碎片的动机。② 这似乎也更加表明即使不建议制定有法律拘束力准则的国家也认可了减少空间碎片的行为的必然性。航天国家在开展外空活动时，负有采取适当措施防止造成其他国家和超出其国家管辖和控制地区损害或至少将损害风险降到最低的国际义务。虽然他们并不具有法律约束力，联合国外空委《空间碎片减缓准则》可以作为尽到注意义务的一个参照。然而，一个全面、充分运作的解决复杂的空间碎片问题的法律框架，需要具有约束力和明确的规则。只有法律规则能够最大程度利用预防和权威性的作用以保护外太空共同体的利益。③

还可以从逻辑上推断，至少可以说《空间碎片减缓准则》是《外空条约》第9条实质性义务要求的展开。即给这些国家提供的信息足以使其采取适当行动，以防止他们使用或探索外太空，月球和其他天体的活动受到有害干扰。因此，当空间碎片造成有效的空间物体损害的，若被求偿国在该碎片所属的空间物体发射时未采取当时个人的最低限度的空间碎片减缓措施或当该空间物体丧失功能性后未尽可能采取相应的碎片清除措施，就应认定存在过失。采取这样的标准除了对空间碎片造成的损害给予赔偿之

---

① 《科学和技术小组委员会第五十二届会议报告》（A/AC.105/1088）.和平利用外层空间委员会第五十八届会议，2015年6月10日至19日，维也纳，第18页。
② 《法律小组委员会第五十四届会议报告》（A/AC.105/1090），和平利用外层空间委员会第五十八届会议，2015年6月10日至19日，维也纳，第21页。
③ the International Interdisciplinary Congress, "Towards Long-term Sustainability of Space Activities: Overcoming the Challenges of Space Debris"（A/AC.105/C.1/2011/CRP.14），January 2011, p.23.

外,也有利于促进各国积极适用预防以及减缓空间碎片产生的措施,从而最终达到减少空间碎片的目的。

最后,《外空仲裁规则》可以在这方面发挥重要的推动作用。在目前情况下,外层空间仲裁规则利用其灵活性,在解决争端中适用和解释《责任公约》以及空间碎片减缓准则以发展过失标准的认定最合适。

因此,我们根据以上对过失标准的认定,可以分析 2009 年 2 月 11 日美国一颗为私营公司所有的商用通信卫星"铱 33"与俄罗斯一颗已经报废的卫星"宇宙 2251"在西伯利亚上空相撞。此次事件造成了该公司提供的通信服务受到影响。"宇宙 2251"毫无疑问是归属于俄罗斯的空间碎片,若依据外空条约确定国际责任,需要首先确定二者的过失,"宇宙 2251"在 1995 年就已经报废,但是直到 2009 年俄罗斯仍没有对其做出合理处置,应被认为没有尽到减缓碎片的合理注意义务,如果根据法不溯及既往原则不应追究的话。俄罗斯仍旧违反国家对发射的空间物体不断监督的义务。并且美国也承认对"铱 33"操控有误,并且也没有尽到预警义务。因此,根据俄、美双方都具有过失,可以依过失相抵原则确定双方负担的赔偿责任。

总之,随着现代社会生活越来越丰富、多样性,人们通过某种联系出现"共同"致人损害的情形也越来越多。这就需要法律在调整、规范这些行为时应具有一定的机动灵活性。在责任构成要件方面,法律也必须充分意识到这些联系所具有的复杂性和多样性,不能被某种固有概念和既定的制度束缚了。

(五)一般损害赔偿责任的限制

在外空环境下,空间碎片可能致使航天器解体、被击穿、表面损伤等多种损害,并可能带来机、电、热的综合影响。但是,只有当空间碎片对航天器造成的损害达到一定的严重程度的,空间碎片的所有人才应当承担损害赔偿责任。例如航天器上某部件系统的失效,甚至航天器的解体失效等造成了受害者的重大损失。但空间碎片造成地面财产、环境、人类的损害不在此限。

之所以排除了给予在外空遭受的来自空间碎片的一般损害的赔偿救济,是因为从事外空活动的国家应当一定程度地承担在外空中本国可能遭受的一般损害风险。人类在外层空间的探索活动是具有极度危险性的。一般情况下，空间碎片造成的损害既非发射国有意采取的行为，也非疏忽大意所引起的，是由于目前外空活动所采用的航天科技还无法克服空间碎片的生成。和平利用外空的行为是属于国际法不予禁止的行为。并且探索、利用外空的活动也是具有极其高的科技和经济价值回报、造福于人类的活动，是国际社会鼓励的科技探索活动。因此，根据风险与利益的关系，凡是依据相关国际法和平利用和探索外层空间活动的国家，应当在一定程度上自己承担在外空中空间碎片对本国可能带来的损害风险。否则将严重限制各国外空活动的自由，使得这些航天国家很容易被追究责任，并且损害赔偿金额也很难预计，这都不利于鼓励外空活动的开展。作为外空责任的制定应注重"行动自由"与"权益保护"这两类价值的衡平，它的具体规范模式应随着地点以及时间的不同，反映不同的社会诉求以及价值取向。因此，基于人类文明的进步，现在国际社会对于外空的和平利用和探索是鼓励的，又由于在外空的探索利用上正处于发展时期，科技有待提高的空间还是很大的，因此，不宜对于空间碎片致损的责任制度制定得过于严苛。法律的制定脱离现实的生活，必然使得法律起不到真正的规范作用，这样也不利于外空活动的积极有序的开展。

第三节　加强国际磋商

有关空间碎片的问题是一个国际性问题，在解决该问题上必然通过国际社会的合作，才能促进外空的可持续发展。然而，目前为止国家间尚未制定一项能够有效地认定空间碎片引起的损害责任问题的国际制度。不论国际社会选择以法律解释方式利用现行外空条约，或是选择制定特别国际条约的方式来解决有关空间碎片的责任问题，都离不开国际组织的协调、引导作用。

一　加强国际组织的组织和协调作用

国际组织在解决国际性争端方面具有重大意义。有关空间碎片致损责任问题的解决最终还是需要利用联合国机制或在联合国体系下研究、通过一个具有法律约束力的国际公约规范。外空条约未能确保国家履行义务的重要原因是由于外空条约没有提供适当的国际磋商的过程，也没有指定一个机构能够对国家预计的外空活动做出一个权威的评价。因此依据外空条约来解决外空争端的程序和实质性内容在很大程度上是由国家自由裁量的，而且是否启动磋商也是由国家自己确定的。当国际关系处在一种无政府状态体系中，国家在不能确保其他国家也采取此类行动的情况下，将没有积极性来解释和适用条约来限制自己的行动自由。此外，外空条约这一目的的落空也是另一个更大问题的表现：在国际法中，超国家权力是一个真空地带。目前不存在一个超国家权威可以就国家行动合法性进行裁决并能够独立于国家的影响力执行这个裁决。这必然会造成国家受眼前自身利益的驱动对外空条约进行限制性的解释和适用。因此，国际社会应采取具体步骤加强外空条约的适用性。可以协商制定外空条约的附加议定书，来提供一个权威机构决定对预计进行的具有危害性的外空活动进行国际磋商是否必要和解决空间碎片引起损害的赔偿责任问题。

就目前而言，国际社会中对空间碎片进行专门研究的政府间国际组织和机构主要是机构间空间碎片委员会和联合国外空委，然而他们更倾向于研究有关空间碎片减缓的科学技术方面的内容。近几年，联合国外空委也开始呼吁研究、制定有关空间碎片的法律规范。此外，还有国际法协会空间法委员会于 1958 年在纽约成立，一直在开展空间法的有关工作和举行相关的会议，至今没有间断。自 1990 年以来，空间法委员会一直是联合国外空委及其两个小组委员会的常设观察员（它每年向两个小组委员会提交报告）。"外层空间是全人类共同继承的财产，所有国家都有权利决定任何一个影响外层空间组织的政策和宗旨，而不管这个国家可以参与到空间活动的程度有多少。"[1] 由于这个目的，有人提出了"联合国外空委充分的代表了国际社会，所以是一个合适的论坛讨论空间碎片问题。"[2] 实际上，联合国外空委成员范围很广，与其他有关空间碎片

---

[1] Howard A. Baker, *Space Debris: Legal and Policy Implications*, Martinus nijhoff publishers, 1989, p.159.

[2] Gunnar Leinberg, "Orbital Space Debris" *Journal of Law and Technology*, 1989 , p.110.

的国际组织如上述的机构间空间碎片委员会都有着往来互动的关系，能够反映不同国家的认识，这个组织体涉及有关外空的方方面面问题。而且联合国外空委也已经制定了几件规范外空活动的条约，此外还提出了一些外空活动的指导方针。

科技小组作为联合国外空委下设机构，自1994年开始就从事空间碎片技术方面的研究，所以由其编制一部统一的空间碎片减缓的一般技术目录，此技术目录主要汇编一般航天国家所能够掌握和应用的减缓空间碎片的技术。并且随着各国航天科技的快速发展，该技术目录也应随之修订。编制这样的技术目录也为法律小组有效规范空间碎片引起的法律问题提供了技术依据。

笔者认为还应成立一个名为空间碎片监督管理委员会，并在其中设立一个由中、美、俄等航天科技发达的国家组成的专家组。空间碎片监督管理委员会主要的工作：一方面对空间碎片的常规监测；另一方面对碎片产生的损害的事前评估、事后调查。其三是监督外空的商业活动尽可能降低空间碎片造成的外空环境污染。其四是定期向外空委递交有关空间碎片监测报告以及对空间碎片导致损害的案件解决情况。

该空间碎片监督管理委员会，依据《外空条约》提供适当的国际磋商程序，能够对国家预计的外空活动做出一个权威的评价，确保国家履行条约义务。如评估确定一个国家是否采取适当的措施来避免有害的污染。这样程序和实质性的应用就不会完全交由国家自由裁量，在国际关系处在无政府状态体系中，当国家不依据条约采取此类行动的情况下，可以通过该机构积极去解释和应用条约来限制他们的行动自由。通过建立这样的机构，可以防止国家基于即时自身利益的驱动影响外空事业的可持续的发展。

这些部门应相互配合以促进从事外空活动的国家使用"一切适当措施"尽可能减少空间碎片。然而"一切适当措施"所要求的是不低于技术目录中所列明的一般技术标准。该目录的编制就是为了明确空间碎片减缓的最低限度标准，它的修订不需要获得所有成员国的许可，但是不得与机构间空间碎片委员会和联合国外空委的指导方针相抵触，还必须经过空间碎片监督管理委员会专家组的一致通过。

任何国家在向外空发射、操控空间物体的都应向外空委递交相应的技术资料。这类资料文件应涉及能够充分证明所使用的各类空间物体的标准以及对其的操作符合技术附录的最低限度要求。并且该文件最后应由空间碎片监督管理委员会分类归档保存，所有的国家都可以进行查阅，这既保证了知情权也有利于日后纠纷的解决。

一国在外空因空间碎片受到损害，若依据《责任公约》请求赔偿，那么在确定对方是否具有"过失"时将依据空间物体的状态和被求偿国在发射、运营空间物体时是否遵守了一般技术目录的要求。事实上，证明过失仍然是困难的，因此可以预计一个国家几乎不能从另一个国家成功得到补偿。若是由于空间碎片造成的损害，该空间碎片可以被确定是某一空间物体的情况下，而其所属国在发射该空间物体后规定的合理期限内没有提交技术性资料，或虽然提交了，但其内容不足以证明该国符合技术附录最低限度要求，那么就可以认定被求偿国是具有过失的，因此，应承担国际责任，给予求偿国以赔偿。反之亦然，除非求偿国能够证明因对方过错引起空间碎片产生和损害事件的发生。

并且将技术资料在外空委进行备案有以下优点：一是有利于确定航天国家是否尽到了注意义务，具有过失。通过查阅相关国家的技术性资料，作为确定有没有尽到应有的注意义务，是否要承担国际赔偿责任标准，这相对较为方便。二是更加促进从事航天活动的国家遵守空间碎片减缓规则。为了避免承担赔偿责任，发射国便会尽量采取当时国际社会认可的碎片减缓规则。因为该资料是供各国自由查阅的，这也可以作为该空间物体所属国遵守条约的证据。三是有助于形成一个解决空间碎片致损责任有关问题的资料库。由于空间碎片引起的损害可能发生在上百年后，而设置资料数据库为责任的认定提供证据。且身份不明的空间碎片导致的损害责任问题最终解决的关键也在于对碎片归属国的辨别能力上。就目前的科技水平来说，用现有的外空监测技术还不能识别和判断全部的碎片的所属国。但是航天国家在技术上完全可以对大空间碎片的归属进行辨认和记录。但是这种行为仅具国内法上的效力，对其他国家没有拘束力。在空间碎片造成损害的情况下，其所属国可以通过否认空间碎片为其所有，从而逃避国际外空责任。那么在国际组织进行备案形成这种国际性的资料库后，就可以尽量减少逃避责任的现象。并且国际社会以及航天国家不断提升空间碎片的外空监测、跟踪及识别能力，最终形成一个方便、实时、准确度高的空间碎片国际大数据库。

此外，自19世纪末以来，国际争端解决机制司法化的倾向已经凸显。各种类型的国际司法机构得以建立，如国际海洋法法庭、国际刑事法院，还有准司法机构性质的世界贸易组织争端解决机构等。可见，使用国际司法途径和平解决国际争端是现代国际法发展的趋势。外层空间法作为国际法的一个新兴部门，其争端通过国际司法的途径得以解决也是国际法发展的必然要求以及外层空间法发展的方向。常设仲裁院的《外空仲裁规则》灵活性以及其程序性对于解决空间碎片致损责任问题是一个很好的选择。并且该规则填补了外空条约的空白。实际上，外空条约中所规定的争端解决机制至今还没有真正的在实践中适用过。常设仲裁院的仲裁规则是尽可能降低争端方提出主权豁免从而扰乱正常争端解决程序的进行，便于争端的解决。此外，《外空仲裁规则》更适应当今的外空发展情况，因为该规则明确可以适用于涉及私营实体的争端，与《责任公约》等其他联合国外空条约不同。随着在有关空间事务的政府间机构和私人机构介绍《外空仲裁规则》，它将会发挥越来越大的作用。

二 进行双边或多边协商

《外空条约》的序言指出："……确认为了和平目的发展、探索利用外层空间，是全人类的共同利益……"。虽然没有明确规定共同但有区别责任原则，但是宣示了人类社会在外层空间的共同利益。因此，空间碎片问题不是一个或几个国家的问题，而是一个人类社会共同的问题，其有效的解决终究是离不开联合国或类似的国际组织的作用，但也存在着弊端，尤其发达国家与不发达国家由于利益诉求的差异，尤其在环境规制方面。这样，现在国际社会还很难制定一个所有国家都能接受的空间碎片致损的国际责任制度。

目前，一个较为适合的方法就是通过推动航天国家采用双边或者多边协商，共同解决空间碎片的有关问题。这样涉及更多的是从事航天活动的国家，他们一般只关注有关空间碎片问题所存在的既定利益，而不会过多纠缠无关的问题。有的学者提出"只有那些从事外空活动的国家能够控制空间碎片的产生,也只有那些国家遭受空间碎片造成的空间物体的损害。"[1]尽管这一说法过于绝对,但是也不无道理。以美国为例来说,其对待空间碎片的问题是一种矛盾但不得不进行的态度。美国主导了《外空条约》和其他早期空间法条约的谈判,但近年来却有时抵制与外空有关的谈判,认为这影响了它的安全和其他利益,对美国行动自由构成了威胁。但 2012 年 1 月,美国国务卿希拉里·克林顿(Hillary Clinton)宣布,美国将与欧盟和其他国家举行关于"国际外空活动的行为准则"的谈判,解决空间拥挤和空间碎片等问题。[2]她声明:空间碎片和不负责任的外空活动者威胁着我们的空间环境的长期可持续性。确保稳定、安全和我们的空间系统安全对美国和全球社会有着至关重要的利益。然而,……我们一起致力于扭转正在损害我们的空间环境令人不安的趋势和为后代保护空间的无限利益和希望。[3]美国态度的变化实际上是随着美国外空政策的发展改变的,尤其是因为政府和非政府实体运营卫星的数量大幅增加,由卫星发射和失效卫星产生的碎片风险随之增加。因此,对所有从事外空活动的国家来说,空间碎片是一个共同的问题,需要共同面对,共同解决,这就为进行协商奠定了事实基础。

并且,越来越多的具有航天活动能力的国家制定、实施减缓碎片的措施,开展了保护外空环境的实践活动。基于这些实践活动的持续进行,逐渐会形成一种国际惯例或者说是一种国际道德,在这个基础上逐渐形成一个国际习惯法或缔结一个具有法律效力的国际条约就没那么难了。因此,双边或多边协商、谈判等活动,虽然不具有普遍约束力,但至少为新规则的制定或形成提供了实践基础。根据外空惯常做法,对特定的联合发射或合作方案,各国应考虑依照《责任公约》第 5 条第 2 款为飞行任务的每一阶段订立协定明确各自的责任范围、大小。这种统一自愿性做法将为执行

---

[1] Christopher D. Williams, "Space: The Cluttered Frontier" *Journal of Air Law and Commerce*, May-June 1995, p.1183.

[2] Tejinder Singh, "U.S. Rushes to Endorse International Code of Conduct for Outer Space" (Feb. 8, 2012), (http://www.wall-street.com/2012/02/08/u-s-rushes-to-endorseinternational-code-of-conduct-for-outer-space/).

[3] Hillary Rodham Clinton, "International Code of Conduct for Outer Space Activities", (Jan. 17, 2011), U.S. Dep't of State Press Release No. 2012/063, (http://www.state.gov/secretary/rm/2012/01/180969.htm).

联合国各项外层空间条约的国家机构提供实际有用的指导。进而可以简化参与发射的各国各自的空间许可证颁发手续，可减少私营工业的保险费用，减轻其管理负担，并且减少政府的管理费用。例如，考虑采取方法减少为某一特定发射或发射阶段确定重复的第三方保险要求的国家数目，可能是很有价值的。各国还可考虑航天器所有权在轨转让的自愿性统一做法。一般说来，这类做法将提高国家空间法律的一致性和可预测性，并有助于避免在各项条约的实施过程中出现空白。可在双边或多边一级或通过联合国在全球一级考虑自愿性统一做法。①

目前通过多边协商或谈判以及现有组织的活动都是有利于有关空间碎片问题的国际协议形成。但是，该问题的最终解决还是需要一个专门的国际组织，在一定合理成本的基础上采取实质性的缓解外空环境遭受的空间碎片的损害。事实上，航天国家在 20 世纪末就有着手研讨订立具有普遍性的国际条约。

---

① 《"发射国"法律概念的适用》（A/AC.105/C.2/L.242），和平利用外层空间委员会法律小组委员会第四十二届会议，2003 年 3 月 28 日，维也纳，第 2 页。

CHAPTER 04
第四章

建立有关空间碎片造成损害责任新赔偿机制

大的空间碎片造成的损害，由于可以识别这些碎片的归属，因此损害责任我们可以通过《责任公约》等外空条约确定。然而中、小空间碎片造成的损害，由于绝大部分碎片是无法辨别其具体的归属，因此无法完全适用传统的外空条约来确定责任问题。并且空间碎片造成的外空环境的损害是航天国家外空活动生成的空间碎片不断累积所形成的，一般不是某一个国家或某几个空间碎片导致的，因此依据传统的外空责任进行追究也是不公平的。在现行国际法及有关联合国决议中也都没有可以具体适用的规则。这就需要制定有关空间碎片致损责任救济新的国际条约来解决。

如日本宇宙航空研究开发机构（JAXA）2016年3月27日公布，日本"最重要的"X射线天文卫星"瞳"与地面失去联系。该卫星的研发费用约为310亿日元（约合17.8亿元人民币）。专家认为，"瞳"可能受到空间碎片的撞击。根据哈佛史密森天体物理中心宇航员、太空分析专家乔纳森·麦克道尔判断，"瞳"受到了一些小型碎片的冲击，并彻底被撞毁。"如果是碎片撞击造成的，仅厘米级的碎片就有可能造成失联。"而对厘米级空间碎片的监测是非常困难的。"目前美国等空间碎片监测能力较强的国家，能监测到的最小碎片尺寸也只有10厘米左右。"[1]

---

[1] 日本之"瞳"或因空间碎片撞击失联，2016年3月29日。（http://www.cnsa.gov.cn/n1081/n308849/837862.html）。

第一节　建立对无法辨别归属的空间碎片造成损害的责任赔偿机制

"根据国际外空条约，空间碎片被认为是在空间物体发射国、运营国管辖权范围内的空间物体。"[①] 或者说，空间碎片导致损害发生的，该碎片来源的空间物体的发射国或运营国对该损害负担国际责任。由于《登记公约》和其他的国际外空法规范都没有把标明所属国作为强制性的义务要求，而且微小的空间碎片也不是都能被标明来源的。又由于客观原因，空间碎片可能因为其来源、物理条件和不可能确定和定期更新它们的轨道运动参数而无法登记。况且较小的空间碎片，是很难确定其归属的。因此，即使能够回收空间碎片也不一定有助于确定登记国、运营国。

进一步讲，可以识别身份的碎片由登记国进行管辖，并承担相应的国际责任。而不能识别身份的空间碎片尽管不能确定其权利归属于哪一具体国，然而我们能够确定的是，这类碎片一定是来源于从事外空活动国家发射或运营的空间物体。况且，不论《外空条约》或是《责任公约》在确定空间物体致损责任时都没有要求该空间物体必须经过登记。因此，当这些空间碎片引起损害的，发射国和运营者的归属国不应被免责，而是应根据他们共同的危害行为承担国际责任。只不过该责任的救济方式与能够识别身份的空间碎片有别。

一　对无法辨别归属的空间碎片致损责任的定性分析

空间碎片是国家从事外空活动的产物。根据第一章中空间碎片来源的分析，其绝大多数是空间物体物质体，所以当无法识别某空间碎片特定归属者时，也可以毫无疑问地确定其为国家外空活动的产物。在民法上，这

[①] Natalie Pusey, "The Case For Preserving Nothing: The Need For A Global Respons To The Space Debris Problem". *Colorado Journal of International Environmental Law and Policy*, 2010(Spring), p.449.

种可能导致损害发生的共同行为被称为"共同危险行为又称为准共同侵权行为，是指数人的危险行为有可能造成他人的损害，但不知数人中何人造成实际的损害。"[①] 认定共同危险行为时，加害人不明是其重要特点，主要是指多个人实施了可能引起他人损害行为，而事实上是其中个别人的行为导致的损害后果，但已无法具体认定谁是加害人。即在同一时间和地点无法从实施相同行为的多人中明确判断谁是加害人时，依据法律推定确定责任分配。例如，多人同时在同一地方扔石块，其中的一石块打伤了受害人。这种情形与无法辨明归属的空间碎片造成的损害行为非常相符。从事外空活动的国家都会一定程度地生成空间碎片，而空间碎片在外空都有可能造成该损害，即从事空间活动的国家有着共同危险行为。但是又无法确定该空间碎片的具体归属及责任主体，即何人致损不能确定。"共同危险行为的法律效果是由共同危险行为人对所造成的损害承担连带责任。王泽鉴先生认为此种连带责任，是为补救举证困难而设。"[②] 该种处理方式，"符合法学理论上'同一致害原因－同一损害结果－同一法律后果'的逻辑，使共同侵权行为所生之债成为一个不可分割的整体；在法律政策上，则体现了加强对受害者的保护的精神。"[③] 这也有利于直接解决无法确定归属国的空间碎片引起损害责任的难题。

因此，从事外空活动的国家可能由于某一无法辨别归属的空间碎片造成损害承担无限连带责任。这种责任会使得该国对内虽然根据自己造成的风险按比例承担责任，但对外则可能承担全部责任，从而增加航天国家活动的风险成本不可预计性。既然负有连带责任的侵害人在赔偿后有权向其他侵害人要求分担，那么不如在支付赔偿前就明确加害人之间的责任分配比例，这样可以让国家对其从事的外空活动的风险成本有一个预期。特别是在从事外空活动的国家都具有一定的经济实力的情况下，对外承担无限连带责任的作法已无必要。而美国加利福尼亚最高法院在辛德尔案中抛弃传统的连带责任而创立市场份额责任则更有利于平衡航天国家与受害人的利益。

---

① 王利明著：《侵权行为法研究》（上卷），中国人民大学出版社2004年版，第738页。
② 王泽鉴著：《民法学说与判例研究》（第1册），中国政法大学出版社1998年版，第58—59页。
③ 王家福著：《中国民法学·民法债权》，法律出版社1991年版，第505页。

二 保险制度与市场份额制度相结合的责任赔偿机制

目前国际社会在理论上提出的对无法识别归属的空间碎片造成的损害承担责任的主要方式除了市场份额制度之外，还有责任基金制度以及保险制度。这三种制度在适用的过程中都或多或少地存在一些不足之处，实际上也很难找到一个让所有人满意的责任承担方式，法律本身就是一个价值判断的过程，因此在确定空间碎片致损责任过程就是一个不断衡平双方利益的过程。

（一）责任基金制

责任基金也被称为国际赔偿基金，[1]任何实施航天活动的经营人依据其外空飞行任务预计生成的碎片数量而缴纳一定资金，由该资金形成一个独立的"责任基金账户"，由特定的国际组织进行管理支配。该账户中的资金将被用来赔偿无法辨明归属的碎片造成的任何损害。为了能够合理、经济的支付该赔偿，需要由所有的航天国家批准或加入一项国际条约，以承担向国际基金缴纳资金的责任。在条约中创建一个由联合国外空委管理的国际组织将全权负责基金的收缴和分配，维持上述的基金运转。国家缴纳的基金账户具体如何注资主要有以下三种建议：其一，根据该国所属的卫星对于潜在碎片的贡献率；[2]其二，规定一次发射缴纳一个固定的数额；[3]其三，根据发射成本确定一个百分比。[4]

这种方法虽然可以使空间碎片造成的损害在从事空间活动的国家内部消化，但是也有一定的弊端，因为并不是所有的航天活动将会生成多少碎片都能准确预算出来，还存在很多引起碎片生成的可能性，比如说，卫星导航员进行操控时出现失误产生了预算外的碎片，那么应缴纳费用就应有所变化。并且该基金账户若能够起到赔偿的作用必须拥有一定数额，基于此有人提出先由美、俄这些先期制造了大量空间碎片的航天大国缴纳形成一个基数，然而这种提法太理想化，恐怕很难实现。

---

[1] Lawrence D. Roberts, "Addressing The Problem Of Orbital Space Debris: Combining International Regulatory And Liability Regimes" *Boston College International and Comparative Law Review*, 1992 (Winter), p.70.

[2] Lawrence D. Roberts, "Addressing The Problem Of Orbital Space Debris: Combining International Regulatory And Liability Regimes" *Boston College International and Comparative Law Review*, 1992 (Winter), p.70.

[3] Peter T.Limperis, "Orbital Debris and Liability Regimes for Damage Caused by Debris" *15Ariz.J.Int' L&Comp.Law*, 319, 1998, p.336-337.

[4] FransG.Von der Dunk, "The 1972 Liability Convention-Enhancing Adherence and Effective Application" Proceedings of the Forty-First Colloquium on the law of Outer Space, 366, 1999, p.369.

进一步讲，若该基金制度真的被各国履行，从事航天活动的国家很可能怠于采用碎片减缓的措施。因为基金是在进入外空活动之前一次性缴纳的，所以之后即使由于操作失误、碰撞等原因产生了成千上万的新碎片，只要这些碎片不能被识别出归属，判断出是哪一次外空活动时产生的，从事航天活动的经营者也就不需为此再支付其他的费用，也不用害怕承担更多的责任。结果是，空间碎片引起的损害成本并不能全部实现内化。再比如，某个国家采用先进的航天科技并且谨慎地操控卫星完成航天任务直至返回地表均未生成损害性碎片。若在此种情况下，该国还仍旧和其他未采用先进航天科技国家缴付一样的责任基金。这一方面，无形中增加了各国的外空活动的成本，会打击从事外空活动的积极性；另一方面，要求从事航天活动的国家为未发生的损害买单，也是不公平的。

（二）保险制度

从事外空活动的国家政府以及私营商业实体通过购买责任保险，实现对遭受到的来自外空的损害进行救济。因此，从事外空活动的国家可以通过购买保险来支付不能辨别责任主体的碎片损害。尽管保险制度不能实质上减缓空间碎片，但毕竟空间碎片所带来的损害风险将会在所有从事航天活动的主体之间被分担了。"卫星的发射国和运营商可以选择一切险的保单，该保单现在并不排除轨道上残骸造成的损害，然而，只有不到50%的卫星运营商实际选择了'在轨'保险。"[①]

此类商业保险主要为两类主体提供保障：一是给卫星的所有权人或控制权人提供的保险，主要针对的是功能卫星在其使用期限内发射时的可能损害，保险期间往往包含发射操作阶段和在轨阶段。

"在一个典型外空保单里，保费的25%是涉及发射阶段，75%涉及卫星操作的剩余阶段。"[②] 在这些阶段，一些卫星可能基于设计缺陷或者操作上的失误造成损害，一些卫星可能会与空间碎片相撞毁损。但是，随着外空中空间碎片数量的激增，发生碰撞的风险也随之增大，保险公司也必然

[①] Delbert D. Smith, "The Tecnical, Legal, And Business Risks Of Orbital Debris" *New York University Environmental Law Journal*, 1997, p.65.

[②] Federal Aviation Administration, "Quarterly Launch Report 2nd Quarter 2006". SR-3 2006, 2010-12-09, (http://www.faa.gov/about/office_org/headquarters_offices/ast/media/2Q2006_QLR.pdf).

会注意到这一趋势，从而在设置卫星相关保费费率时把碎片致损问题作为一个重要的考量因素。所以，购买外空活动商业保险的保费也会随着卫星遭遇到空间碎片的事故率而改变，保险公司会增加保险费或者将空间碎片损害作为保险免责事由，这最终将会增加航天国家进行外空活动费用。

二是给第三方可能遭受的损害提供保险，是因发射空间物体和运营操作导致第三方受到损害的。美国也有类似的规定，在《美国国家航空航天法》第 308 节中规定了"授权美国航空航天局根据其认为合适的程度，为那些因在航天飞行器发射、运营或回收活动中遭受人员伤亡或财产损害向任何航天飞行器的用户提出赔偿的第三方，提供全部或部分补偿的责任保险。航空航天局可用拨款来购买这种保险……。"

从涉及的致损源，此种类型的保险包含了火箭、卫星等人造外空物体所导致的第三方损害。其弊端是，此类保险期间往往较短，实践中多为发射至之后的三十天，[①] 这实际上表明最可能造成损害的空间物体在轨道期间是不包含在保险期内。营利性是商业保险的根本目的所在，因此为降低空间物体致损机率，保险公司会按照航天器的服役期来确定第三方责任险的有效期间。若是保险期延长到超过服役期的，保险费设置必定更高。

最后，用商业保险这种经济激励模型在解决空间碎片问题上没有得到普遍使用，尤其在国家政府从事的外空活动中。如下图所示碎片问题在 LEO 上是最严重的，然而在 LEO 主要活动者是政府，其使用公共资金来提供公共服务产品，并且只有 5% 空间资产投了保险。全球空间活动总额达 2800 亿美元，除了来自 LEO 的私有收益总额大约 30 亿美元之外，可以看出几乎所有在外空的商业活动是在 GEO 实施的，这其中已投保险的空间资产 95% 也在 GEO 上。此外，保险的方式并不能实现损害成本的内化，而只是将该成本在实施外空活动人之间分散了。

（三）市场份额制度

在如何确定无法辨别归属的空间碎片造成损害的责任分配上，从事外空活动国家承担连带赔偿责任的方式有两种，一是平均分摊责任份额，二是根据市场份额确定责任大小。笔者认为不论责任大小，由危险行为者平

---

① "TITLE 14-Aeronautices and Space" e-CFR DataMarch 21, 2011, p.440.

均分摊赔偿额是不具有公平性的。而市场份额制相比较更符合权利义务一致的法律原则。

保险的作用是有限的[1]

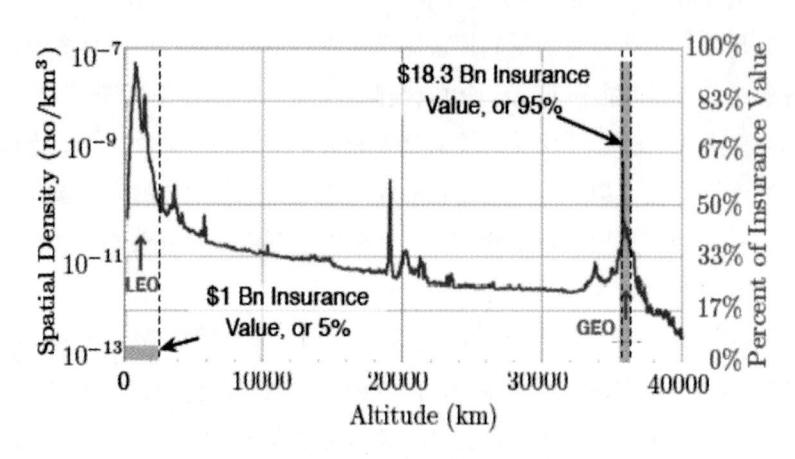

Schaub, Jasper, Anderson, and McKnight (2014)

市场份额制源于侵权领域一个重要的司法判例。"在 1980 年的 Sindell v. Abbott Labs 案件中，美国加利福尼亚州最高法院提出了这一新规则：企业和市场份额责任制度。"[2] 尽管案件是关于药物识别问题，似乎与外空活动表象上无关，但是本质上他们有着很多相似之处。在该案中"不能识别导致受害人患有癌症的二乙烯二苯乙烯雌酚（diethylstilbestero 简称 DES）药物究竟是由哪一家药物制造商所生产的情况下，法院裁判参加诉讼的十一个 DES 药物制造商对受害者的人身伤害，按照适当的份额承担了赔偿责任。"[3]

依据市场份额制原理，可能的加害人责任分配是按照有关市场中其致害物所占份额的情况来确定。"市场份额机制关注的是如何在所有可能的被告人中分配各自承担责任的比例及赔偿金如何现实地赔付给所有受害人，并不关心损害与赔偿责任之间具体的因果关系。"[4]

---

[1] Brian Weeden,"The Legal, Policy, and Economics Challenges of Space Debris", ISU SSP 15 Space Debris Theme Day Athens, Ohio July 3, 2015, p.17.

[2] Sindellv.AbbottLab.26 Cal.3d 588 607 P.2d 924 163 Cal.Rptr. 132, 621.

[3] Sindellv.AbbottLab.26 Cal.3d 588 607 P.2d 924 163 Cal.Rptr. 592.

[4] 蒋新：《中美火箭残骸碰撞事件引发的法律责任问题思考》，《河北法学》2005 年第 12 期，第 91 页。

与 DES 药物相类似的是，多数致损的空间碎片是无法被确定其归属主体的。因此当这些不明碎片造成一个正常运行的航天器损害的，航天国家基于共同危险行为负担的赔偿份额可以按照市场份额制来确定。即每个发射、运营实体的赔偿额依据其制造的空间碎片在不能辨别归属国的空间碎片总数中的比例来分摊。笔者认为有关赔偿比例的确定需要考虑以下因素：一是与该损害发生相关的国家向外空发射、运营的可能致害的相关空间物体总数；"与损害相关的"可以依据特定的轨道范围，以及碎片性质、材料等的相关性上进行判断。二是能够被辨识出归属者的碎片的数量。三是从事外空活动的国家因故意或者重大过失导致空间碎片数量急剧增加的事件，如故意在特定轨道制造空间碎片，没有任何预防、回收措施下实施反卫星试验等。四是执行有关空间碎片减缓规范的效果。前两项是为了认定可能加害国所负担的责任份额；而后两项则是为了对责任份额进行调整。如美国承认 usa-193 会产生有害的污染并采取了措施以避免，通过在卫星的衰变轨道低空拦截，尽量缩短空间碎片产生的生命周期和减少在外空环境的其他潜在有害污染。当不能辨别归属的空间碎片造成损害时，若与美国的外空活动有关，基于美国以上的碎片缓解措施就可以一定程度地降低责任份额比例。

在上文中我们提议成立的空间碎片监督管理委员会要对空间碎片和有效的空间物体进行常规监测，并定期提交对航天国在不同轨道上制造的碎片数目汇总及分析的报告。若一国发射或运营的航天器因空间碎片碰撞受到损害时，但是又无法确定具体的责任主体的时候，由于空间碎片是已经丧失功能性无法被操控的，所以碰撞的发生不涉及过失认定的问题。因此，过失的认定依据从事外空活动的国家采取空间碎片减缓措施的状态决定。若航天国家进行空间活动不遵守技术附录中的空间碎片减缓措施标准的，那么被求偿国对求偿国的损害负担赔偿责任。反之亦然，若被求偿国对相关空间物体在实施操作时遵守了技术附录的规定，那么该国将不需承担赔偿责任。若委员会有证据证明这些被求偿国家在空间碎片的生成上具有过失的，就应按照委员会的年度报告中显示的国家外空空间碎片份额比确定赔偿责任大小。若一个国家有证据证明造成损害的碎片不是来自本国或求偿国存在故意或重大疏忽的情况下，也可以免除其赔偿责任。

我们用一个例子来说明如何按照市场份额确定责任份额，假设价值均在1000万美元的美国卫星和中国卫星被无法确定归属的空间碎片毁损，这两起致损事件之间没有关联。根据美国SSN在2015年4月21日的数据显示，中国、美国的空间碎片占外空中空间碎片的总量的15.8%、27.6%，[1]因此根据市场份额制度，美国只能要求卫星损害赔偿金724万美元，这是因为美国需要自己承担27.6%的损失，但同时美国需要根据其空间碎片占总碎片的比例向中国支付276万美元。另一方面，中国根据自己的空间碎片的份额只需向美国毁损的卫星支付158万美元，并且自己所属的毁损的卫星可以要求得到842万美元的赔偿金。

各国空间物体数据统计（由美国SSN编目，截至2015年4月1日，）[2]

国家/组织	有效载荷	火箭箭体和碎片	总数
中国	177	3539	3716
独联体	1462	4850	6312
欧空局	51	45	96
法国	59	445	504
印度	58	109	167
日本	137	73	210
美国	1300	3842	5142
其他国家	663	116	779
总计	3907	13019	16926

市场份额制在被告与受害者间确立了直接因果联系，从而使受害者获得了救济，也让有过失的国家无法逃避责任。并且将会鼓励从事外空活动的国家加大力度实施减缓空间碎片措施。最后，市场份额制也能够促进航天国家主动清除报废的航天器或将他们推入垃圾轨道。

当然市场份额制尚有不足之处。也许有人认为市场份额制会让国家从事外空活动的成本增加，从而阻碍外空被充分、有效地利用。然而此类担

---

[1] Vandenberg AFB, Box score,The report is This report consists of data computed at the United States Strategic Command (USSTRATCOM), Air Force Space Command (AFSPC) or provided by Satellite Owners, compiled and provided by: JFCC SPACE, (https://www.space-track.org/#/boxscore)

[2] NASA Orbital Debris Quarterly News Volume19,Issue2 April2015, p.12. (https://orbitaldebris.jsc.nasa.gov/quarterly-news/pdfs/odqnv19i2.pdf).

心其实是没有必要的,在各国巨大的社会、经济以及政治利益的驱动下,并且航天科技发展也将会使外空活动成本逐渐降低,这一切会促进外空活动更加繁荣的。也有人认为市场份额制排除了传统侵权责任认定中最核心的因果关系内容。传统侵权责任理论是凭借因果关系来保障没有引起损害发生的被告不被惩罚以及造成损害一方不能逃避责任。然而现代侵权法似乎已经逐步放宽了近因标准,"发展趋势也从可预见性("适当性")标准的严格必要条件论转向只要求"合理归因"损害这一较松动的因果关系标准。"[①]也就是说,市场份额制改善了传统侵权责任较严格的因果关系,从而使受害方得到赔偿,这与现代法保护弱者的发展方向一致。

有人也提出市场份额制度在确定外空责任时是不能发挥其作用的。有如下理由:其一,在外空责任关系中,潜在的索赔人也是潜在的赔偿者,因此,索赔人的赔偿金将始终为其所负责的空间碎片所抵消或减少,这使得市场份额机制的目的无法实现。但是,笔者认为若采用市场份额制,国家会在利益的驱动下着力于空间碎片的减缓,随着原有空间碎片的衰变减少,其获得的赔偿额就会越来越多。因此,市场份额制不但有利于救济空间碎片造成的损害,还有利于此类损害的预防。其二,确定航天国家对空间碎片的责任份额还没有令人满意的解决办法。其三,非人造空间碎片造成的损害也会因市场份额制度获得赔偿。市场份额制度是适用于归属不明的物体造成的损害,而这些碎片有可能很小或无法跟踪的,也可能是非人造碎片造成的损害,甚至所受损害根本与碎片无关。实际上,任何责任的追究都有可能会伤及无辜的,是给予受害者尽可能公平的救济还是避免使无辜的国家承担了赔偿责任,这是一种价值的衡量。当然,随着外空科技的发展,探测、跟踪以及识别碎片归属的能力提高这种失误会越来越小,而且,自然碎片的数量及飞行速度远远低于人造碎片,是相对容易被监测到并避免碰撞的。

总之,笔者认为在确定无法识别身份的空间碎片引起损害责任时,应主要适用市场份额制外,还应允许或鼓励航天国家一定程度适用保险制度。理由是市场份额制是一种事后确定赔偿的制度,与前两种制度相比,能够

[①] 《国际法委员会2006年报告》(A/61/10),联合国大会正式记录,第六十一届会议,补编:第10号,第114页。

降低航天活动前期成本,一定程度促进各国积极开展航天活动。然而辅之以保险制,是通过外空活动经营者自行选择保险方式来降低赔付风险。这是一种事前对赔偿的防范行为,依据上文分析结果,保险费率必然会增长,不宜强制外空活动者进行投保。否则,会影响各国从事外空活动的积极性,或者为了降低前期成本投入,选择减少碎片减缓方面的支出。况且"在缺乏明确规定注意义务和责任确定标准的有效法律制度情况下,当事人还是会依赖保险制度来提供确实的保护。"[①] 若将航天器任务结束后离轨处置列为保险费率降低的条件,也能起到减缓空间碎片的作用。还可以在航天国家之间订立协定或采取非正式做法来避免参与发射的各国或私营主体的重复投保行为,这样有助于减少保费负担。例如,可以考虑采取方法减少为某一特定发射或发射阶段确定重复的第三方保险要求的国家数目。

第二节 建立空间碎片造成外空环境损害的责任赔偿机制

一 空间碎片造成外空环境损害责任的定性分析

外空环境污染损害责任的性质尽管难以确定,但它又是在探究空间碎片造成外空环境污染的国家责任时不可回避的一个基本问题,国家在外空的环境义务、责任构成和责任形式等有关责任制度的问题,都离不开对外空环境损害责任性质的界定。

(一)外空环境污染损害的界定

外空环境污染一般是指人类在外空活动中产生的有害物质或因进入外空环境,引起外空环境恶化,危害人类既有的和后续的外空活动的安全的情形。这是由于外空环境不同于地球环境的特点决定的,因为外空目前还不适于人类的生存,人类在外空主要是进行外空的探索、开发、科研等利

---

① Delbert D. Smith. "The Tecnical, Legal, And Business Risks Of Orbital Debris" *New York University Environmental Law Journal*, 1997, p.67.

用活动。目前国家的外空活动主要集中在地球的中、低轨道和静止轨道上。虽然外空是浩瀚无界，但是可利用的轨道资源是有限的，在外空活动频繁的今天，还没有一个可以有效协调外空活动、分配轨道的资源机制。而且随着卫星科技的发展，卫星的服务周期越来越长，在轨的卫星数量会不断激增。因此外空环境中存在着巨大的损害威胁，任何一国的不负责任的外空活动都会对外空环境产生巨大的负面影响，反过来又会对在轨运行的空间物体安全造成重大威胁。

因此，空间环境污染产生国际责任的"主要原因包括两个方面：一是外空滞留空间碎片；另一类则是空间碎片对他国的财产或人身造成损害。"[1] 在后者所产生的空间环境污染的国际责任与依据《责任公约》在外空中的空间物体对其他国家的空间物体或其所载的人员造成损害承担的责任存在竞合情形。那么，空间碎片造成外空环境损害而引起的国际责任是一国际赔偿责任或是一国际不法责任？

（二）外空环境损害责任是一种国际赔偿责任

外层空间依其性质是难以成为国家主权控制的对象。在《外空宣言》中就确定了任何国家不得把外层空间据为己有，任何国家可以在外空自由探索、利用的原则。也就是说，所有国家都有权进行航天技术的研发、并进行探索、利用外层空间活动。所以，外空活动尽管具有极高的危险性，却属于国际法不予禁止的行为。那么基于此类外空活动引起的损害，就不属于国际违法行为产生的国家责任。

而且，各国从事空间物体发射、运营等外空活动过程中所产生的空间碎片，由于现在的航天技术所限，绝大多数是无法避免的，并且在国际空间法中也没有禁止。如反卫星措施的实施虽然会造成大量碎片的产生，但是在现行国际法以及《空间碎片减缓准则》中都没有禁止或限制。因此，在外空空间碎片的产生并不是国际法禁止的行为。随着空间碎片在外空的累积造成外空环境损害也就不是国际不法行为引起的，即是合法行为或称为国际法不加禁止行为所引起的。

按照一般国际法的规定，认定国际法未加禁止行为责任成立与否的关

---

[1] 李寿平、赵云著：《外层空间法专论》，光明日报出版社2009年版，第81页。

键是损害是否实际发生：也就是说只要行为引起了实际损害，行为国的赔偿责任便成立了。"在赔偿责任中，只要行为国对其所造成的损害给予合理、适当的赔偿，行为国的行动自由就不受限制。"① 若没有可以适用的国家赔偿责任国际规则，那么国家在没有缔结相关条约的情况下，缺乏法律依据，就会使受害者利益不能被充分地保护。事实上，这种趋势已经十分明显。

在空间碎片造成外空环境损害责任的确定上，需要确定加害者是否具有过失。发射卫星以及卫星在运行过程中在规定允许的范围内生成的碎片，都在一定程度上污染着环境。一般情况下，要求对他们都进行法律追究是不切实际的。同样，对于很多外空活动，要求它们绝对对外空环境无任何污染，也难以做到。即使是完全依据空间碎片的减缓规则也会有一定数量的空间碎片的生成。因此，一国的空间碎片污染了外空环境并造成另一国损害的，该国应承担的国际责任为以过失为归责原则的国际赔偿责任。这有利于鼓励当事人积极采取防治措施，从而达到逐步治理轨道污染、改善外空环境的目的。采用这种归责方式的意义在于，第一，强化损害行为控制者的责任，以促使他们积极履行维护外空环境的义务，实施防止损害环境的措施。第二，能够促进从事极度危险活动的组织以及个人积极改进航天技术安全措施。第三，同时也有助于给予受害者及时救济的法律政策实现。

（三）以严格责任为归责原则

还需要指出的是，通过国际赔偿责任不但给予受害者赔偿，也让行为国履行预防及减少损害结果发生的相应义务，比如预先告知、磋商谈判、信息交换等。因而，在国际法委员会的推动下制定了避免损害发生、扩大的预防原则，就是要求行为主体实施导致或可能导致危险或损害行为时需承担的预防义务，包括采取必要的措施以防止或减轻损害。它是跨界损害责任所具有的一个重要特点也是国际环境法一项基本原则。

由于引起跨界损害的行为是国际法不予禁止的行为。通过协商使双方能够交换意见，同时也使一国意识到不能毫无限制地实施危险活动。从而该国一定程度上受磋商的牵制，会更加审慎地从事，尤其是应按照"利益均衡"原则来权衡彼此。就像国际法委员会在《关于国际法不加禁止的行

---

① 国际法委员会：《国际法委员会第三十九届会议工作报告》，第92页。

为所产生的损害性后果的国际责任条款草案及其评注》中所做的表述,"责任原则和赔偿原则是第 4 条的必要推论和补充。该条责成各国预防或尽量减少国际法不加禁止的活动引起的危险。另一方面,第 5 条规定了在发生重大跨界损害的时候给予赔偿或其他补救的义务"。这是跨界损害责任的又一重要特点。同意并不构成免责,因为跨界损害责任的前提是造成跨界损害的客观后果和事实。

由此可见,对于空间碎片造成的外空环境污染的国际责任性质与造成地球环境损害责任不完全一致的,前者是以严格责任为归责原则的国际赔偿责任。这是因为空间碎片造成外空环境损害问题中当事人从目前的现状来讲,客观上依然要求发射国自身具有高度的专门性的注意和操作技术,他们之间是处于对等的地位,因此,要求损害赔偿需要一方存在过错。但是为了加重致外空环境损害者的负担,应使举证责任倒置,因为外空环境一旦遭到严重的损害,治理难度和成本都是极高的。而在造成地球环境损害责任中双方当事人的地位通常是不对等的,对国家的无过失责任的集中、一元化则是不可缺少的了。

(四)与国际不法责任的关系

当然,若从事外空活动的国家故意利用空间碎片污染外空环境来妨碍其他国家使用外空的自由,甚至造成外空人身、财产的安全的,这并不排除空间碎片造成外空环境污染的国际不法责任的成立。

此外,国际法不加禁止行为所产生的损害性后果所导致的国际赔偿责任还包括:当一国行为将会导致跨国界损害发生的,该国对可能受害国所拥有的权利和应履行的义务。因为这类活动大多是有益于社会的、甚至是无法替代或不能缺少的,所以在确定其损害赔偿责任时,对社会效益和社会危害进行价值判断亦是法律需要关注的问题之一。若损害已经产生,行为国应尽可能减少损害后果,包括给予合理赔偿。当行为国不履行这些义务时,则引起国家不法责任。

最后,外空环境损害的国际责任所规定的国家的国际赔偿责任制度,不能说是永久不变的,随着今后有关技术的革新是完全可能变化的。伴随着外空活动的日常化,在此领域的产业习惯的积累,预见可能性与"相当注意"的内容的确定,也可能在某一天就会回归到基于国际违法行为的国家责任的领域。

二 明确责任主体与求偿主体

（一）明确责任主体

国家和政府间国际组织是国际法以及国际环境法法律关系中的当然主体，在其违反有关国际环境法规定的义务时承担相应的法律责任，这应该没有什么异议。并且个人、公司和非政府间组织作为国际环境法的主体以及责任主体，实际上也已经为国际环境法的实践所证明。

与此相反，空间碎片造成外空环境损害的国际责任基本上都将国家作为责任主体，而国家支付了赔偿之后可以向发射者、运营者或设备所有者等私人进行追索。在空间碎片致外空环境损害领域，国家作为承担赔偿责任主体。这主要是因为对于外空活动，不论其实施主体是谁，国家都是直接参与的，如：建造空间站和发射、使用空间物体都需要经过国家的批准，说明了国家实际参与了造成外空环境损害的活动，所以这不仅是对私人行为的一种抽象的国家管控，也是对外空环境损害的一种特殊控制。这与一般环境关系中国家所处的局外者的地位相异。"只要实施外空活动所不可缺少的发射设施置于国家直接且固有的管辖和控制下，这种国家专属责任制度就须予以维持。"[1]因此，发射国对私人实施外空活动进行"许可和持续不断监督"，与通常意义上所涉及的产业规制性行政监督不同，外空活动所产生的一切法律后果归于国家也将是必然的。另外，国家从外空活动中获利，也应承担与此有关的赔偿责任，这也是权利与义务的一种平衡，因此对于造成外空环境污染损害活动的私人行为应该归责于国家。

若某一或几个具体的国家的空间碎片造成空间环境污染，责任主体的确定相对容易，即该具体国作为责任主体。但是，空间碎片污染外空环境造成的损害常常表现为空间碎片在特定轨道的滞留侵害了国家利用外空的自由、安全，在这种情形下很难将这些空间碎片具体归属到某一个或几个国家，因为这些空间碎片不是某一个或几个国家造成的，而是长时间的外空活动累积的结果，更何况很多碎片是无法确定归属的，所以，将空间环

---

[1] 林灿铃著：《国际环境法》，人民出版社2004年版，第245页。

境损害的国际责任确定由某一国或者国际组织承担是不现实的。实际上，空间碎片是国家在从事外空活动过程中形成的，因此，承担责任的主体应该是所有过去和现在开展外空活动的国际组织和国家，他们是造成外空环境损害的空间碎片的贡献国，这些空间碎片造成了损害，当然由这些国家一起承担赔偿责任，也可以说这些国家承但责任的法律基础是将空间碎片造成的污染环境的行为认定为所有外空活动国的共同行为所致。

总之，空间碎片所引起的环境损害，若该空间碎片是可以辨别归属国的，该国就是外空环境损害责任主体。若空间碎片是无法辨别归属国的，过去以及现在从事外空活动的国家都应作为外空环境损害责任主体。由于空间碎片引起的外空环境损害正是这些国家在发射、操控空间物体所形成的结果，并且这些外空活动本身具有共同的高度危险性。而外空环境遭受的损害与国家的外空活动存在关联性，因此，当无法确定哪一国家是为责任主体时，一起从事该危险活动的主体需为环境损害共同负担责任。这既是符合国际外空法的一般规定，也是符合民事侵权法的共同危险行为责任以及污染者付费原则。

（二）求偿主体的确定

在空间碎片污染外空环境造成某一具体的国家受害的情况下，求偿国即为该受害国，这是非常明确的。然而，空间碎片造成的外空环境损害是"通过放射性污染、生态污染、化学性污染以及空间碎片导致近地轨道或静止轨道的构成发生变化而影响近地轨道或静止轨道的正常利用及功能性航天物体的正常运行的形态表现出来的。"[①] 这些滞留外空的空间碎片损害了国家有效、安全的利用外空资源的利益。外空作为人类共同继承的财产，任何国家都不可以主张主权，因此，在这种受害者不特定的情形下，那么由谁来代表受害者主张损害赔偿？针对这一问题有两种解决的方法：一种是任何国家都可以作为代表全人类作为求偿主体；另一种是联合国框架下成立一个类似于国际海底管理局的机构代表全人类作为求偿主体。第一种方法其源于任何一个国家都是此类环境损害的受害者，这借鉴了国内法上的"公益诉讼"理论，他们都可以代表受害者们求偿。

---

① 李寿平、赵云著：《外层空间法专论》，光明日报出版社2009年版，第84页。

虽然，外空环境污染责任是一种国际赔偿责任，但是求偿主体还是负有基本损害事实的证明义务。这就需要拥有先进的外空高科技以及强大经济实力才能完成该证明。这就会导致最终能够进行求偿的主体限制在有限的几个航天大国中，更何况外空中现存的空间碎片绝大部分来自于这些国家。因此，任何国家都可以代表全人类作为求偿主体提出外空环境损害赔偿不利于追究致损者的国际赔偿责任，也对外空能力有限的中小国家的利益的保护就是有限的，因此不能够实现公平正义。其次，若某航天大国的求偿成功，那么所获得的国家赔偿如何分配也是存在的一个问题。

第二种方法为更多的学者所主张，笔者也赞成此种方法，即由某一组织或机构代表全人类作为求偿主体。在第三章中笔者提出在联合国下设立一个空间碎片监督管理委员会，该委员会具有的另一个职能，便是代表全人类对空间碎片造成的外空环境损害进行求偿。该委员会具有一个空间碎片的专家小组，又同时可以得到外空委科技小组和法律小组的有关空间碎片科技和法律知识的支持，相比较更有能力客观地完成空间碎片造成外空环境损害的证明责任。在获得赔偿之后，空间碎片监督管理委员会可以用于清除外空中的空间碎片以及研发相关的新技术，这将有利于预防和解决外空环境污染的问题。这也是靠一国或几国之力无法解决的。

而且，在外空活动中，中小国家通常是处于弱势，为了防止航天大国完全控制外空环境损害的求偿机制，可以参照国内法中的"小股东诉权"允许达到一定比例的中小国家可以联合要求空间碎片监督管理委员会作为求偿主体启动外空环境损害的赔偿程序。

虽然联合国外空委自1959年成立以来积极地对外空活动进行管理，但是其联合国大会设立外空委的目的在于订立和平探索、利用外空的有关原则和规章，从而促进外空领域国际合作，并且研究与和平利用外空相关的科技问题以及可能发生的法律问题。然而外空委是联合国大会的一个分支机构不具有独立的国际人格。因此，当空间碎片引起外空环境损害发生时，空间碎片监督管理委员会若想代表全人类作为求偿主体，其法律能力范围更需要进一步扩展。因此，由联合国赋予外空委空间碎片监督管理机构与国际海底管理局相类似的法律资格和能力，才能切实代表全人类成为外空环境损害的求偿主体。当条件成熟的时候，在国际上建立一个具有约束力的解决外空致损问题的专门国际组织。

三 建立在轨物体税收制度

在国际上，外空条约虽一直以"保护受害者"作为口号，旨在强调实现对私人生命、财产造成的损害给予迅速且实效的救济，并主张作为国家的国际法上的责任不论是实体法还是程序法都应加以确保其实现。但结果是公约并未能达到其预期效果。虽然以联合国为主要的国际组织一直还在研究和推动国际法不加禁止行为责任的立法以及外空法律的进程，但是以美国为代表的一些国家坚决支持保留关于跨界损害预防和损害分配原则条款草案的现有形式。认为这些文件都超出了现行国际法和国际实践的范畴，具有创新和激励性质，而不是对现行法律或国家实践的说明，其目的在于鼓励根据具体情况采取国家和国际行动，而不是作为一项全球条约的依据。[①]

而在国内法上，各国在外空环境保护方面也只是做了原则性的规定，并没有具体规定外空活动者承担的有关外空环境方面的具体义务和法律责任。而在目前还可以作为具体义务的主要是空间碎片减缓准则的一些技术规范或标准，但正如我们前文所述他们尚未具有国际法效力。

因此，在确定空间碎片污染外空环境造成损害责任的认识还未达成一致，甚至可以说追究一国在地球上造成的跨界环境损害责任的国际司法实践还不充足的情况下，确定空间碎片引起的外空轨道环境损害责任并不是现实和可行的举措。但是我们也不能对外空环境损害视而不见，因此，不如退而求其次，通过征收在轨空间物体的税收来减损现在以及未来空间碎片造成外空环境损害的程度。基于以上的分析，为了确保给予受害者实质上的救济，通过设定在轨物体税收制度给予补充还是完全必要的。

设立国家进入外空活动的税收，其目的是创建轨道维护基金，包括空间碎片清除以及资助研发太空碎片清除方法。该基金项目包括提供资金、技术援助，必须保证这两项基金的进款和拨款完全分开并相互独立。在某些具体项目中，经过允许，税收抵免可以采取提供专家人力支持、技术、技术档案和技术培训的形式。

[①] 《审议预防危险活动的跨界损害问题和此类损害的损失分配问题》（A/68/170）联合国大会第六十八届会议，第6页。

清理空间碎片是一个高成本的活动，通过设置这项专门的税收基金，可以使清理碎片变成一项常规化的工作。实质上，该税收和我国设置的高速公路收费基本一致。笔者认为该税收应由联合国下设的空间碎片监督管理委员会全权负责收缴、管理和分配。类似汽车在高速公路行驶的收费一样，按照车的类型、载重、公路的路段的不同收取不同的费用，税收缴纳的标准也应根据发射到外空的各类型空间物体形成的碎片的数量、类型和进入的轨道等确定不同的缴付费率。比如：空间物体采用核燃料等类似燃料的发射国就应交付的税费较高些，因为一旦核燃料的泄漏造成的损害后果严重。从事外空活动的国家需按照向外空发射的空间物体的次数以及所发射的空间物体的相应税费等级，向委员会缴付一定的税费。

进一步增强航天活动国家的空间环保意识，鼓励这些国家积极采用先进的空间碎片减缓技术，因此税收还应与国家采取空间碎片减缓相关措施相结合。从事外空活动国家自愿采用国内的空间碎片减缓措施若高于联合国空间碎片减缓准则的，或自觉按照《外空条约》第9条列举的避免有害污染应有的注意义务原则从事外空活动的，应享有更多的减税的优惠。而且该税收优惠的享有和抵扣可以由发射国或空间物体的所有国在空间物体发射前或发射后进行申请。如美国2006年12月14日发射的usa-193卫星携带了剧毒燃料联氨以及铍，因此要缴纳的税率就应比一般的卫星要高。该卫星在发射后失控。2008年2月20日美国采取措施以尽量减少在外空环境的潜在有害污染，且不论美国的政治意图所在，尽量避免对环境的有害污染的行为可以成为美国该卫星减税的条件。因此，这种税收制度将会促进从事外空活动的国家尽量实施有利于外空环境保护的行为。

轨道税收主要是为了"清扫"外空环境中漂浮的碎片之外，还可以资助碎片监测、编目以及公开，提高碎片定位、跟踪网络的完善，有利于卫星经营者及时获得相关的碎片情报从而避免碰撞。现实中从事外空活动的国家不愿意公开各自发射军事卫星的有关情况，事实上这些"秘密"外空物体并不神秘，具有外空活动监测能力的国家是能够发现、识别、跟踪它们的。况且它们也难以避免外空碰撞的发生。所以，当空间物体包括空间碎片在外空中位置越来越公开的情况下，各国运营的空间物体才更易于防止碰撞的发生。此外，轨道税收维护基金也能够资助外空跟踪、监测技的发展，解决目前在 GEO 的跟踪空间物体的科技落后于 LEO 的问题。若通过对《登记公约》进一步解释，要求国家对空间物体的变动状况和位置更新提供情报，这些可能反映空间碎片增长的资料对于设置具体的在轨物体税收制度将是有用的。

再者，在清除外空环境中的碎片可以由空间碎片管理委员会实施，也可以私营者购买服务的方式进行，即可以引入外空商业公司，采用竞标方式购买"清理轨道环境"相关服务，这将有利于空间碎片清除科学技术的发展，最终可以节约成本的投入。

最后，与空间碎片产生的叶栅效应相比，现在通过征收一定的在轨税收解决空间碎片造成的环境问题将是成本更低和困难更少。否则，随着空间碎片的数量增加，太空探索的经济障碍也会增大，届时航天器将需要更厚的防护壳。在某种程度上，若国际社会在清除空间碎片方面不积极有效地行动起来，航天器可能变得十分昂贵或笨重不利于外空活动的开展。

第三节　建立外空预警机制

在 Kosmos 954 卫星事例中，实际上前苏联能给加拿大的最有用的帮助不仅是支付赔偿金，更重要的是 Kosmos 954 在将进入加拿大的领土之前的预警，以及后来提供卫星的辐射物质的具体信息。在《责任公约》中除了在极端情况发生的事件外，没有明确规定发射国等缔约国应向遭受损害的国家提供有关的直接援助。为了更好地提高国家空间态势感知能力，法律小组应该制定一个跟踪和分享有关空间碎片数据的条约。虽然按照登记公约一些国际数据共享已经存在，但就空间碎片而言，是间断性，并不能可靠地被实现。因此，应把空间碎片外空预警作为一项条约义务，从而增加提高国家空间态势感知能力。而且，进行全球交换这类信息可以避免对美国 SSN 数据的过分依赖性，因为空间碎片信息只是由一国提供，难免这些数据有失公允性。

建立外空预警机制就是要求无论空间碎片什么时候产生，责任国应该尽可能地通知其他航天国家并提供有关碎片的信息，尤其是空间碎片出现碰撞风险的情况下。该信息必须包括空间碎片的位置和大小，碎片可能逾越的潜在轨道路径。为了避免操作引起国家机密或专有技术安全问题，折衷的做法是这种数据应该被限制在有限信息的必要的数量上，能够使得其他国家得知新的碎片，评估每个特定空间碎片能够与可能遭受损害的其所属的空间物体存在着相互关联的可靠程度，以便于采取适当的措施以避免他们的外空资产遭遇碰撞损害。此外，增加在发射前预警的目的是确保空间发射的安全性，改善各国在空间交通管理和信息交互，以及加强空间活动的总体信任和透明度。

实际上在一些航天大国的外空实践活动中已经有所涉及。除了美国对空间态势感知能力一直非常重视，并拥有、经营着世界先进的 SSN 之外，欧洲航天局也非常重视外空预警机制。欧洲航天局的空间碎片办公室为其成员和第三方提供协同事件的预测（conjunction event predictions）和碰撞风险评估服务。该预测通过使用自动检索目录数据，运行轨道档案和轨道传播环境的数据取得，每天都会更新，通常会涉及未来 7 天的情况。如果超过客户的指定碰撞风险水平，警报消息就会自动被发出。在这种情况下，可以通过进行成象雷达等专用雷达获得即将到来的物体的进一步轨道信息。这种跟踪和预警机制提高了空间物体的在轨信息，降低了碰撞产生的机率。欧洲航天局的空间碎片办公室还维护着一个以网络为基础的再入地球数据交换服务，机构间碎片协调委员会的 12 名成员用其监测危险物体的再入和交流卫星定轨和再入预测的结果。[①]

最后，目前世界上没有任何国家能靠自身能力提供轨道状况的完整和随时更新的情况报告，因此，客观上就需要结合利用这个领域内的各方能力。再者从资金上看，对近地空间物体实施光学观测的工具和技术已经不再像以往那么昂贵，所有有关国家都可获得，使近地轨道空间碎片研究得到尽可能广泛的参与变得相当可行。

---

① ESA, REENTRY AND COLLISION AVOIDANCE, 14 April 2017, (http://www.esa.int/Our_Activities/Operations/Space_Debris/Reentry_and_collision_avoidance)

CHAPTER 05
第五章

中国有关空间碎片引起损害责任的法律和政策

按照国际法确认空间碎片引起的损害责任时，一国单方面对空间碎片的归属作出的辨认和记录，在法律效力上来说，仅具国内法上的效力，并不能对其他国家产生约束力。因为"国际法的效力源于国家同意"。所以，责任国完全可以通过否认该辨认记录的效力，从而避免承担国际法律责任。然而若依据该国国内法确定致损责任就不同了，此时法庭可以依据国内的证据法规则确认空间碎片的辨认记录的证据效力并予以采纳、采信，从而最终确定责任主体。所以，各国在国内法中制定有关空间碎片致损责任的法律规范，对于解决空间碎片致损问题也是非常重要的，可以填补国际法救济不足的缺陷。

近几年，在联合国外空委的努力之下，更多的国家开始重视空间立法。在这样的国际环境下，我国外空方面的立法情况如何呢？

第一节　中国有关空间碎片问题的现状

一　空间碎片问题给我国航天事业带来了巨大挑战

中国航天事业始于 1956 年，迄今已经走过整整六十年的光辉历程。从 1970 年我国独立研发并发射成功首颗卫星即"东方红一号"，便翻开了中国积极探索、利用外空、造福全人类的新篇章。载人航天工程的实施，为中国创立了航天发展的第二个里程碑。探月工程树立了中国航天事业进程第三个里程碑，代表着中国迈入深空探索的新新境界，也标志着我国已经跻身于航天大国之列。在我国从事外空活动的同时，也被空间碎片问题所困扰。2003年10月15日我国第一艘载人飞船即神舟五号被成功发射,并在轨道安全飞行21小时,打破了俄罗斯与美国在载人航天领域独霸的局面。"但在此次操作过程中飞船和一块空间碎片擦肩而过,几乎相撞。"[①]2005年10月12日成功发射神舟六号载人飞船,载多人安全飞行5天,然而"在发射时由于受到空间碎片的影响,有三个禁飞时间段,而且在其进入外层空间后,飞行的轨道附近还有将近500个空间碎片相伴。"[②]这说明我国在外空活动中面临着空间碎片带来的巨大风险,从而我国一直都很重视与空间碎片相关的问题,并积极着手应对:一是,促进和其他航天国家进行国际合作;二是,注重对空间碎片进行监控、预防以及减缓的相关科技研究并且取得了世界公认的成就。根据美国SSN截至到2016年7月5日统计数据,中国被编目的轨道中有效载荷占空间物体总数比是6%,而同期俄罗斯22%、美国76%。[③]因此,目前我国空间碎片的数目仍然可观。但令人欣慰的是,2011年1月5日美国SSN统计数据显示,中国有效载荷数量虽然多了115个,而在轨火箭实体和碎片增加176个,而同期美国有效载荷数量多了242个,而在轨火箭实体和碎片却增加了588个。这又一次证明了我国是一个负责任的航天大国。

2005年1月17日世界时间2点14分,"在南极上空中国与美国的两块火箭碎片相撞,一块是1999年11月3日我国长征四号火箭第三级残骸爆炸产生的碎片之一;另一块是1974年3月16日美国雷神-博纳火箭的末级,这次相撞导致雷神-博纳火箭产生了两块地面可跟踪的碎片。"[④]因为这次相撞是发生在中美两国空间碎片之间,所以两国都未按照外空条约相关规定提出赔偿要求,但是,美国专家指出"中国2007年用武器摧毁报废的气象卫星也在外空制造了大量的碎片并对其他卫星甚至国际空间站的安全造成了威胁。"[⑤]

[①] 都亨著:《空间碎片》,中国宇航出版社2007年版,第36页。

[②] 同上书,第37页。

[③] National Aeronautics and Space Administration, *Orbital Debris Quarterly News*, Volume 20, Issue 3 July 2016, p.8 (http://orbitaldebris.jsc.nasa.gov/Quarterly-News/pdfs/ODQNv20i3.pdf)。

[④] 徐彬,2005年4月28日,《中美火箭残骸发生碰撞显露空间碎片监测难题》,(http://news.sina.com.cn/c/2005-04-28/19196521737.shtml)。

[⑤] Mark Carreau, "China's Missile Test Has Its Price: Satellite's Destruction Hurt Potential Cooperation with NASA, Experts Say", Jan. 29, 2007, (http://www.chron.com/disp/story.mpl/headline/world/4506382.html)。

因此，我国的航天事业在高速发展的同时，不但要面对空间碎片造成的威胁及损害，而且归属于我国的碎片也会给其他国家带来威胁、损害。总之，我国除了加强空间碎片减缓科技发展之外，还要建立、完善碎片致损责任法律规范。

二 我国有关空间碎片的空间立法

自我国第一颗人造卫星成功发射以来积极地进行和平探索、利用外层空间的活动，关注航天科学技术的发展和应用，并且主要通过国务院和国防科学技术工业委员会（简称国防科工委）以及外交部等多个部门围绕航天科技的需要制定相关法律、政策。因此，有关外层空间活动的法律制度缺乏体系性。到目前为止我国还未针对外空活动制定专门的外层空间基本法，更不用说外空活动赔偿责任法。涉及空间碎片的法律和政策性文件更是少之又少。

在2001年2月8日国防科工委与外交部联合发布了《空间物体登记管理办法》（简称《登记管理办法》），是明确规定我国对空间物体进行登记的制度。这是我国第一部有关民用航天的国内法规。在我国领域内发射的空间物体或者在国外我国参与发射的空间物体都适用该管理办法。这一方面是我国作为《登记公约》成员国履行国际条约义务的体现，另一方面有利于我国对外空活动监管的规范化，并且便于确定外空损害责任主体。国防科工委主管空间物体在国内的登记活动，其下设的国际合作司管理登记的日常事务。《登记管理办法》较为详细地规定了如何设置、保管《空间物体登记册》以及登记册基本内容，还根据不同情形规定发射登记主体（一般由所有者进行登记，而商业发射则由实施发射的公司进行登记）、以及变更登记、进行国际登记的相关程序，因而较完善地确立了我国有关空间物体登记管理制度。该管理办法遵循了《登记公约》原则，并结合我国航天活动的实际情况，它是一部极具操作性的部门性规章。在该管理办法中除了明确地规定登记时间外，还把变更登记作为一项强制性义务，如：《登记管理办法》第9条规定了"空间物体登记者应在空间物体进入空间轨道60天内，向国防科工委提交登记资料，履行登记手续；空间物体登记者应在空间物体状态重大改变后60天内进行变更登记；国内登记后60天内,通过外交部向联合国秘书处进行国际登记。"[1] 然而,该管理办法中也缺乏对空间物体权利归属发生变化时要求变更登记。同时,也没有规定未按要求登记的法律后果。因此,该法仍有必要进行修订。

在 2002 年 6 月 20 日国防科工委发布了《民用航天发射项目许可〈审批程序〉》(简称《审批程序》),对申请从事民用航天发射项目的自然人、法人或其他组织的进行审批。其中规定了申请人对国内执行发射场工作阶段的项目还需要提供空间碎片的处理方案。随后,12 月 21 日起实施的《民用航天发射项目许可证管理暂行办法》(简称《许可证管理暂行办法》),也是由国防科工委制定,主要是规范民用航天发射的有关活动。在《许可证管理暂行办法》中规定了第三方强制保险内容,"许可证持有人必须购买发射空间物体的第三方责任保险和其他相关保险。"[2]"在许可证申请人向国防科工委提交的申请文件中还包含了如何避免污染和空间碎片问题有关安全的材料"[3] 等等。以上这些具体条款表明我国不仅对空间碎片问题关注,还注意空间活动对环境的影响。国防科工委是主要负责监管民用航天发射活动,包括对民用航天发射项目实行统一规划、审查、批准、监督等管理活动。《许可证管理暂行办法》对许可证申请与审批、监督与管理以及法律责任等都作了较明确规定,使民用航天发射活动有法可依,也给商业发射的广泛开展准备了法律基础。

为系统阐述我国政府在航天领域的政策,介绍航天事业发展的宗旨原则,过去的发展状况和未来规划以及国际交流合作,我国政府相继发布了三个白皮书。它们构成了我国有关空间碎片问题立法的主要政策基础。在 2000 年 11 月 22 日国务院发布的《中国的航天》白皮书中提出"空间碎片问题是人类进一步开展航天活动所面临的一个重大挑战,中国有关部门十分重视空间碎片问题,并将继续与各国共同探讨减缓空间碎片的途径和办法,积极推进这一领域的国际合作。"[4] 这也说明我国 20 世纪便开始研究空间碎片问题并将继续深化。保护空间环境和空间资源被作为我国开展国

---

[1] 《空间物体登记管理办法》第 9 条。
[2] 《民用航天发射项目许可证管理暂行办法》第 19 条。
[3] 《民用航天发射项目许可证管理暂行办法》第 12 条。
[4] 《中国的航天》(2000 年白皮书)第四部分 (http://www.scio.gov.cn/zfbps/ndhf/2000/200905/t307950.htm)。

际合作的指导原则。并在白皮书中提出"加强法制建设和政策管理，建立航天法规体系，制定航天产业技术政策，保证航天活动有序、规范发展"。

在继续推进我国航天事业稳步发展，为了让人们知晓中国航天在过去的五年里成绩以及未来五年的规划，在 2006 年 10 月发布的第二个《中国的航天》白皮书，其中将保护空间环境，合理开发和利用空间资源作为我国航天事业发展的基本原则。在过去的五年间在空间碎片监测、减缓以及预报的科学研究和应用上有了重大进展。并且重申了加强航天政策法规建设的重要性，规范航天活动参与者、管理者行为，为航天事业发展创造良好政策法规环境"。

2011 年 12 月发布了《2011 年中国的航天》第三个白皮书，进一步表明了加强空间碎片监测、减缓和航天器防护工作已经成为我国航天未来五年中的主要任务，并再次重申了加强航天法规政策建设，积极开展国家航天法的研究。

这三个白皮书都涉及了空间碎片问题，并且对其的重视程度不断加强，预防、减缓空间碎片发生的技术不断升级和丰富。而且对于航天政策法规的建设也越来越重视。

并且我国在 1993 年成立了国家航天局隶属中华人民共和国工业和信息化部，对航天活动进行行业管理，并在国际上代表中国开展有关外空活动的对外交流与国际合作等。国家航天局历来对空间碎片问题非常重视，制定了专门针对空间碎片问题的行动计划，组建了空间碎片协调和专家组，不断强化空间碎片监测、预警、防护和减缓等各个方面的科研及应用。1995 年国家航天局正式加入机构间空间碎片委员会，为履行该委员会相关协议措施，制定了《空间碎片行动计划（2006-2010）》和 QJ3221《空间碎片减缓要求》等涉及空间碎片减缓的规范性文件。进而在《2006 年至 2020 年空间碎片行动计划发展纲要》中制定了以碎片探测预警、碎片防护及环保三大工程作为我国空间碎片问题的研究方向。但这些文件无不从科技方面减缓空间碎片的产生。

因此，从上述内容可以明确我国主要通过政策不断推进空间碎片相关问题的解决。同时也可以发现我国侧重于有关空间碎片减缓、监测、预警的科学技术的发展。在这方面虽然没有专门的法律规定，但是也制定了部门规章进行规范。然而在外空活动造成损害责任方面却重视不够，至今没有相关的立法、政策，这既不利于对受害方进行救济，也不利于在国家依据外空条约承担责任以后在国内进行追责，尤其是在私人主体将成为外空活动的主要参与者的情况下，国内外空责任立法的必要性更加突出。

我国是国际商业发射服务的主要提供者之一，在实践中主要通过双边条约的形式来明确外空活动责任。如1988年12月17日中、美两国签署，于1989年3月16日宣布的《美利坚合众国政府和中华人民共和国政府之间关于卫星发射责任备忘录协定》，该协定适用于AUSSAT卫星和ASIASAT卫星及中国发射这两个卫星的活动。该协定规定了中国政府负责履行美国政府与索赔人作出的有关赔偿协议，并应偿付美国政府根据《责任公约》、《外空条约》或其他国际法做出的任何赔偿。

值得一提的是，1999年修订的香港特别行政区的《外层空间条例》(1999年第55号)，它旨在赋予行政长官发出牌照的权力及其他权力，以确保履行中国就发射和操作空间物体以及在外层空间进行其他活动所承担的国际义务。在该条例第2条(1)中，对一些外空术语进行了界定，如："外层空间"包括月球及其他天体；"空间物体"包括空间物体的组成部分、其发射载具以及该发射载具的组成部分。并且对责任主体进行了界定，即任何人若导致任何活动发生或对该活动的持续负有责任，该人即属进行该活动的责任人。随后在第3条中明确了活动的范围，是指在香港或其他地方进行的以下活动包括：(a) 发射空间物体或促致空间物体的发射；(b) 操作空间物体；(c) 在外层空间的任何活动。在条例中提倡在行政长官批准的牌照条款中载有防止外层空间受污染或地球环境有不良的改造以及避免干扰其他人和平探索和使用外层空间的活动的内容。此外，条例中规定了登记制度，在第9条中规定了行政长官须备存一份空间物体登记册。登记册须记入行政长官认为适当的空间物体的详情，以履行我国所承担的国际义务。最后还规定了在政府依据国际法向受害人支付了赔偿的，进行外空活动的致损人须向政府作出偿付。并规定了偿付责任的除外规定(a) 以另一人的雇员或代理人身份行事的人；或(b) 按行政长官指示行事所引致的损害或损失。

三 我国制定空间碎片造成损害责任制度的必要性

在我国航天事业蓬勃发展的同时，需要正面应对空间碎片造成的危害，但是却没有调整外空活动造成损害责任的法律规范。基于空间碎片致损赔偿责任与一般民事赔偿责任还是存在区别的,而完全援引民事侵权责任法等相关国内法来确定空间碎片导致责任问题又不妥切,因此,制定有关外空活动致损责任的法律规范是非常必要的。

一是制定有关空间碎片致损责任的法律规范是适应我国航天事业的迅猛发展的需要,也是法治中国的基本要求。自 2006 年白皮书涉及空间碎片问题以来,对其重视程度就在不断加强,预防、减缓空间碎片发生的技术不断升级和丰富,我国在空间碎片方面的实践活动取得了重大成就。而且国家航天局于 2015 年 6 月 8 日成立了空间碎片监测与应用中心,2014 年 8 月 6 日设立了空间天气中国—巴西联合实验室,这两个实验室都将促进空间碎片和空间天气方面的国际合作。

然而,从目前我国有关外空活动的法律文件来看,在民用航天领域除了《登记管理办法》《许可证管理暂行办法》和《民用航天发射项目许可(审批程序)》这三个部门性规章之外,缺乏其他类型法律规范的调整,而且其调整的范围非常小,没有涉及卫星商业发射服务、空间物体致损赔偿责任以及外层空间环境保护等国际社会现在越来越重视的领域,这与我国的航天大国的地位不相称,也与我国在科技研究、航天实践领域对空间碎片问题的重视不匹配。并且,根据 2008 年 3 月 11 日《国务院机构改革方案》规范机构设置,国务院组建国家国防科技工业局替代国防科学技术工业委员会,并由新组建的工业和信息化部负责管理,所以以上部门规章部分内容也应随之改变。在三个白皮书也均未对中国航天法规的现状以及未来有关立法规划进行详细的介绍,只是笼统地提到要加强航天法规政策建设。空间碎片问题的解决离不开航天科技的发展,同时也离不开法律的规范。在我国航天事业飞速发展的今天,在国际商业发射服务市场中健康发展,仅有空间政策的调整,还是不足以确保其执行的拘束力、稳定性和权威性。

二是履行我国的条约义务需要。在 1980 年我国成功加入联合国外空委,并成为《月球协定》之外的四个外空基本条约的成员国。① "国际外层空间立法的发展趋向是以全人类和国际社会共同利益、国家利益与私人企业

---

① 中国 1983 年 12 月 30 日加入《外空条约》,1988 年 12 月 14 日加入《营救条约》,1988 年 12 月 12 日加入《责任公约》,1988 年 12 月 12 日加入《登记公约》。

利益之间建立合理平衡关系为核心的。"①所以，在积极推进外空活动时，对因遭受空间碎片损害的受害者给予救济，就是《外空条约》、《责任公约》等外空条约的应有之义。这也成为外空条约的缔约国必须诚信履行的一项义务。转化和采纳是在国内实现条约内容的方式。因为我国宪法中并没有明确规定在涉及外空活动时直接适用相关条约调整，所以，应将这些条约转化为国内法加以适用。而我国目前可以说只对《登记公约》进行了国内法的转化，制定了《登记管理办法》，对于其他外空条约还没有制定相应的国内法。

三是适应航天事业商业化发展需要。随着我国外空科技高速发展，我国积极推进企业参与空间领域的国际商业活动。如中法海洋卫星是在中法两国的合作下研制的；在该项目中中法 SVOM 天文卫星，卫星与平台由中方负责，而仪器设备及地面部分的工作由中法双方分担。此外，还为一些缺乏航天技术的国家提供设备、相关培训和服务。如：我国在 2008 年 10 月 15 日签约巴基斯坦 1R 通信卫星的（PakSat-1R）。是由中国航天科技集团公司所属的中国长城工业总公司作为总承包商。该卫星的用户是巴基斯坦空间和外大气层研究委员会（SUPARCO）。合同主要内容表明从卫星的设计到发射整个环节都由我国承担，直至将该通信卫星在轨交付给巴基斯坦 SUPARCO，并且地面有关测控设施也一并交付。此外，还实现了尼日利亚通信卫星的整星出口以及在轨交付。与玻利维亚、老挝、白俄罗斯等多个国家签订商业卫星及地面系统出口合同等。

从上述的内容可以看出，现代的外空商业活动越来越复杂，涉及的合作主体既包括国家也包括私人。"航天活动的主体由原来单一的、系统内国有主体变为多系统的、多样性的市场经济主体，参与航天活动的有关市场主体之间产生了不同形式的契约关系，从事航天活动的政府部门之间、政府部门与市场主体之间、市场主体之间相互权利义务关系及法律责任须进一步确认。"②一方面，国家就需要采用法律的手段来规范市场准入、损害赔偿、空间环境保护等问题。另一方面，联合国外空条约主要是调整以

---

① 赵海峰主编：《空间法评论》第二、三卷，哈尔滨工业大学出版社 2009 年版，第 6 页。
② 赵海峰：《关于中国空间立法的若干思考》，《黑龙江社会科学》2007 年第 5 期，第 148—151 页。

国家为主体的外空活动，所以，就需要利用国内法解决好国家与私营主体之间的关系问题，尤其是国家为私营主体的外空活动在国际上承担了责任后的追偿问题。这使得我国制定国内外空法的需求更加急迫，尤其在损害责任方面。而且在利益的驱动下，商业活动有时不会为国家安全和国际关系而妥协。而我国的航天科技工业最初是在计划体制上建立起来的。因此，在如今市场经济体制下，利用国内空间立法来调整、规范航天活动的市场准入、主体权利、义务和责任以及国家监管和空间环境保护等问题是必不可少的。通过这一系列法律制度的建立健全，能够明确权责，从而提高我国航天工业在国际航天市场的竞争力，最终促进我国外空商业的发展。

四是完善国内空间立法符合外空活动规范化的发展趋势。由于国际外空法的发展也有赖于国家外空立法实践的发展。通过联大决议扩大解释现行有关外空条约的规定以完善外空立法时，通常"会把该条约生效以后的国家实践作为解释的依据。"[①]再者，具有空间活动能力的国家往往通过国内法实现对其国民的外空活动进行批准和持续监督，并履行其所承担的《责任公约》等国际外空条约协定所负有的国际条约义务。通过国内法调整国家的外空活动还有利于减少发射事故和降低其他外空活动带来的损害风险；并能及时、有效地给予受害者救济；以及为根据《责任公约》负有国际赔偿责任的政府提供从造成损害的任何非政府实体追偿的机制。

近几年，许多国家或国际组织也在不断推出新的外空立法和政策性文件，如韩国在继2005年12月《空间发展促进法》生效之后，2008年6月22日开始实施《空间责任法》；2008年8月27日《日本外层空间基本法》生效；欧盟委员会2010年10月11日通过了《空间活动行动准则（修正案）》；2011年11月28日生效的《奥地利外层空间法》；美国国防部2012年10月18日开始实施《美国国防部3100.10号航天政策法令》，其效力截至2022年10月18日；2013年6月6日荷兰的《关于空间活动和建立空间物体登记册规则（空间活动法）》；哈萨克斯坦共和国的《外层空间活动法》于2012年1月6日通过等。根据对各国向外空委事务厅提交的国家空间法律法规的报告进行统计，截至2016年2月已有阿根廷、澳大利亚、奥地利、比利时、巴

---

① 赵海峰主编：《空间法评论》第二、三卷，哈尔滨工业大学出版社2009年版，第7页。

西、加拿大、法国、德国、意大利、日本、尼日利亚、乌克兰、英国、美国等22个国家制定空间法律法规[①]。我国作为航天大国还未制定航天基本法，因此，我国也应顺应这一趋势，尽快制定调整外空活动的基本法以及外空赔偿责任法。

第二节 建立空间碎片造成损害的责任制度

空间碎片致损责任问题已经引起了国际关注，各国制定相关的立法一方面是方便对遭受空间碎片损害的受害者给予救济，另一方面也是减缓外空环境损害进程的有力保障。但是，法律的制定应该和社会物质生活的发展相适应，不能脱离整个国际社会的现实要求以及国家经济发展的现实情况。否则这样的法律制定出来也不能发挥其应有的作用。因此我国在制定外空法时应避免法律超前的现象，要和作为发展中国家的国情以及我国的航天科技发展程度相结合。我国目前还不具备制定专门的空间碎片致损责任法的条件，并且在国际上还没有任何一个国家制定这样的专门法。我国应该首先制定外空活动基本法规定我国外空活动的基本原则，实际上外层空间法早已纳入全国人大"十一五"的立法规划中。虽然中国航天白皮书在实践中对外层空间活动起到一定的宏观指导作用。但它作为政策性文件始终缺乏法律本身所具有的优点。然后在此基础上制定空间物体致损责任法，其中对空间物体的界定应包含空间碎片的内涵。

一 提高法律位阶

我国对外空活动进行调整的规范性文件主要是原国防科工委、外交部等国务院部委制定的部门规章，以及国家航天局根据航天事业的发展规划发布的政策。根据立法主体权限差别，全国性的法律效力层级为：法律、

---

① National Space Law Collection, November 8, 2018, (http://www.unoosa.org/oosa/en/ourwork/spacelaw/nationalspacelaw/index.html).

行政法规和部门规章。目前，我国调整外空活动的国内法渊源是部门规章，其法律效力层级低，与我国高速发展的航天事业不符。

因此，我国国内外空法律体系健全应借鉴美、法等其他航天国家的经验，由最高立法机关——全国人民代表大会制定一部调整外空活动的基本法，并且在该法中主要规定外空活动的一般性原则、制度和管理机构等原则性问题。至于在外空活动中空间碎片造成损害责任的具体内容再以法律为主，并辅以部门规章进行制定。为了确保法律的可适用性以及稳定性，需要根据立法内容的不同采取不同立法技术。由于空间碎片所造成的损害引起的责任除了更多涉及法律问题，也不能避免航天科技的内容，所以应该采用多种法律规则的形式进行立法。一是利用确定性规则直接而明确地规定从事外空活动的行为规则内容。确定空间碎片致损责任的大多数法律规则应属于确定性规则。二是利用委任性规则把法律规则中涉及技术性的内容授权由某一专门机构如国家航天局加以规定。由于航天科技的发展速度较快，因此，为保证法律的稳定性，又确保所涉科技的不滞后，由国家航天局相应变更技术标准即可。三是利用准用性规则把在空间碎片致损责任涉及的程序问题等没有明确规定的行为规则内容，指出可以援引其他的国内法规则来得以明确。

二　空间碎片造成损害责任制度的国内法具体规定

（一）明确与空间碎片相关的法律术语

虽然我们在前面章节涉及的美、俄、法等国在国内空间立法中均未明确空间碎片有关定义。但是笔者认为我国在制定外空活动损害赔偿责任法时，应对相关的术语进行明确的界定。

（1）"外空活动"是指包括发射空间物体、对空间物体的操作、指导和空间物体重返大气层以及在空间物体发射、操作、指导和重返过程中必不可少的其他活动。对"外空活动"的定义应符合当前国际空间法和国家实践。虽然一般认为划分外层空间的界限是在海拔100公里以上的高度，但是，我们在界定空间活动时不应仅仅依据外层空间的高度来确定，还应该结合活动本身的目的、功能，这样才利于对空间活动的调整。

（2）"空间物体"指的是任何发射或打算发射进入外空的人造物体，

包括它的组成部分以及运载工具和其部件。"空间物体"的定义不但要反映当前国家的实践，而且要体现《登记公约》、《责任公约》的官方定义。定义不采用详尽的列表方式，可以给国家立法、司法者预留一定的自由裁量权。与《登记管理办法》第2条对空间物体的繁复罗列相比又显得更为简洁。在该定义中没有要求空间物体必须具有功能性，也就是可以把不具有功能已经成为空间垃圾的空间碎片包含在内。对空间碎片概念进行界定时应采用与《空间碎片减缓准则》一致的定义。根据第一章中对空间碎片概念的讨论，目前空间碎片的界定基本上都与准则保持了一致。

（3）"损害"是指生命丧失、人身伤害，或现存财产毁损灭失，或引起环境的不利改变。也就是说因空间碎片导致的直接财产损灭失、人身伤害以及环境污染可以获得赔偿。因此就把间接损害以及精神损害排除在责任范围之外，因为对于空间碎片造成的损害更多的是补偿性的，而不是惩罚性的。损害的范围与外空条约相比，更明确包含环境损害，这样有利于对环境损害进行救济。

（4）"空间活动经营人"指的是能够以自己的名义独立实施空间活动，并且对其行为独立承担相应责任的人。有关空间碎片致损责任主体的这一概念借鉴了法国空间法的内容，责任主体不再限于发射者，也不限于国家政府。虽然，目前我国进行外空活动的主体主要是政府和国有公司，但是随着国际航天产业商业化、私营化的发展，与我国进行国际合作的私营实体会逐渐增多，而且我国的私营企业也正在逐渐加入到航天活动的行列中。因此，空间碎片损害的责任主体就不应限制在国家、政府这样的公主体，而是应该把参与外空活动的私营主体也包含进来，只要他们具有独立的从事外空活动能力和资格，就应对造成的损害承担相应的责任。

并且进一步明确空间碎片致损责任主体即责任人具体为空间碎片产生时所属的空间物体的实际管辖者，若不能确定空间碎片生成时的实际管辖者的，由该空间物体实际经营人作为空间碎片归属人，在没有经营人的情况下以发射国作为责任的承担者。这是因为根据《登记公约》的要求由发射国提交登记，所以在不能查明实际管辖者时，登记国较容易确定。

这样规定责任主体最重要的一个特点是：不论损害发生在我国或其他地方，由空间活动经营人对造成的第三方损害承担责任。其基本原理是，空间活动经营人进行的活动发生的任何赔偿责任应由空间活动经营人负担，而不一定是我国政府。如果我国所属的空间物体的所有权或控制权发生转移，应尽快在联合国外空司进行空间物体权属的变更登记，即由转让者和受让者通过协议转移所有权、管辖控制权，明确彼此权利义务。不然国家将可能承担空间物体在外空中的国际责任，从而使得国家持续对某外空活动承担担保责任。

（5）我国也应针对不同类型的发射活动规定监管机构给以不同类别的批准。可以根据发射地位于国内还是国外分为"发射许可证"和"海外发射证书"。前者是指发射运营商从我国发射来自我国的或一系列的空间物体；后者是指我国的卫星所有者在国外发射空间物体或一系列的空间物体。规定不同的发射许可证书，发射国的界定依据《外空条约》中对发射国所做的广义的定义。为了防止我国在外空活动中承担的国际责任过重，应该针对不同的情形，给与不同的监督管理，并且授权和监督应当依据1967年的外空条约和当前实践。

（6）"责任期"这一术语意味着从发射起30天的时间或从相关返回操作到停落在地球时。应该对于责任期间有一个限制，以使得发射者在合理期限内向第三方承担责任。

（二）法律效力范围

空间碎片造成的损害责任制度的适用范围：一是根据属地管辖。空间碎片引起的损害发生在我国管辖或者控制的区域范围内。二是根据属人管辖。我国自然人和（或）在我国管辖或者控制的区域登记或设立机构的法人从事的空间活动所产生的碎片造成的损害。或者其他国家的空间活动经营人从事外空活动产生的空间碎片造成我国自然人、法人以及国家财产毁损灭失，生命的丧失、身体遭受损害或健康的其他损害以及环境的损害。

值得注意的是，该法具有了域外适用性，基于国家对于本国从事的外空活动进行审批并确保对其进行监督，适用于由我国的法人、自然人在境外所开展的外空活动。此外，国家还明确规定了有效的连结点，这也是至关重要的。这个连结点是在一个特定地区。若在公海上进行的有关空间活动引起损害时，参与空间活动的自然人或法人的国籍或船只和飞机的注册国是确定责任的重要依据之一。这正是基于我们力求实现《外空条约》和《责任公约》等国际义务的要求。因此，可以预计其他国家包括那些在环太平洋地区国家的外空法律，也会制定类似的域外适用范围的规定。

国家外空法律的域外适用对一个跨国公司可能会产生需获得多个许可的潜在影响。例如，香港从澳大利亚国家采购一个空间物体的发射将受到香港《外层空间条例》和澳大利亚的《空间活动法》的监管和许可。由许可空间活动的国家法律的多样性带来的负担可能会导致私人企业去"挑选许可国"或通过调整他们的企业结构来减轻其被监管的幅度。如多国海上发射有限责任公司就是一著名实例，英联邦和美国这两个国家空间法都有许可要求，导致它从英国直辖殖民地开曼群岛迁移到美国。因此，该法的适用还需要评估和考虑我国和相关实体之间是否有管辖权联系。这些考虑因素可能严重影响私人企业所有权和公司结构以及空间活动的性质。并且如果另一国家已对此类活动进行管辖，我国就应不再实施重复的监管，也避免承担过重的负担。

此外，国家对外空活动承担责任的范围可包含：向外空发射空间物体至该物体重返地球以及对在轨空间物体实施的操作和控制；甚至可以探讨将航天器设计、生产以及空间科技应用也纳入外空法调整的范围，而不是产品责任的范畴。

除了规定该法的空间效力范围外，还应规定时间效力范围。应规定发射运营商的第三者责任和应付的赔偿的前提条件是在"责任期限"遭受损害的受害者在"诉讼时效"期限内提出有效的权利主张，该诉讼时效的时间应该是2年。

（三）健全我国的登记制度

为按照联合国各项外层空间条约履行国际义务，我国已建立发射进入或超出地球轨道的空间物体登记册。我国应要求属于我国管辖的空间物体的发射者、运营方或所有人负有登记的义务。由于在国际上承担外空责任的主体是国家，因此，为更好地确定适当的责任主体，解决国家与私营实体的责任分配问题，以及在国际合作中与其他国家的责任的划分问题，登记是非常重要的的依据。

（1）明确登记机关。由国家国防科技工业局（简称国防科工局）负责我国空间物体国内登记管理工作，日常事务由国际合作司负责，登记册由中国国家航天局保存。这样规定可以与我国向联合国外空委提交建立国内空间物体登记册资料中的内容一致。2005年6月8日中国常驻联合国代表团致秘书长的普通照会依照《登记公约》第2条的规定通报了中国已建立发射进入或超出地球轨道的空间物体登记册，并且登记册由中国国家航天局保存。

（2）扩大登记义务主体。在我国《登记管理办法》第4、7、8条中规定了登记义务主体主要是所有从事发射或促成发射空间物体的政府部门、法人、其他组织和自然人。进行具体国内登记的是空间物体的所有者，若所有者是外国人的情况下，由我国承担国际商业发射服务的公司进行国内登记。而随着外空商业化的发展，在轨空间物体的商业运营活动日益增多，空间物体的所有权、管辖、控制权与空间物体的实际经营人有着更为密切的关联，因此，应把空间物体的运营主体纳入到登记义务主体的范畴。只要是有关空间物体的权属、管辖、控制、发生变动或丧失功能性，这些主体都负有义务去登记或变更登记。因为登记旨在明确责任主体，若我国不明确扩大商业发射登记主体，那么，随着商业发射的增多，我国作为登记国面临的潜在责任负担就会越来越重。

（3）完善登记信息。《登记管理办法》第6条的登记信息的范围虽稍大于《登记公约》，但是仍不利于对空间碎片的辨别，因此应增加登记的信息内容。从事外空活动的空间物体经营人或所有人除了提供《登记公约》要求的信息之外，还要提交联合国大会1961年12月20日第1721B（XVI）号和2007年12月17日第62/101号决议里建议成员国递交联合国秘书长的其他有关情报。此外，还需登记义务主体对空间物体发生任何重要变化递交相关情报。尤其需要提供我国发射的空间物体的现状（包括是否在轨、运行是否正常、再入大气层、坠毁或转移至处置轨道）以及在轨转移卫星的情况。①

（4）应缩短向联合国递交登记信息的时间。从我国向联合国秘书长进行登记的实践来看，我国基本上是以年为单位进行登记。如中国常驻联合国代表团2014年5月19日向秘书长转交关于2012年1月9日至2014年

---

① 高国柱：《〈登记公约〉与中国的实践》，载高国柱《中国空间政策与法律文件汇编：1997-2008》，法律出版社2010年版，第179页。

3月31日期间中国发射的35个空间物体的资料。[①] 可以看出，在发射后至提交登记的时间长达2年多。并且绝大多数提交的登记信息是有关新发射的空间物体，鲜有涉及已经登记的空间物体的信息变动。而从美国和俄罗斯等国的国际登记实践来看，他们的时间跨度通常是半年。因此，应规定在发射后的6个月内提交有关空间物体的登记信息，已经登记的空间物体的现状的变化信息应在3个月内提交。

（5）应规定登记责任的内容。应在我国登记法律规范中增加对于逾期登记以及未登记的法律后果。在实践中，存在对空间物体登记遗漏的现象。如中国常驻联合国代表团2012年6月15日向秘书长转交关于2011年8月11日、10月7日中国发射的分别由巴基斯坦、法国卫星营运人运营的巴基斯坦通信卫星、Eutelsat W3C卫星的资料。[②] 这些物体却未经中国登记。因此，增加登记责任的规定可以促进从事空间活动主体积极履行其登记义务。尤其对于从事外空活动的私营主体，以及在国外发射、运营的与我国有关的外空物体能够更好地进行监督、管理，因为对这些行为，我国在国际上都潜在地承担着国际责任。

总之，为提高我国根据《登记公约》保持的空间物体国家登记册并使该登记册更便于查阅，以及为澄清列入国家登记册的空间物体的本国标准所采取的措施。列入登记册的应是我国私营或政府实体拥有或运行并且从我国领土内、外发射的所有空间物体，以及以前曾列入登记册的某些无功能空间物体。一般来说，从我国领土或设施发射的非本国有效载荷不列入登记册，因为，这些有效载荷应列入有效载荷拥有者或运营者国家的国家登记册。我国应保证在秘书长保存的总登记册中全面和准确反映国家登记册上所登载的空间物体所采取的措施。

（四）法律责任的确定

我国是《外空条约》以及《责任公约》等外空条约的成员国，按照诚信履行条约的原则，我国在制定空间损害赔偿责任的国内法时，应与公约保持一致。此外，在空间碎片致损责任的规制上，还应结合空间碎片自身的特点，根据空间碎片能否被确认归属做出如下规定：

---

① ST/SG/SER.E/714, 15 July 2014（http://www.unoosa.org/documents/pdf/ser714C.pdf）.
② ST/SG/SER.E/649, 13 November 2012（http://www.unoosa.org/documents/pdf/ser649C.pdf）.

（1）空间碎片在能被确认归属的情况下，其造成损害的赔偿责任应根据损害发生地方的不同而不同。

①如果空间碎片在外层空间造成正常运作的功能性的空间物体严重损害的，即至少导致空间物体的基本功能丧失，该损害的发生若可归因于空间碎片的，空间碎片的归属人或责任人需依其过失负担损害赔偿责任。

②如果空间碎片在外层空间，对另一正常运行的功能性空间物体造成严重损害的，并因此引起第三方遭受到重大损害的，应依据以下情形确定对第三方的责任：

A若在外层空间对第三方正常运行的功能性空间物体或其上所载人员、财产造成了重大损害的，而另一方空间物体的管辖、控制人对损害的发生不具有过失，则由空间碎片所属人根据过失程度承担赔偿责任；但另一方空间物体的管辖、控制人对损害的发生具有过失的，则由空间碎片所属人与另一方空间物体的管辖、控制人根据过失承担各自相应的责任。

B若导致第三方所属的航空器或者地表上的人员、财产以及环境遭受损害的，空间碎片的所属人与另一方空间物体的管辖、控制人应对第三方承担绝对赔偿责任。但是在另一方空间物体的管辖、控制人对损害的发生具有过失的情况下，则应由其承担赔偿责任，在无法满足第三方的损害赔偿请求时，再由空间碎片所属人承担补充性赔偿责任。

③如果空间碎片返回地表的过程中导致飞机等航空器遭受损害的或导致人身伤亡、财产损灭失或环境损害的，则应由该空间碎片所属者负担绝对责任。

在上述①②情形中，空间碎片在外空致损的赔偿中，过失的认定标准应依据空间碎片责任人是否采取一定的空间碎片减缓措施或可能的预警进行判断。即若该责任人未采取操作时可以采取的恰当的空间碎片减缓以及预警措施，就应当认定其具有过失，对因此造成的损害需要承担相应的赔偿责任。由于目前从事外空活动是无法完全避免空间碎片的生成，所以，只要航天国家尽到谨慎、注意的义务，尽可能地减缓碎片的生成、甚至主动清除碎片的，就应该认定该责任人不具有过失。

这样条款的优点是确立了产生空间碎片的空间物体运营商的责任，并且空间碎片造成的损害也可以通过国内法院进行救济。

（2）在不能确认空间碎片归属的情况下，其导致我国所属人员伤亡、财产损灭失以及环境损害的，可以请求国家航天局利用外交或外空条约提供的途径为受害者求偿。

（3）责任限制

①在国内法中还应规定免责情形。如果受害人故意导致损害的发生或者具有重大过失的，那么应免除空间碎片归属人的赔偿责任。

②赔偿最高额的规定。赔偿额应参照其他航天国家的有关空间法设立一个赔偿最高限额。这样不但有利于救济受害者，而且也可以使得外空活动经营人能够预期到其所属的空间碎片引起损害时需要承担的赔偿数额。由于外空活动引起的损害往往是巨大的。因此，在从有利于救济受害者的角度考虑的同时也应保证公平，不应让从事航天事业的经营人承担无法预期的责任，这样会妨碍其在航天领域投入的主动性、积极性。

因此，依据绝对责任承担的赔偿额应在国家法律中规定一个上限。该上限应为一个固定的数额，应参照保险额确定在一个合理范围内，并且也不能过低使得国家承担的责任风险过大。当然，空间碎片致损责任人的责任限额不影响国家依据《责任公约》对地球表面或飞行中飞机造成的损害仍然承担绝对和无限责任。

③国家追偿金额的限制。当国家为履行国际义务给予因外空活动遭受损害的第三方支付赔偿的，政府有权向运营商追偿。政府的追索权以超出保险额的范围为限。

若政府根据《责任公约》或一般国际法承担了对第三方的赔偿，在法律中明确政府有权向经营者追偿是必要的。因为在立法中建立了经营者的独立责任，国家行使追索权也必须有法律依据。尤其适用于无过失责任（侵权责任）的时候更为重要。

（4）争端的解决方式

因空间碎片引起损害的争端可以通过多个途径追究致损的空间活动经营者的责任。尤其对于受损害的第三方，依据《责任公约》、《外空仲裁规则》等国际途径寻求补偿并不是唯一方式。可以适用的途径还包括：

首先，国外的以及我国的受害人可以选择在我国法院依据外空赔偿责任法或《中华人民共和国侵权责任法》（简称《侵权责任法》）提起诉讼。

这样的规定允许了受害者可以选择根据外空赔偿责任法或侵权法提出索赔要求。

在基于过失责任的情况下，遭受空间碎片损害的受害人还可以根据一般侵权法要求责任人承担损害赔偿责任。在这种情况下，受害人负有证明空间碎片责任人具有过失的证明责任，但是索赔额不受国家依法设置的外空损害赔偿上限限制。在实践中，第三方选择依据一般侵权法索赔的可能性并不大，因为它需要第三方证明发射运营方的过失。而依据外空赔偿责任法确定赔偿金额将按照该法受到赔偿额上限的限制。

确定解决争端的管辖法院应根据与损害事实相关联的因素来确定，包括损害事实发生地、结果地，当事人经常居所地等因素。并且程序规则应当遵循我国国内程序法的一般规则。这包括管辖权的确定、裁判的期限和实施条件和制裁。现行法的解释或适用引发的任何争议应当在国家管辖范围内解决。

其次，当事人之间也可以考虑选择仲裁。如果双方都是私法主体的情况下，可以选择我国的仲裁机构进行仲裁。在外空争端日益增多的情况下，可以考虑在我国设立一解决外空争端的仲裁机构，该机构仲裁人员可以由从事航天领域的相关专业技术人员以及从事航天活动法律研究的专家人员来组成。仲裁规则可以依据《外空仲裁规则》与国内仲裁规则来制定。这样，可以保证争端解决的专业性、便捷。

因此，遭受损害的当事人不但可以选择通过《责任公约》中的外交途径，也可以选择通过法院诉讼方式要求损害赔偿，或在当事方双方能达成仲裁协议的情况下，可以选择国内仲裁。

（五）外空环境保护

我国在优先考虑制定具体规范外空赔偿责任立法外，还应在国内外空法中把外空环境保护作为一项原则性规定，明确航天活动应遵守保护环境的原则，将其作为空间活动许可制度的重要组成部分。虽然基于外空探索科技的现状，还不具备规定空间碎片造成外空环境的损害责任制度的条件。但是外空可利用的资源仍然是有限的，外空环境的损害责任制度终究会成为立法的趋势。因此，随着科技发展以及有关外空环境保护经验的积累，我国应借鉴国际社会和其他国家的有益经验，不断健全与法律相适应的技术性规则，并增强法律的可操作性。

可以具体规定加强环境影响的动态监测，建立外空物体运行、报废、返回地球的整个阶段的环境影响评估，全面、实时地监控空间物体的发射、运营以及返回地面时生成的空间碎片对地球环境和外空环境的影响。还应建立空间事故报告机制，明确规定对空间物体实施实际管辖、控制人负有义务在事故发生后的合理期限内尽速将事故的有关具体情况以及影响通报航天主管部门。

（六）国家担保责任

国家为空间活动经营人对外提供担保，即对受害者依据国际条约提出的超过保险额部分向受害者提供担保。这反映了国家对航天事业的支持。并且国家提供担保数额应具体规定在发射许可证中，应结合相关空间物体的类型和实施外空活动内容进行评估其可能引起的损害情况，此外还要注明担保范围。

在外空活动中，来源于我国所属的空间物体的碎片引起他国人员伤亡、财产灭失以及环境损害的，我国在国际上依据国际外空条约赔付了损害后，有权对致损人进行追偿，若其为了国家利益实施的公务行为，则可以不被追偿。

若外国人所属的空间碎片造成我国自然人人身财产、法人财产损害的，可以规定国家对该损害承担先行赔偿责任。因为在外空我国自然人或法人所属的空间物体或人员因空间碎片致损的情况下，依国际法需要国家通过外交或条约规定的途径为受害者进行求偿。而不管是利用外交途径还是组成求偿委员会以及各国同意国际法院管辖解决赔偿问题都是需要花费很长时间和精力的，不利于从事外空活动的经营者尽快恢复经营能力。若是我国国民因我国所属的空间碎片致损的情况下，由于我国有关空间碎片责任的保险制度还不健全，因此，对于受害者的救济可能是不及时的。所以，国家若提前给予一定的赔偿，有利于我国国民及时得到救济，更好地保护其权益。

（七）国内民法的选择适用

空间碎片造成的地球表面人员、财产损害的，该损害行为实际上是一种特殊侵权行为。在2010年7月1日起施行的《侵权责任法》中，不但在

第 7 条中规定了无过错责任，而且第九章中专章规定了高度危险责任，即规定了从事高度危险作业造成他人损害的，应当承担侵权责任。虽然在《侵权责任法》中没有明确将航天活动或外空活动列入高度危险作业的外延中。但是该法对于高度危险作业的列举并不是穷尽式的。根据一般法理和前面章节的论述，外空活动是一种高度危险作业，这是毫无疑问的。因此，空间碎片造成地面人身、财产的损害可以适用上述法律的相关规定调整。而且，第 10-14 条规定了共同侵权行为责任，可以用于确定涉及两个以上发射或运营者所属的空间碎片造成损害的责任。

按照《侵权责任法》第 74 条规定的内容"遗失、抛弃高度危险物造成他人损害的，由所有人承担侵权责任。所有人将高度危险物交由他人管理的，由管理人承担侵权责任；所有人有过错的，与管理人承担连带责任。"可以明确空间碎片造成损害的，不因其所有权的抛弃而减损所有权人的赔偿责任。在第 77 条中规定了"承担高度危险责任，法律规定赔偿限额的，依照其规定"。说明若我国在以后制定的空间物体损害赔偿法中规定了赔偿限额的话，即使根据侵权法承担赔偿责任也要受其限额的制约。

而对于空间碎片在外空造成人身、财产的损害，则适用我国《中华人民共和国民法总则》（简称《民法总则》）中民事责任的一般规定以及《侵权责任法》中有关侵权责任的一般规定即过失责任。首先，在外空活动中他们都是意外灾害的危险源。其次，其所有人或占有人控制危险的能力相当。再次，经营者都从各自的危险源事业中获得巨大利益。所以，经营者各自承担着在外空活动中出现的风险，只有在一方对损害的发生具有过错的情况下，另一方才可以追究其损害赔偿责任。根据《侵权责任法》和有关法律，可以适用在空间碎片造成损害的情形包括："（一）停止侵害；（二）排除妨碍；（三）消除危险；（四）返还财产；（五）恢复原状；（六）赔偿损失。"

我国《民法总则》第 188 条规定了向法院请求保护民事权利的诉讼时效期间是 3 年，诉讼时效起算时间不但包含权利人知道或者应当知道权利受到损害时开始起算的一般内容，还增加了知道或应当知道义务人之日起算。《环境保护法》在第 66 条规定了有关环境损害赔偿诉讼时效亦为 3 年，从当事人知道或者应知道其权利遭受到侵害时开始起算。空间碎片造成损害属于特殊侵权行为，受害者通过国内法院诉讼救济的必要条件是有明确的被告，而空间碎片的归属者的确定本身是一个困难的事情，因此，笔者建议在空间碎片致损（包括环境损害）赔偿诉讼时效也应适用3年期间规定，并且起算时间亦采用《民法总则》的规定。

三 相关的配套制度完善

（一）强制保险制度

在损害赔偿责任的规定上，有必要针对外空活动的高风险、损害大的特点，要求空间物体责任人购买第三方责任险。运营商开展空间活动应该就第三方损害向保险公司投保。但是如果从事外空活动的是国家，则不适用。以下情况投保义务可以免除：（一）经营者有足够的资本足以负担其赔偿责任；（二）从事的空间活动是公共利益，而非商事活动。

空间活动经营人投保义务是基于以下两个因素：首先，经营人必须为自己的过失以及可能承担的绝对责任投保。这样的规定是明智的，空间活动其本质是危险的并可能带来灾难性的后果。其次，国家在向经营人行使其追索权时变得更现实。

保险金额可以根据不同的标准设立。如《荷兰空间活动》第3章(4)的"可以由保险合理支付的金额"，和《法国空间行为》第6条规定了保险义务相当于责任限额。以及澳大利亚《1998年空间活动法》第48（2）款规定的保险金额不低于发射或相关返回造成的第三方损害的最大可能损失金额或由联合保险公司依据有关国际法评估的因发射给第三方造成损害赔偿责任总额作为总保险的最小额。我国也应对每次发射及外空活动的运营可能产生的最大损失进行评估。评估必须由一个具有适当经验和资质的独立人来进行，计算项目可以分为第三方人员伤亡损失，财产损失、环境破坏和经济损失等。但限额的规定应是体现了利益的一种协调，不能过低，容易出现挑选许可、"方便旗"的现象；过高则限制了外空活动的积极性。因此，我国第三方责任险金额应根据发射活动可能产生的损害的最大损失来进行确定，以及结合依据《责任公约》或其他国际法，尤其采取的空间碎片减缓措施决定保险额的最小额。

因此，在海外发射许可中规定海外卫星发射商和运营商投保强制性义务，从监管与承担赔偿义务的角度来看，这对于中国履行《责任公约》或其他国际法的规定是适当的。

（二）国家对外层空间活动的控制和监督

从前面的内容可以看出，国家给予从事外空活动的经营人很多帮助和保障。外空活动是一项具有高度危险性的活动，并且在国际上国家对其造成的损害承担着国际责任，因此，责任应与权力相一致，国家对空间活动经营人享有监管的权力。国家主要采用两种方式：一是通过"授权"对外空活动进行监管；二是通过"许可证"对空间活动运营者进行监管。法国在国内外空法中也采取了这类控制方式。其优点一是可以通过"授权"来控制外空活动，并且这种授权是强制性的，对可能导致我国承担国际责任的任何外空活动都应受到控制。我国对外空活动的授权审批条件应考虑以下因素：与我国承诺需要履行的国际义务应保持一致，特别是符合联合国有关外空条约的内容要求，但是还应考虑我国的公共秩序。审批条件应以尽可能减少对人身、环境和财产的损害，并确定从事的外空活动不会对其他国家的外空活动带来有害干扰；尤其是要符合《空间碎片缓减准则》中的安全以及技术指标。符合审批条件的外空活动还需要被继续监测，比如可实施现场视察或者适用相对宽泛的报告形式。

二是通过"许可证"来控制外空活动运营商，在颁发许可证时要考察该运营商从事外空活动的技术资质以及资金实力。此外，还应该设置该许可证的持有期限，比如说规定三年或者五年，在期限截止之前的一定时间内再重新审核续发。这个期限不宜过长，由于航天科技是尖端技术领域，它的发展和更新速度都很快。许可证的颁发和特定的外空活动之间没有必然的联系，其实质属于资质的审核。所以，一个尚未获得"许可证"的外空活动经营人也有可能得到一个授权，然而与持有许可证者相比，这个授权过程更难并且成本更高。

我国若因发射或参与发射某空间物体以及从事的外空活动而根据联合国有关外空条约承担国际责任的，为便于监管以及履行国际义务，空间物体运营者或所有人必须向我国航天主管部门递交相关信息，从而使我国能够依据《登记公约》等国际文书要求登记此类物体，并应当由我国主管机关维持射入外层空间物体的国家登记册。

并考虑到联合国大会 1961 年第 1721B（XVI）号和 2007 年第 62/101 号决议，我国还可要求对空间物体特别是已经丧失功能性的空间物体发生的任何重大变化都要向联合国秘书长递交相关信息。这就要求加快建设我国外空态势感知能力，从而提升我国对于空间碎片的空间监测能力。同时在空间碎片造成损害的情况下，可以提高识别其归属的能力，确定责任主体，改变由美国一国拥有空间碎片目录的局面。虽然欧盟正在从事跟踪碎片能力建设，意图改变美国的垄断地位。但是，到目前为止欧盟还没有取得成效。

自 2007 年 1 月以来，我国一再受到美国等指责，认为外空中的大部分空间碎片仍是中国反卫星试验的风云 1C 航天器。美国 SSN 对该卫星的 3428 个碎片进行了编目，约占整个在轨人造物体编目的近 20%。[1]且不说该数据的准确性，我国对于国际上的指责并没有有力的证据提出积极的回应。这也是我国要加强对空间碎片进行监测的意义所在。

经过多年努力，我国在对空间碎片实施监测方面已经有所进步。在 2015 年 6 月 8 日，我国在中国科学院正式成立了国家航天局空间碎片监测与应用中心。该中心主要工作之一就是运行管理工作，从而提高碎片碰撞预警、应对能力。这样当我国发射空间物体时，中心就可以通过预警，选择空间碎片干扰最小时机发射，尽量避免碰撞的发生。而在空间碎片与我国运营的在轨飞行器有碰撞危险时，就需提前通报有关部门。根据预警分析，若我国的功能性物体与空间碎片有碰撞风险，通过实施变动轨道等操作来避免碰撞；若归属我国的空间碎片与其他国家的功能性物体有碰撞风险，我国应及时通知该国，履行我国的谨慎注意义务。目前，中心最主要的工作内容是为我国将近 100 多颗卫星进行日常碰撞预警监测。有数据表明，"2015 年共发生红色预警 87 次、黄色预警 538 次、蓝色预警 6695 次。"[2]然而，我国还仅仅对一些重要的卫星实施碎片监测，还应加强对所有在轨卫星都进行空间碎片监测的能力建设。

---

[1] "PROJECT REVIEWT Ten Satellite Breakups Reevaluated". Volume 20, Issues 1 & 2 April 2016, p.5.（http://orbitaldebris.jsc.nasa.gov/newsletter/pdfs/ODQNv20i1-2.pdf）.

[2] 空间碎片越来越多，厘米级就可导致航天器彻底损坏，2016 年 4 月 28 日,（http://www.cnsa.gov.cn/n1081/n7619/n7920/854045.html）。

为了对空间活动实施的审批、监督工作前后能够相协调一致并使外空活动者能够预测其行为后果，还需要对非政府实体进行的外空活动制定相应的监管制度，促进在国家一级形成监管框架。并将政府性质的外空活动也纳入该框架监管。

监管范围包括：一是对管辖以及控制的区域进行的外空活动的监管。我国作为发射国以及对本国外层空间活动负责任的国家，为很好地履行联合国外空条约规定的义务，明确我国对管辖以及控制的区域进行的外空活动的监管权是十分重要的。二是还应对我国公民和在我国管辖、控制的区域成立、登记的法人所实施的外空活动审批以及监督。如果有另一国家对外空活动进行管辖的，我国可以考虑不再进行监管，以避免增加不必要的负担。如果在轨空间物体的权利被转让时，仍应持续监管非政府实体实施的空间活动；在国内法中应规范所有权转让行为，以及在轨空间物体经营状况变动的相关信息。

相信通过以上的有关空间碎片造成损害责任制度的建立并在实践中不断对其进行完善，不但有利于保护我国航天活动者的利益，提高其国际竞争力；而且有利于我国积极应对国际外层空间活动中的风险挑战。

结　语

　　国家责任是现代国际法中一个十分重要的法律制度，它是保证各国及其他国际法主体遵守国际法规范的必要法律手段。因此，建立健全空间碎片致损责任制度，对维护国际外空安全，稳定外空活动秩序具有重大的意义，并且能够有效地调控国际外空关系，从而促使国际外空法的进一步发展。可以毫不夸张地说，否定在外空活动中的国家责任将毁灭国际外空法，因为否定了追究违法者或制造损害者的国际责任，也就废除了各国按照国际外空法行事的义务。所以，虽然目前航天国家基于自身短期利益考虑，不愿推动空间碎片致损责任的制定，但是基于国际外空活动实践的需要，责任制度的建立是必然的趋势。

　　因为随着外空活动的继续开展，空间碎片的数量还会不断激增。这些空间碎片充斥在地球轨道上，妨碍、损害着外空活动的顺利开展。国际社会不断加强对外空可持续利用的关注。外空活动经营人也已经着手减缓他们在外空活动中产生的空间碎片，主要是通过国家或国际组织从科技方面制定有关空间碎片减缓措施的国家或国际机制来降低对地球轨道环境和现在以及未来人类探索外空造成的影响。但是这些机制更多是不具有法律强制性的。而现行的外空条约体现的是自由、开放的空间政策，其目的是激励国家积极从事外空活动，并没有意识到空间碎片带来的巨大危害。空间碎片问题是影响外空可持续发展的重要因素之一。而且在外空不能依照"先发展，后治理"这样的发展模式。随着国际法治的要求，联合国外空委也已经意识到制定有关空间碎片问题的法律机制的重要性。

　　由于空间碎片大部分来自美、俄等主要航天国家，航天科技也主要掌握在发达国家手中，发达国家和发展中国家在制定解决空间碎片致损责任问题存在着不同的价值判断，因此制定统一的国际协议存在着巨大的阻力。

基于建立新的统一的国际法律机制较为困难，联合国外空委正在积极推进各国国内外空立法的进程。因此，在空间碎片致损责任新的国际机制、国家机制尚未建立的时候，利用现有的国际外空法、一般国际法解决空间碎片致损责任问题，才能使得从事外空活动的国家更好地履行国际义务，对受害者给予合理的救济以及维护外空环境的安全。

因此，目前最为经济、有效的方法是将规范空间物体的有关国际法经过解释用于空间碎片造成损害责任的确定上。因为从空间物体的物理构成和法律规定的角度看，它与空间碎片有着极为密切的关系。同时，也不能抹杀二者之间些许的差别。并且毕竟五个著名的国际外空条约均是20世纪中后期外空活动产物，不能完全与现代航天业的高速发展相比拟。这也要求对现行有效的外空条约进行修订、解释。之所以能够进行修订和解释，还在于五大外空条约虽然没有对空间碎片致损责任作出具体的规定，但是规定了有关外空活动的基本原则可以适用于该问题的调整。因此，具有修订或解释的基础和依据。从国际法上来说，空间碎片造成损害责任是一种国际赔偿责任，根据侵害人与受害者之间地位的不同，适用不同的归责原则对责任进行分配，以实现法律的正义。即当致损者在经济上处于优势地位的时候，适用绝对原则；在二者经济上处于同等地位的时候，适用过失原则。

随着外空活动商业化、私营化的加强，私营企业正在成为推动外空活动发展的动力，而外空活动关乎国家安全，私营主体必然要接受国家的监督管理，因此，空间碎片造成损害的国际责任主体依然是国家。但是在利益驱动下，私营部门会为了避免国家监督管理而使用方便旗。这会导致责任国与该外空活动不具有真正的联系，而且通常这种情况下的赔偿责任也不易实现。这就涉及对从事商业发射、经营等外空活动的跨国公司如何有效地进行国际规制的问题，该问题还有待于进一步的研究。

一般情况下法律制度是以国家主权为中心，但有关外空的法律制度正在由国家中心向国际中心发展。而且空间碎片问题本身是一个国际性的问题。因此，就长远来看，当条件具备的时候，国际社会还是需要制定有关空间碎片致损责任的国际协议。在制定空间碎片致损责任的国际规范中，无法辨别归属的空间碎片致损责任和空间碎片造成外空环境损害责任是两个重要内容。前者可以通过实行市场份额制度来分配责任；后者可以通过设置空间物体所属国的在轨税收制度来减少损害。同时，应该有效地利用联合国外空委和国际太空监控资源发展空间碎片的监控和预警机制。这些制度的制定和实施将会较好维护轨道环境并且最终实现对外层空间的和平、可持续的利用。

  我国在航天科技的发展方面跻身于空间大国之列，但是在空间法制定和健全方面却是相对落后的。近几年，许多国家如韩国、日本、欧盟、奥地利、荷兰等不断推出新的外空立法和政策性文件。况且在联合国外空委的努力之下，更多的国家开始重视空间立法。我国在航天科技领先于这些国家，并且发射、运营的空间物体远远多于这些国家的情况下，在外空的立法上反而不及这些国家，这与我国航天大国的地位是不符的。而且，我国作为外空条约成员国，制定相应的国内法也是善意履行条约义务的应有之义，同时也是作为一个负责任的国家为外空资源保持可持续利用应履行的义务。因此，我国制定包括空间物体致损责任的外空立法更是国际趋势。

参考文献

（一）专著、论文集

【1】李寿平主编：《2012年中国空间法年刊》，世界知识出版社2014年版。

【2】李寿平主编：《2011年中国空间法年刊》，世界知识出版社2012年版。

【3】高国柱主编：《中国空间政策与法律文件汇编：1997—2008》，法律出版社2010年版。

【4】李寿平主编：《2010年中国空间法年刊》，世界知识出版社2011年版。

【5】高国柱主编：《外层空间法前沿问题研究》，法律出版社2011年版。

【6】赵海峰主编：《空间法评论》（第四卷），哈尔滨工业大学出版社2009年版。

【7】李寿平 赵云著：《外层空间法专论》，光明日报出版社2009年版。

【8】赵海峰主编：《空间法评论》（第二、三卷），哈尔滨工业大学出版社2009年版。

【9】李寿平主编：《中国空间法年刊2008》，世界知识出版社2009年版。

【10】林灿铃等著：《国际环境法理论与实践》，知识产权出版社2008年版。

【11】周忠海著：《周忠海国际法论文集》，北京出版社2006年版。

【12】林灿铃著：《国际环境法》，人民出版社2004年版。

【13】李浩培著：《条约法概论》，法律出版社2003年出版社。

【14】伍亚荣著：《国际环境保护领域内的国家责任及其实现》，法

律出版社 2011 年版。

【15】李伟芳著：《跨界环境损害国家责任研究》，知识产权出版社 2013 年版。

【16】尹玉海著：《国际空间立法概览》，中国民主法制出版社 2005 年版。

【17】[意] MareoPedrazzi 赵海峰著：吴晓丹译《国际空间法教程》，黑龙江人民出版社 2006 年版。

【18】尹玉海著：《国际空间法论》，中国民主法制出版社 2006 年版。

【19】赵海峰主编：《空间法评论（第一卷）—外层空间法的现状与展望》，哈尔滨工业大学出版社 2006 年版。

【20】凌岩主编：《国际空间法问题新论》，人民法院出版社 2006 年版。

【21】王利明著：《侵权行为法研究》（上卷），中国人民大学出版社 2004 年版。

【22】周忠海等著：《国际法学述评》，法律出版社 2001 年版。

【23】林灿铃著：《国际法上的跨界损害之国家责任》，华文出版社 2000 年版。

【24】贺其治著：《国际法和空间法论文集》，中国空间法学会出版社 2000 年版。

【25】王泽鉴著：《民法学说与判例研究》（第 1 册），中国政法大学出版社 1998 年版。

【26】王铁崖主编：《国际法》，法律出版社 1995 年版。

【27】贺其治著：《外层空间法》，法律出版社 1992 年版。

【28】howard A.Baker, *Space debris: legal and policy implication*, Leiden. Boston: Martinus nijhoff publishers, 1988.

【29】Committee on Space Debris Aeronautics and Space Engineering Board Commission on Engineering and Technical Systems National Research Council, *Orbital Debris: A Technical Assessment*, Washington, D.C.: NATIONAL ACADEMY PRESS 1995.

【30】王家福主编：《民法债权》，法律出版社 1991 年版。

【31】张俊浩主编：《民法学原理》（上下册），中国政法大学出版

社 2000 年版。

【32】[德] 魏德士著：丁晓春 吴越译《法理学》，法律出版社2005年版。

【33】陈聪富著：《侵权归责原则与损害赔偿》，北京大学出版社2005 年版。

【34】龙卫球著：《民法总论》，中国法制出版社 2002 年版。

【35】尹田著：《物权法》，北京大学出版社 2013 年版。

【36】王泽鉴著：《侵权行为》，北京大学出版社 2009 年版。

【37】[德] G.拉德布鲁赫著：王朴译《法哲学》，法律出版社2005年版。

（二）论文

中文部分

【1】高国柱：《空间碎片的若干法律问题研究》，《河北法学》2006年第 5 期。

【2】蒋新：《中美火箭残骸碰撞事件导致的法律责任问题思考》，《河北法学》2005 年第 23 卷第 12 期。

【3】高立忠：《空间碎片导致的环境法律问题及解决》，《哈尔滨工业大学学报》（社会科学版）2008 年第 10 卷第 2 期。

【4】王利明：《论共同危险行为中的加害人不明》，《政治与法律》2010 年第 4 期。

【5】李寿平：《空间碎片造成空间环境污染的国际责任》，《河北法学》2006年第24卷第12期。

【6】高国柱：《载人航天活动的法律规制：比较法的视角》，《北京航空航天大学学报》（社会科学版）2012 年 11 月 15 日。

【7】赵云：《试论外空〈责任公约〉及其完善》《北京航空航天大学学报》（社会科学版）2008年第1期。

【8】童国梁：《空间碎片问题的现状和未来》《现代物理知识》第20 卷第 2 期 。

【9】丁丽柏、陈燕萍：《论国际法不加禁止行为国际责任制度》，《云

南大学学报》（法学版）2005年第18卷第3期（总第80期）。

【10】龚向前：《空间活动损害责任立法问题研究》，《中国航天》2009年第8期。

【11】李斌：《论空间环境污染国际法律规制的缺失与完善——以空间碎片为视角》《北京航空航天大学学报》（社会科学版）2009年6月。

【12】李寿平：《国外与空间碎片有关的国际空间法热点问题研究述评》，《中国航天》2009年第3期。

【13】王国语：《空间碎片管辖权及主动清除的法律依据》，《北京理工大学学报》（社会科学版）2014年第16卷第6期。

【14】王国语：《空间碎片国际机制发展趋势分析》，《航天器环境工程》2015年第32卷第2期。

【15】冯国栋：《空间碎片减控国际法律规则研究》，《北京航空航天大学学报》（社会科学版）2014年第27卷第1期。

【16】王国语：《论中国〈航天法〉立法的必要性与可行性》，《北京理工大学学报》（社会科学版）2012年第14卷第6期。

【17】李寿平：《美国奥巴马政府空间政策及其对国际空间法的影响》，《北京理工大学学报》（社会科学版），2012年第14卷第1期。

【18】尹玉海、颜永亮：《外空活动长期可持续性面临的挑战及对策》，《北京航空航天大学学报》（社会科学版）2016年第29卷第2期。

【19】夏春利：《小卫星项目的法律适用和发展趋势》，《北京航空航天大学学报》（社会科学版）2016年第29卷第2期。

【20】高国柱：《中国航天活动的立法保障与未来展望》，《北京理工大学学报》（社会科学版）2011年第13卷第4期。

【21】李思晴：《弃星移除的义务性及合法性问题——从欧盟弃星Envisat谈起》，《北京航空航天大学学报》（社会科学版）2013年第26卷第2期。

【22】李寿平：《论卫星商业发射中的国际责任》，《河北法学》2013年第31卷第3期。

【23】付翠英、张翠芳：《论私营企业外空商业活动跨界侵权之责任主体》，《北京航空航天大学学报》（社会科学版）2010年第23卷第3期。

【24】王国语：《空间法中的国籍联系》，《河北法学》2012 年第 30 卷第 3 期。

【25】李居迁：《合法性、合理性与后续问题——反卫星实验的法律问题》，《北京航空航天大学学报》（社会科学版）2009 年第 22 卷第 3 期。

【26】陈一峰：《国际法不禁止即为允许吗？——"荷花号"原则的当代国际法反思》，《环球法律评论》2011 年第 3 期。

【27】王秀梅：《国际法体系化机制及其进路》，《政法论丛》2007 年第 2 期。

【28】胡绪雨：《跨境污染损害责任的私法化》，《政法论坛》2013 年第 31 卷第 6 期。

【29】何全民：《论严格责任和无过失责任归责原则的区别》，《青海社会科学》2006 年第 1 期。

【30】王秀梅：《试论国际法之不成体系问题——兼及国际法规则的冲突与协调》，《西南政法大学学报》2006 年第 8 卷第 1 期。

【31】张佳：《试论现代国际法律责任制度的发展》，《中国—东盟博览》2012年第3期。

【32】张乃根：《试析〈国家责任条款〉的〈国际不法行为〉》，《法学家》2007 年第 3 期。

【33】吴卡：《条约解释的新动向：当代意义解释对当时意义解释》，《法学评论》（双月刊）2013 年第 2 期（总第 178 期）。

【34】廖诗评：《条约解释方法在解决条约冲突中的运用》，《外交评论》2008年第五期（总第105期）。

【35】赵云：《外层空间法中的热点问题评议》，《北京航空航天大学学报》（社会科学版）2010 年第 23 卷第 1 期。

【36】高琦：《〈荷兰空间活动法案〉述评及对中国的启示》，《北京航空航天大学学报》（社会科学版）2011 年第 24 卷第 2 期。

【37】赵海峰：《〈亚太空间合作组织条约〉评析》，《黑龙江社会科学》2008年第1期（总第106期）。

【38】杨彩霞：《2008 年〈法国空间活动法〉评析》，《北京理工大学学报》（社会科学版）2011 年第 13 卷第 2 期。

【39】高国柱：《从国际法视角看空间资产的安全问题》，《北京航空航天大学学报》（社会科学版）2011年第24卷第6期。

【40】薄守省：《从美俄卫星相撞看外空活动的国际法规制》，《北京航空航天大学学报》（社会科学版）2010年第23卷第1期。

【41】王晓丽：《共同但有区别的责任原则刍议》，《湖北社会科学》2008年第1期。

【42】吴晓丹：《国际空间法的现状与发展趋势》，《北京航空航天大学学报》（社会科学版）2008年第21卷第3期。

【43】杨彩霞：《航天发射活动中的环境法律问题探析》，《环境经济》2011年5月（总第89期）。

【44】柯坚：《环境法原则之思考——比较法视角下的共通性、差异性及其规范性建构》，《中山大学学报》（社会科学版）2011年第51卷第3期（总第231期）。

【45】高国柱：《论外层空间物体的登记国》，《哈尔滨工业大学学报》（社会科学版）2007年1月20日。

【46】卡斯滕·魏德曼，徐宇：《空间碎片减缓》，《中国航天》2012年8月19日。

【47】李寿平：《试论空间旅游的若干法律问题》，《北京航空航天大学学报》（社会科学版）2010年3月15日。

【48】龚自正、韩增尧、庞宝君：《空间碎片防护研究现状与国内发展建议》，《航天器环境工程》2010年第27卷第1期。

【49】李怡勇、沈怀荣、李智：《空间碎片环境危害及其对策》，《导弹与航天运载技术》2008年第6期（总第298期）。

【50】李滨：《空间碎片损害法律责任的类型划分》，《北京航空航天大学学报》（社会科学版）2010年第23卷第5期。

【51】林兴来：《空间碎片现状与清理》，《航天器工程》2012年第21卷第3期。

【52】高立忠：《空间碎片引发的环境法律问题及解决》，《哈尔滨工业大学学报》（社会科学版）2008年第10卷第2期。

【53】李春来、欧阳自远、都亨：《空间碎片与空间环境》，《第四

纪研究》2002 年第 22 卷第 6 期。

【54】李寿平：《空间碎片与空间环境》，《中国航天》2007年第5期。

【55】高国柱：《空间物体的若干法律问题研究》，《中国民航学院学报》2006年第24卷第5期。

【56】边永民：《论共同但有区别的责任原则在国际环境法中的地位》，《暨南学报》（哲学社会科学版）2007 年第 29 卷第 4 期（总第 129 期）。

【57】李扬勇：《论共同但有区别责任原则》，《武汉大学学报》（哲学社会科学版）2007 年第 60 卷第 4 期。

【58】傅前明：《论国际环境法〈共同责任〉原则》，《山东师范大学学报》（人文社会科学版）2010 年第 55 卷第 4 期（总第 231 期）。

【59】高升、蒋新：《论国际空间法对空间环境保护的法律规制》，《前沿》2006年第6期。

【60】夏春利：《论国际空间站的法律框架与国际空间合作立法》，《北京航空航天大学学报》（社会科学版）2010年第23卷第5期。

【61】王国语：《论空间碎片减缓的国家机制》，《中国航天》2011年第 4 期。

【62】张婷婷、李斌：《论外层空间环境损害的国际责任》，《北京航空航天大学学报》（社会科学版）2008 年第 21 卷第 3 期。

【63】高国柱：《论外空活动中的国家责任》，《环球法律评论》2008 年第 30 卷第 4 期。

【64】王国语：《论我国空间碎片减缓国家机制的构建》，《中国航天》2010年第8期。

【65】边永民：《论预先防范原则在国际环境法中的地位》，《河北法学》2006年第24卷第7期。

【66】蔡高强、高阳、李成：《论载人航天国际法律制度的完善》，《北京理工大学学报》（社会科学版）2011年第13卷第3期。

【67】高国柱：《欧盟〈外空活动行为准则〉草案评析》，《北京航空航天大学学报》（社会科学版）2010 年第 23 卷第 4 期。

【68】杨彩霞：《欧洲空间碎片减缓政策研究》，《国际太空》2011

年第 5 期。

【69】李寿平、吕卓艳：《日本〈空间基本法案〉及其启示》，《北京理工大学学报》（社会科学版）2010 年第 12 卷第 5 期。

【70】李寿平：《试论空间碎片减缓国家机制的构建》，《北京航空航天大学学报》（社会科学版）2008 年第 21 卷第 4 期。

【71】李寿平：《试论联合国框架下空间物体造成损害的赔偿责任法律制度》，《时代法学》2009 年第 7 卷第 2 期。

【72】赵云：《试论外空〈责任公约〉及其完善》，《北京航空航天大学学报》（社会科学版）2008 年第 21 卷第 1 期。

【73】徐敏友：《论国际组织对解决国际争端的法律方法的若干重大发展》《法学评论》1998 年第 3 期（总第 89 期）。

【74】李斌：《印度空间碎片减缓国家机制述评及其启示》，《北京航空航天大学学报》（社会科学版）2010 年第 23 卷第 3 期。

【75】李滨：《外层空间国内立法的趋势及中国的立法选择》，《北京航空航天大学学报》（社会科学版）2007 年第 20 卷第 4 期。

【76】杨彩霞：《空间活动的许可制度与外层空间环境保护——以比较法为视角》，《北京航空航天大学学报》（社会科学版）2012 年第 25 卷第 6 期。

【77】李寿平：《试论空间环境损害的国际责任》，《现代法学》2007 年 1 月 15 日。

【78】李滨：《美俄卫星相撞事件中的国际法问题探析》，《北京航空航天大学学报》（社会科学版）2011 年第 24 卷第 4 期。

【79】李寿平：《试论现代国际法上的过失与国际责任》，《法学杂志》2007 年第 28 卷第 6 期。

【80】李守石：《中国国际责任建构过程研究》，《黑龙江社会科学》2012 年第 1 期（总第 130 期）。

【81】王国语：《"外空活动长期可持续性"问题与我国的对策》，《中国航天》2012 年 6 月 19 日。

【82】冯国栋：《空间碎片减控国际法律规则研究》，《北京航空航天大学学报》（社会科学版）2014 年 1 月 15 日。

【83】宋连斌、肖永平：《现代国际组织发展的新趋势》，《法学杂志》1997 年第 1 期（总第 100 期）。

【84】高国柱：《〈登记公约〉实施中的若干法律问题研究》，《河北法学》2007 年 7 月 5 日。

【85】李滨、赵海峰：《论外层空间活动争端的解决机制》，《北京航空航天大学学报》（社会科学版）2006 年 9 月 30 日。

【86】赵海峰：《中国外层空间法的能力建设》（上），《中国航天》2012 年 8 月 19 日。

【87】赵海峰：《中国外层空间法的能力建设》（下），《中国航天》2012 年 8 月 19 日。

【88】赵云：《亚太空间法国际合作机构的构建》，《北京理工大学学报》（社会科学版）2011年第13卷第5期。

【89】饶戈平、黄瑶：《论全球化进程与国际组织的互动关系》，《法学评论》2002 年第 2 期（总第 112 期）。

【90】饶戈平：《试论国际组织与国际组织法的关系》，《中外法学》1999 年第 1 期（总第 61 期）。

【91】饶戈平：《论全球化进程中的国际组织》，《中国法学》2001 年第 6 期（总第 106 期）。

英文部分

【1】Christopher D. Williams, "SPACE: THE CLUTTERED FRONTIER" *Journal of Air Law and Commerce* May-June, 1995.

【2】Steven A. Mirmina, "REDUCING THE PROLIFERATION OF ORBITAL DEBRIS: ALTERNATIVES TO A LEGALLY BINDING INSTRUMENT" *American Journal of International Law*, July 2005.

【3】David Tan, "TOWARDS A NEW REGIME FOR THE PROTECTION OF OUTER SPACE AS THE 'PROVINCE OF ALL MANKIND' " *Yale Journal of International Law*, Winter 2000.

【4】Edward R. Finch, "THE FUTURE OF WORLD PEACE AND OUTER SPACE" *ILSA Journal of International and Comparative Law*, Spring 1999.

【5】Peter T. Limperis, " ORBITAL DEBRIS AND THE SPACEFARING

NATIONS : INTERNATIONAL LAW METHODS FOR PREVENTION AND REDUCTION OF DEBRIS, AND LIABILITY REGIMES FOR DAMAGE CAUSED BY DEBRIS" *Arizona Journal of International and Comparative Law*, Winter 1998.

【6】Stephan Hobe, INTERNATIONAL LAW ASSOCIATION, THE HAGUE CONFERENCE, The Hague, 2010.

【7】Ambassador Edward R. Finch, Jr. "HEAVENLY JUNK" Fletcher Forum of World Affairs, Summer/Fall 1994.

【8】Jennifer A. Purvis "THE LONG ARM OF THE LAW? EXTRATERRITORIAL APPLICATION OF U.S.ENVIRONMENTAL LEGISLATION TO HUMAN ACTIVITY IN OUTER SPACE" *Georgetown International Environmental Law Review*, Spring 1994.

【9】Andre G.DeBusschere, "LIABILITY FOR DAMAGE CAUSED BY SPACE OBJECTS" *Journal of International Law and Practice*, 1994, 3.

【10】Lawrence D. Roberts, "ADDRESSING THE PROBLEM OF ORBITAL SPACE DEBRIS: COMBINING INTERNATIONAL REGULATORY AND LIABILITY REGIMES" *Boston College International and Comparative Law Review*, Winter 1992.

【11】Irene Atney-Yurdin, "SPACE DEBRIS LEGAL RESEARCH GUIDE" *Pace Yearbook of International Law*, 1991.

【12】Harold Craig Manson, "THE IMPACT OF INTERNATIONAL OUTER SPACE COMMERCE ON THE ENVIRONMENT" *Texas International Law Journal*, Summer 1991.

【13】John R. Crook, "UNITED STATES DESTROYS FALLING SATELLITE TO PREVENT RISK OF INJURY ON EARTH" *American Journal of International Law*, July 2008.

【14】Michael W. Taylor, "TRASHING THE SOLAR SYSTEM ONE PLANET AT A TIME: EARTH'S ORBITAL DEBRIS PROBLEM" *Georgetown International Environmental Law Review*, Fall 2007.

【15】Lucinda R. Roberts, "ORBITAL DEBRIS: ANOTHER POLLUTION

PROBLEM FOR THE INTERNATIONAL LEGAL COMMUNITY" *Florida Journal of International Law*, Fall 1997.

【16】James P. Lampertius, "THE NEED FOR AN EFFECTIVE LIABILITY REGIME FOR DAMAGE CAUSED BY DEBRIS IN OUTER SPACE" *Michigan Journal of International Law*, Winter 1992.

【17】Jennifer M. Seymour, "CONTAINING THE COSMIC CRISIS: A PROPOSAL FOR CURBING THE PERILS OF SPACE DEBRIS" *Georgetown International Environmental Law Review*, Spring 1998.

【18】Delbert D. Smith, "THE TECHNICAL, LEGAL, AND BUSINESS RISKS OF ORBITAL DEBRIS" *New York University Environmental Law Journal*, 1997.

【19】Kendra Webb, "TO INFINITY AND BEYOND: THE ADEQUACY OF CURRENT SPACE LAW TO COVER TORTS COMMITTED IN OUTER SPACE" *Tulane Journal of International and Comparative Law*, Winter 2007.

【20】Robert C. Bird, "PROCEDURAL CHALLENGES TO ENVIRONMENTAL REGULATION OF SPACE DEBRIS" *American Business Law Journal*, Spring 2003.

【21】Mark J. Sundahl, Ph.D, "UNIDENTIFIED ORBITAL DEBRIS: THE CASE FOR A MARKET-SHARE LIABILITY REGIME" *Hastings International and Comparative Law Review*, Fall 2000.

【22】Natalie Pusey, "THE CASE FOR PRESERVING NOTHING: THE NEED FOR A GLOBAL RESPONSE TO THE SPACE DEBRIS PROBLEM" *Colorado Journal of International Environmental Law and Policy*, Spring 2010.

【23】Jennifer Friedberg, "BRACING FOR THE IMPENDING ROCKET REVOLUTION: HOW TO REGULATE INTERNATIONAL ENVIRONMENTAL HARM CAUSED BY COMMERCIAL SPACE FLIGHT" *Colorado Journal of International Environmental Law and Policy*, Winter 2013.

【24】Derek Jinks, "RESPONSIBILITY FOR THE ACTS OF PRIVATE ARMED GROUPS" *Chicago Journal of International Law*, Spring 2003.

【25】Danwood Mzikenge Chirwa, "The Doctrine of State Responsibility as a Potential Means of Holding Private Actors Accountable for Human Rights" *Melbourne Journal of International Law*, May, 2004.

【26】Todd Barnet, "UNITED STATES NATIONAL SPACE POLICY, 2006 & 2010" *Florida Journal of International Law*, August, 2011.

【27】Steven Freeland, "Fly Me to the Moon: How Will International Law Cope with Commercial Space Tourism?" *Melbourne Journal of International Law*, May, 2010.

【28】Meghan R. Plantz, "ORBITAL DEBRIS: OUT OF SPACE" *Georgia Journal of International and Comparative Law*, Winter 2012.

【29】Noemi Gal-Or, Cedric Ryngaert, "FROM THEORY TO PRACTICE: EXPLORING THE RELEVANCE OF THE DRAFT ARTICLES ON THE RESPONSIBILITY OF INTERNATIONAL ORGANIZATIONS (DARIO) – THE RESPONSIBILITY OF THE WTO AND THE UN" *German Law Journal*, May 1, 2012.

【30】Gregory D. Pendleton, "STATE RESPONSIBILITY AND THE HIGH SEAS MARINE ENVIRONMENT: A LEGAL THEORY FOR THE PROTECTION OF SEAMOUNTS IN THE GLOBAL COMMONS" *Pacific Rim Law & Policy Journal*, April, 2005.

【31】Andrew Serdy, "ACCOUNTING FOR CATCH IN INTERNATIONALLY MANAGED FISHERIES: WHAT ROLE FOR STATE RESPONSIBILITY?" *Ocean and Coastal Law Journal*, 2010, 23.

【32】Marcos A. Orellana, "CRIMINAL PUNISHMENT FOR ENVIRONMENTAL DAMAGE: INDIVIDUAL AND STATE RESPONSIBILITY AT A CROSSROAD" *Georgetown International Environmental Law Review*, Summer, 2005.

【33】Volinka Reina, "IRAQ'S DELICTUAL AND CONTRACTUAL LIABILITIES: WOULD POLITICS OR INTERNATIONAL LAW PROVIDE FOR BETTER RESOLUTION OF SUCCESSOR STATE RESPONSIBILITY?" *Berkeley Journal of International Law*, 2004, 22.

【34】P.J. Blount, "RENOVATING SPACE: THE FUTURE OF

INTERNATIONAL SPACE LAW" *Denver Journal of International Law and Policy*, 2011-2012, 40.

【35】Sayed Zeidan, "THE PROCEDURAL RULES AND OBLIGATIONS UNDER INTERNATIONAL LAW FOR CONSTRUCTION OF A NUCLEAR INSTALLATION: PREVENTION AND REDUCTION OF ENVIRONMENTAL DAMAGE" *Georgetown International Environmental Law Review*, Winter, 2011.

【36】David Johnson, "LIMITS ON THE GIANT LEAP FOR MANKIND: LEGAL AMBIGUITIES OF EXTRATERRESTRIAL RESOURCE EXTRACTION" *American University International Law Review*, 2011, 26.

【37】Davin Widgerow, "BOLDLY GOING WHERE NO REALTOR HAS GONE BEFORE: THE LAW OF OUTER SPACE AND A PROPOSAL FOR A NEW INTERPLANETARY PROPERTY LAW SYSTEM" *Wisconsin International Law Journal*, Fall 2010.

【38】Alexandre Kiss, "STATE RESPONSIBILITY AND LIABILITY FOR NUCLEAR DAMAGE" *Denver Journal of International Law and Policy*, Winter 2006.

【39】Brian Wessel, "THE RULE OF LAW IN OUTER SPACE: THE EFFECTS OF TREATIES AND NONBINDING AGREEMENTS ON INTERNATIONAL SPACE LAW" *Hastings International and Comparative Law Review*, Summer 2012.

【40】Christopher C. Miller, "TO THE MOON & BEYOND: THE UNITED STATES AND THE FUTURE OF INTERNATIONAL SPACE LAW" *Suffolk Transnational Law Review*, Winter 2012.

【41】N. Jasentuliyana, "SPACE DEBRIS AND INTERNATIONAL LAW" JOURNAL OF SPACE LAW, 1998, 26.

【42】Steven A. Mirmina, "The Regulation of Orbital Debris through National Measures" *air & space law Review*, April 2004.

【43】Lauren Bressack, "ADDRESSING THE PROBLEM OF ORBITAL POLLUTION: DEFINING A STANDARD OF CARE TO HOLD POLLUTERS ACCOUNTABLE" *George Washington International Law Review*, 2011, 43.

【44】Lieutenant Colonel Joseph S. Imburgia, "SPACE DEBRIS AND ITS THREAT TO NATIONAL SECURITY: A PROPOSAL FOR A BINDING INTERNATIONAL AGREEMENT TO CLEAN UP THE JUNK" *Vanderbilt Journal of Transnational Law*, May, 2011.

【45】Jared B. Taylor, "TRAGEDY OF THE SPACE COMMONS: A MARKET MECHANISM SOLUTION TO THE SPACE DEBRIS PROBLEM" *Columbia Journal of Transnational Law*, 2011, 50.

【46】Duncan B. Hollis, "AN E-SOS FOR CYBERSPACE" *Harvard International Law Journal*, Summer 2011.

【47】Lauren Bressack, "ADDRESSING THE PROBLEM OF ORBITAL POLLUTION DEFINING A STANDARD OF CARE TO HOLD POLLUTERS ACCOUNTABLE" *George Washington International Law Review*, 2011.

【48】Dinah Shelton, "CHALLENGING HISTORY THE ROLE OF INTERNATIONAL LAWIN THE U.S. LEGAL SYSTEM" *Denver Journal of International Law and Policy*, 2011-2012, 40.

【49】Steven Freeland, "Fly Me to the Moon How Will International Law Cope with Commercial SpaceTourism?" *Melbourne Journal of International Law*, May, 2010.

【50】SOMPONG SUCHARITKUL, "State Responsibility And International Liability Under International Law" *Loy. L.A. Int'l & Compo L.J.* 1996, 18.

【51】David Johnson, "LIMITS ON THE GIANT LEAP FOR MANKIND: LEGAL AMBIGUITIES OF EXTRATERRESTRIAL RESOURCE EXTRACTION" *American University International Law Review*, 2011, 26.

【52】Jesse Oppenheim, "DANGER AT 700,000 FEET: WHY THE UNITED STATES NEEDS TO DEVELOP A KINETIC ANTI-SATELLITE MISSILE TECHNOLOGY TEST-BAN TREATY" *Brooklyn Journal of International Law*, 2013, 38.

【53】P.J. Blount, "RENOVATING SPACE THE FUTURE OF INTERNATIONAL SPACE LAW" *Denver Journal of International Law and*

Policy, 2011-2012, 40.

【54】Lieutenant Colonel Joseph S. Imburgia, "SPACE DEBRIS AND ITS THREAT TO NATIONAL SECURITY: A PROPOSAL FOR A BINDING INTERNATIONAL AGREEMENT TO CLEAN UP THE JUNK" *Vanderbilt Journal of Transnational Law*, May, 2011.

【55】Alexandre Kiss, "STATE RESPONSIBILITY AND LIABILITY FOR NUCLEAR DAMAGE" *Denver Journal of International Law and Policy*, Winter 2006.

【56】Gregory D. Pendleton, "STATE RESPONSIBILITY AND THE HIGH SEAS MARINE ENVIRONMENT A LEGAL THEORY FOR THE PROTECTION OF SEAMOUNTS IN THE GLOBAL COMMONS" *Pacific Rim Law & Policy Journal*, April, 2005.

【57】Stephan Hobe, "SOFIA CONFERENCE" INTERNATIONAL LAW ASSOCIATION, SOFIA, 2012.

【58】Brian Wessel, "THE RULE OF LAW IN OUTER SPACE THE EFFECTS OF TREATIES AND NONBINDING AGREEMENTS ON INTERNATIONAL SPACE LAW" *Hastings International and Comparative Law Review*, Summer 2012.

【59】Martha Mejía-Kaiser, "Informal Regulations and Practices in the Field of Space Debris Mitigation" *AIR AND SPACE LAW*, 2009, 3.

【60】Elise Epperson Crow, "WASTE MANAGEMENT IN SPACE: ADDRESSING THE CHALLENGE OF ORBITAL DEBRIS" *Southwestern Journal of International Law*, 2012, 18.

【61】John R. Crook, "UNITED STATES TO JOIN NEGOTIATIONS ON INTERNATIONAL CODE OF CONDUCT FOR SPACE ACTIVITIES" *American Journal of International Law*, April, 2012.

【62】Danwood Mzikenge Chirwa, "The Doctrine of State Responsibility as a Potential Means of Holding Private Actors Accountable for Human Rights" *Melbourne Journal of International Law*, May, 2004.

【63】Stephan Hobe, INTERNATIONAL LAW ASSOCIATION,

WASHINGTON CONFERENCE, WASHINGTON, 2014.

【64】Ram S. JAKHU, "McGill Declaration on Active Space Debris Removal and On-Orbit Satellite Ser vicing" *AIR AND SPACE LAW*, 12 November 2011.

【65】David Enrico Reibel, "Environment Regulation Of Space Activity:The Case Of Orbital Debris " *STANFORD ENVIRONMENTAL LAW JOURNAL*, 1991, 10.

【66】Mark J. Sundahl, Ph.D."Unidentified Orbital debris: The Case for a Market-Share Liability Regime" *Hastings Int'l&Comp.L.Rev.* 2000-2001, 24.

【67】Howard A.Baker, "SPACE DEBRIS:LAW AND POLICY IN THE UNITED STSTES" *UNIVERSITY OF COLORADO LAW REVIEW*, 1989, 60.

【68】Andrew Brearley, "REFLECTIONS UPON THE NOTION OF LIABILITY:THE INETANCES OF KOSMOS 954 AND SPACE DEBRIS" *JOURNAL OF SPACE LAW*, 2008, 34.

【69】Michael C.Mineiro, "FY-1C AND USA-198 ASAT INTERCEPTS:AN ASSESSMENT OF LEGAL OBLIGATIONS UNDER ARTICLE IX OF THE OUTER SPACE TREATY" *JOURNAL OF SPACE LAW*, 2008, 34.

【70】Alan E.Boyle, "STATE RESPONSIBILITY AND INTERNATIONAL LIABILITY FOR INJURJOUS CONSEEQUENCES OF ACTS NOT PROHIBITED BY INTERNATIONAL LAW: A NECESSARY DISTINCTION?" *International and Comparative Law Quarterly*, 1990, 39.

【71】Joseph A. Burke, "CONVENTION ON INTERNATIONAL LIABILITY FOR DAMAGE CAUSED BY SPACE OBJECTS:DEFINITION AND DETERMINATION OF DAMAGES AFTER THE COSMOS 954 INCIDENT" *Fordham International Law Journal*, Volume 8, Issue 2.

【72】Ram S. JAKHU, and Stephan HOBE"Report on the Inter national Interdisciplin ary Congress on Space Debris" *AIR AND SPACE LAW*, 2010, 36.

【73】GENNADY M.DANILENKO, "OUTER SPACE AND THE MULTILATERAL TREATYMAKING PROCESS" *Berkeley Technology Law Journal*, February 2014.

【74】Rein Mullerson, "COMMITTEE ON FORMATION OF CUSTOMARY (GENERAL) INTERNATIONAL LAW" *INTERNATIONAL LAW ASSOCIATION LONDON CONFERENCE*, 2000 in London.

【75】FRANCISCO ORREGO VICUIRA"Reponsibility and Liability for Environmental Damage Under International Law:Issues and Trends" *THE GEORGETOWN INT'L ENVTL. LAW REVIEW*, 1997-1998, 10.

【76】Frans G. von der Dunk, "BEYOND WHAT? BEYOND EARTH ORBIT?! THE APPLICABILITY OF THE REGISTRATION CONVENTION TO PRIVATE COMMERCIAL MANNED SUB-ORBITAL SPACEFLIGHT" *California Western International Law Journal*, Spring 2013.

【77】Sarah M.Mountin, "THE LEGALITY AND IMPLICATIONS OF INTENTIONAL INTERFERENCE WITH COMMERCIAL COMMUNICATION SATELLITE SIGNALS" *International Law Studies*, 2014, 90.

【78】Dan St. John, "THE TROUBLE WITH WESTPHALIA IN SPACE: THE STATE-CENTRIC LIABILITY REGIME" *Denver Journal of International Law and Policy*, Fall 2012.

【79】Ricky J. Lee, "CURRENT STATUS AND RECENT DEVELOPMENTS IN AUSTRALIA'S NATIONAL SPACE LAW AND ITS RELEVANCE TO SPACE LAW AND SPACE ACTIVITIES IN THE PACIFIC RIM" *JOURNAL OFSPACE LAW*, 2009, 35.

【80】Blair Stephenson Kuplic, "THE WEAPONIZATION OF OUTER SPACE: PREVENTING AN EXTRATERRESTRIAL ARMS RACE" *North Carolina Journal of International Law and Commercial Regulation*, Summer, 2014.

【81】Sur ya Gablin GUNASEKARA, "Mutually Assured Destr uction: Space Weapons, Orbital Debr is, and the Deter rence Theor y for Environmental Sustainability" *AIR AND SPACE LAW*, 2012, 9.

【82】JánKlučka, The Role of Private International Law in the Regulation of Outer Space, *International and Comparative Law Quarterly*, October 1990, 10.

【83】Peter van Fenema, The Unidroit Space Protocol, the Concept of 'Launching State', Space Traffic Management and the Delimitation of Outer

Space The 41st session of the UNCOPUOS Legal Subcommittee, Vienna, 2-12 April 2002.

【84】Ram S. JAKHU, "McGill Declaration on Active Space Debr isRemoval and On-Orbit Satellite Ser vicing, 12 November 2011" *AIR AND SPACE LAW*, 2012, 18.

【85】Paul P.Heller, "Man-Made U.F.O.s-The Problem of Identifying the Launching State of a Space Object" *INTERNATIONAL LAWYER*, 1973, 7.

【86】Stephen Gorove, "TOWARD A CLARIFICATION OF THE TERM 'SPACE OBJECT'-AN INTERNATIONAL LEGAL AND POLICY IMPERATIVE?" *JOURNAL OF SPACE LAW*, 1993, 21.

【87】P.J.Blount, "JURISDICTION IN OUTER SPACE:CHALLENGES OF PRIVATE INDIVIDUALS IN SPACE" *JOURNAL OF SPACE LAW*, 2007, 33.

【88】StephanHobe, GgrardineMeishanGoh and JuliaNeumann, "SPACE TOURISM ACTIVITIES - EMERGING CHALLENGES TO AIR AND SPACE LAW?" *JOURNAL OFSPACE LAW*, 2007, 33.

【89】Melanie Walker, "SUBORBITAL SPACE TOURISM FLIGHTS:AN OVERVIEW OF SOME REGUIATORY ISSUES AT THE INTERFACE OF AIR AND SPACE LAW" *JOURNAL OFSPACE LAW*, 2007, 33.

【90】Jason A. Crook, "CORPORATE-SOVEREIGN SYMBIOSIS: WILSON v.IMAGESAT INTERNATIONAL, SHAREHOLDERS'ACTIONS, AND THE DUALISTIC NATURE OF STATE-OWNED CORPORATIONS" *JOURNAL OFSPACELAW*, 2007, 33.

【91】Andrew Brearley, "REFLECTIONS UPON THE NOTION OF LIABILITY: THE INSTANCES OF KOSMOS 954 AND SPACE DEBRIS" *JOURNAL OFSPACE LAW*, 2008, 34.

【92】Michael C. Mineiro, "FY-1C AND USA-193 ASAT INTERCEPTS: AN ASSESSMENT OF LEGAL OBLIGATIONS UNDER ARTICLE IX OF THE OUTER SPACE TREATY" *JOURNAL OFSPACELAW*, 2008, 34.

(三) 国际组织文献

（每份联合国文件都有独特的文件编号（文号）。文号由英文字母和数字组成，文号的第一部分通常反映主体机关（文件由该机关印发或提交给该机关），所有联合国大会文件的开头用字母 A/。文号第二和第三部分显示附属机构：如特设委员会用字母 –/AC. .../–）

【1】federal aviation administration "second quarter 2006 quarterly launch report" topic:commercial space and launch insurance:current market and future outlook，2006.

【2】"Update of the ESA Space Debris Mitigation Handbook" Ref: QINETIQ/KI/SPACE/CR021539，July 2002.

【3】Edited by Cesar Jaramillo "Space Security 2010" Library and Archives Canada Cataloguing in Publications Data，2010.

【4】"interagency Report on orbital Debris" the national science and technology council committee on transportation research and development，November 1995.

【5】A/56/10

【6】A/61/10

【7】A/62/20

【8】A/64/298

【9】A/67/20

【10】A/68/69

【11】A/68/72

【12】A/68/94

【13】A/68/170

【14】A/68/460

【15】A/68/79~E/2013/69

【16】A/AC.6/68/SR.15

【17】A/AC.6/68/SR.16

【18】A/AC.105/571

【19】A/AC.105/605

【20】A/AC.105/707

【21】A/AC.105/719

【22】A/AC.105/720

【23】A/AC.105/768

【24】A/AC.105/869

【25】A/AC.105/1001

【26】A/AC.105/1003

【27】A/AC.105/1008

【28】A/AC.105/1008/Add.1

【29】A/AC.105/1015

【30】A/AC.105/1025

【31】A/AC.105/1040

【32】A/AC.105/1041

【33】A/AC.105/1045

【34】A/AC.105/C.1/2011/CRP.14

【35】A/AC.105/C1/L26

【36】A/AC.105/C.1/L.279

【37】A/AC.105/C.2/101

【38】A/AC.105/C.2/102

【39】A/AC.105/C.2/103

【40】A/AC.105/C.2/104

【41】A/AC.105/C.2/L.224

【42】A/AC.105/C.2/L.288

【43】A/AC.105/C.2/L.289

【44】A/AC.105/C.2/L.290

【45】A/AC.105/C.2/2013/DEF/L.1

【46】A/AC.105/C.2/2013/TRE/L.1

【47】A/CN.4/L.676

【48】A/CN.4/L.682

【49】A/CN.4/L.682/Corr.1

【50】A/CN.4/577/Add.1
【51】A/RES/67/113
【52】ST/SPACE/61